古代歷史文化 研究輯刊

二 編

王明蓀 主編

第22冊

史浩研究
——兼論南宋孝宗朝政局及學術

蔣義斌 著

國家圖書館出版品預行編目資料

史浩研究——兼論南宋孝宗朝政局及學術／蔣義斌 著 — 初版
— 台北縣永和市：花木蘭文化出版社，2009〔民 98〕
目 4+180 面；19×26 公分
（古代歷史文化研究輯刊 二編：第 22 冊）
ISBN：978-986-6449-99-4（精裝）
1.（宋）史浩 2.學術思想 3.傳記 4.南宋史

625.22   98014283

ISBN - 978-986-6449-99-4

古代歷史文化研究輯刊
二 編 第二二冊   ISBN：978-986-6449-99-4

史浩研究——兼論南宋孝宗朝政局及學術

作　　者　蔣義斌
主　　編　王明蓀
總 編 輯　杜潔祥
出　　版　花木蘭文化出版社
發 行 所　花木蘭文化出版社
發 行 人　高小娟
聯絡地址　台北縣永和市中正路五九五號七樓之三
　　　　　電話：02-2923-1455 ／傳眞：02-2923-1452
網　　址　http://www.huamulan.tw 信箱 sut81518@ms59.hinet.net
印　　刷　普羅文化出版廣告事業
初　　版　2009 年 9 月
定　　價　二編 30 冊（精裝）新台幣 46,000 元

史浩研究
——兼論南宋孝宗朝政局及學術

蔣義斌　著

作者簡介

　　蔣義斌，祖籍山東招遠，民國 41 年出生於南投草屯。民國 73 年獲得中國文化大學史研所博士學位，民國 77-78 年至美國哈佛大學作博士後訪問研究。曾任教於中國文化大學史學系，現任職於臺北大學歷史學系。學術著作多集中於中國史學史、宋代思想史以及儒佛關係史等領域，著有《宋代儒釋調和論及排佛論之演進》（臺灣商務印書館出版）、《宋儒與佛教》（東大圖書公司出版）等專書，以及多篇相關專文。

　　本書係作者之碩士論文（宋晞教授指導），旨在藉史浩研究，略窺南宋孝宗朝政局與學術之大要。

提　要

　　四明史氏於南宋政界，具有不可輕忽之勢；而史氏一門學術，亦頗有可觀之處。史氏崛起於南宋政壇，當首推史浩，史浩於孝宗朝兩度為相，孝宗朝大事，幾皆經歷。宋儒真德秀稱史浩「護公道如命脈」、「所薦進皆海內第一流」。孝宗乾、淳之際，諸儒義理講求益精，史浩推獎諸儒於朝，不遺餘力，清儒全祖望稱史浩「有昌明理學之功，實為南宋培國脈」；而史氏一門之宗主象山，亦有因於史浩者。本書旨在藉史浩研究，以瞭解孝宗朝政局與學術之梗概。

　　本書計分九章，其要點如次：

　　第一章：〈緒論〉。闡述明州史氏於南宋之重要性，與本書研究主旨、研究範圍，以及史料之抉擇。

　　第二章：〈史浩之家世與其早年生平〉。敘述史浩之家世，及史浩之早年生平。

　　第三章：〈史浩與南宋孝宗之即位〉。敘述孝宗以太祖後裔入宮，幾三十年始嗣為皇子，與其後高宗禪位孝宗之經過，以及史浩任王府官，調護高宗父子等情事。

　　第四章：〈史浩初相與薦、阻張浚考實〉。史浩初相時，因不主出兵，頗遭非議，爾後敘史者，亦多著墨於史浩、張浚之異議，而忽略史浩曾薦舉張浚一事，本章旨在對史浩薦浚及阻浚之相關史料，予以檢考。

　　第五章：〈史浩與孝宗朝諸臣和戰之爭〉。史浩既相孝宗於初立之際，力主持重固邊，緩圖進取。然此一態度與主戰之張浚相左，而史浩於符離戰役前罷相。本章旨在分析張、史之異議，及太上皇高宗對金態度，與其對和戰之影響力。

　　第六章：〈史浩晚年與孝宗朝政局〉。史浩於初罷相後十餘年復任右相，唯史浩兩次居相均不久其位。本章對孝宗之不久相，與孝宗之任用近臣，有所討論。除此之外，並略述史浩任地方官之治績。史浩歸里薦士一事，頗為士林所稱譽，本章亦有論述。

　　第七章：〈孝宗朝學術背景及孝宗、史浩與釋氏之交往〉。孝宗乾、淳之際，義理之學講求益精，唯諸儒對佛學多有所涉及，孝宗、史浩與釋氏大德亦時有交往，本章對此皆有論述。

　　第八章：〈史浩之交遊與學術〉。史浩雖對佛學有所得，然實歸本於儒。史浩晚年與象山學派交往益切，其子弟亦多受學於象山門人。本章除論述史浩與象山學派諸儒之交往外，並論述史浩之學術著作。

　　第九章：〈結論〉。

目

次

第一章　緒　論

一、四明史氏於南宋之重要性

　　史浩（公元 1106～1194）字直翁，宋明州鄞縣（浙江寧波）人。明州秦時僅置句章、鄞、鄮三縣，屬會稽郡，歷漢南北朝，沿承未替。至唐始有明州之置，屬縣有鄮、奉化、慈溪與象山四縣。宋時明州有鄞、奉化、慈溪、象山、定海與昌國六縣。南宋寧宗在藩邸時，遙領明州觀察使，即位後升明州爲慶元府，〔註1〕而明州所屬諸邑，古稱「四明」。〔註2〕

　　南宋四明衣冠之族，計有史、鄭、樓、袁、余、范、謝、豐等「八府」。〔註3〕鄞人樓鑰（1137～1213）嘗論曰：「四明衣冠之族，紹興以來，莫盛於史氏。」〔註4〕而明州史氏，非僅昌盛於鄞縣一隅，且榮顯於南宋政局。

　　史氏族中，始入政界者，以史才（史浩叔父，？～1162）爲第一人，唯史才有黨附秦檜（1090～1155）之嫌，且其後人，有特殊表現者甚少，因而宋人論四明史氏，多以史浩爲始顯者。〔註5〕

〔註 1〕胡榘修、羅濬、方萬里撰，《寶慶四明志》（中國地志研究會印行，《宋元地方志叢書》第八冊，影印本），卷一，〈沿革〉，頁1～7。

〔註 2〕張其昀撰，〈宋代四明之學風〉，《宋史研究集》，第三輯（臺北市，中華叢書編審委員會，民國55年），頁33。

〔註 3〕錢維喬修、錢大昕纂，《鄞縣志》（臺北國立故宮博物院藏，清乾隆五十三年刊本），卷二七，〈雜識三〉，頁26。

〔註 4〕樓鑰撰，《攻媿集》（臺北市，臺灣商務印書館，《四部叢刊》影印本），卷一〇五，〈朝請大夫史君墓誌銘〉，頁1026。

〔註 5〕謝維新編、虞載續編，《古今合璧事類備要》（臺北市，新興書局，民國58年，影印本），總頁1175。

史浩起身於寒士，早年家境窘困，中年始入仕途，際會南宋孝宗受禪登位之際，於孝宗朝兩登相位，為四明史氏榮顯最早者。其後，浩子史彌遠（1164～1233），復居相於寧宗、理宗朝，且對理宗之繼位，有擁立之功。〔註6〕浩姪史嵩之，亦任相於理宗朝。〔註7〕史氏兩代三相，為南宋所罕見。又史浩謚「忠獻」，史彌遠謚「忠簡」，彌遠弟彌堅謚「忠宣」，故時人有「三忠」之稱。〔註8〕

四明史氏入政界者，除上述之外，餘者尚眾。茲就《延祐四明志》所載，將史氏登進士者，臚列於次：

姓　名	中榜時間	姓　名	中榜時間	姓　名	中榜時間
史　才	政和八年	史彌忞	嘉定七年	史胄之	淳祐元年
史　浩	紹興十五年	史彌鞏	嘉定十年	史俊卿	淳祐十年
史彌大	乾道五年	史巖之	嘉定十年	史有之	寶祐元年
史彌遠	淳熙十四年	史嵩之	嘉定十三年	史卽之	寶祐四年
史彌忠	淳熙十四年	史佺之	嘉定十六年	史常之	寶祐四年
史彌忞	淳熙十四年	史望之	紹定二年	史介之	開慶元年
史彌遜	慶元二年	史及之	紹定二年	史蒙卿	咸淳元年
史彌謹	慶元五年	史本之	嘉熙二年	史唐卿	咸淳元年
史彌應	嘉定七年	史能之	淳祐元年		

〔註9〕

以上所列四明史氏於南宋登進士者，幾近三十人。由此可見史氏於南宋政界，具有不可輕忽之勢。

明州史氏不但活躍於南宋政界，且史氏一門學術，亦頗有可觀之處。全祖望（1705～1755）稱「史氏家門，著作極盛」，唯「大半為經籍志之所未載」。〔註10〕史氏之著作，既泰半未載於經籍志，故後世論史者，多未言及史氏之

〔註6〕脫脫等修，《宋史》（臺北市，鼎文書局，民國69年，新校本），卷四一四，〈史彌遠傳〉，頁12415～12418。

〔註7〕見《宋史》，卷四一五，〈史嵩之傳〉，頁12425。

〔註8〕同註5。

〔註9〕見馬澤修、袁桷、王厚孫撰，《延祐四明志》（中國地志研究會，《宋元地方志叢書》第九冊，影印本），卷六，〈人物考〉，頁7～30。

〔註10〕全祖望撰，《鮚埼亭集》（臺北市，華世出版社，民國66年，影印本），外編，卷三一，〈題史泰州友林集〉，頁1100。

學術。至全祖望與錢大昕二人，始考輯史氏一族之著作，茲輯全祖望之《鮚埼亭集》、錢大昕所纂《鄞縣志》，以及《宋史・藝文志》等書，將史氏著作臚列於後：

史　浩：《尚書講義》二〇卷、《鄮峯眞隱漫錄》五〇卷、《直翁外集》二五卷、《周官講義》一四卷、《論語口義》二〇卷、《童丱須知》三卷、《會稽先賢祠傳贊》二卷、《四明十二先生贊》

史彌大：《朴齋外集》、《世家》二篇、《朴語》二篇、《鏡菴叢書》、《昌黎集校證易學旨要》、《衍極圖說》

史彌遠：《孝宗寶訓》六〇卷、《高宗中興經武要略》、《高宗聖政編要》二〇卷、《紹興求賢手詔》一卷、《玉牒三祖下第七世宗藩慶系錄》

史彌應：《自樂山翁吟》

史彌寧：《友林詩稿》二卷

史彌鞏：《獨善先生集》二〇卷、《奏議》

史彌寧：《友林詩稿》二卷

史彌林：《慥齋集》

史彌忠：《盧陵教民集》、《自齋集》、《歷代總括》、《臨池筆記》

史彌堅：《書判錄》、《滄州詩稿》

史守之：《昇聞錄》、《世學》二四卷、《心易龜鑑》、《潛虛解》

史定之：《太極圖說》二篇、《道通》一卷、《月湖信筆》、《蕃陽志》三〇卷、《易贊》、《蓍說》、《鄉飲酒儀》、《饒州志》二卷、《月湖集》

史宅之：《雲麓稿》

史胄之：《籌邊錄》

史宜之：《用拙齋集》

史巖之：《壽樂稿》

史安之：《類稿》

史慥之：《拙齋集》

史能之：《咸淳毗陵志》

史嵩之：《野樂篇》、《高孝光寧帝紀》、《孝宗經武要略》、《寧宗實錄日曆》、《會要》、《周禮講義》

史蒙卿：《果齋文集》四〇卷、《易究》一〇卷

史芳卿：《古易學詩題詞》、《夏小正經傳考》、《石鼓文考》

史葵卿：《太極圖說》

史吉卿：《廣事文類聚》

史文卿：《石窗野語》

史公斑：《易演義象數發揮》、《蓬廬居士集》

史越伯：《雲間集》

史徽孫：《觀物和陶詩》〔註11〕

由上列史氏著作觀之，全祖望「史氏家門，著作極盛」一語，殆非無由而發。明州史氏初宗象山學，自史蒙卿（1247～1306）始倡朱子學，史氏一門學術著作甚多，亦且與南宋學風相應合。

綜上所述，史氏一門於政治或學術，在南宋之重要性，不難想見，因此引發作者研究之興趣。

二、本書研究主旨與研究範圍

四明史氏於南宋既具重要性，故頗值研究，而本書研究範圍，則以史浩為限，並兼論孝宗朝之政局與學術。選定此題，乃因史浩其人，於史氏族中，為最早榮顯者，且孝宗朝之大事，史浩幾皆經歷，如孝宗受禪卽位、對金和戰爭議，以及朝臣逐斥孝宗近臣等等皆是。故若對史浩作一研究，則一方面可以瞭解史氏於南宋興盛之源頭，另一方面可以瞭解孝宗朝之政局梗概。

袁燮（1144～1224）曰：「義理之學，乾道、淳熙間講切尤精，一時碩學，為後宗師者班班可覩。」〔註12〕諸儒中尤以陸九淵（1139～1192）與朱熹（1130～1200）二人，影響後世最深。史浩故里明州，為象山學重要據點，史浩晚年交遊，亦多為象山派學者，而史氏一門之宗祖陸九淵，實有因於史浩者，因此欲瞭解史氏一門學術，亦當自史浩始。

再者史浩之學，雖有其家學，然未見史浩有其他師承，蓋史浩旁涉老釋，躬身踐履深造而自得之。孝宗時佛學影響士人仍深，葉適謂：「淳熙初，都下禪講尚多宿舊名人。」〔註13〕朱熹雖譏陸九淵近禪，然其早年亦曾究心於釋氏。

〔註11〕同前註；又參《鄞縣志》，卷二一、二二，〈藝文志〉；《宋史》，卷二○一～二○九，〈藝文志〉。

〔註12〕袁燮撰，《絜齋集》（臺北市，臺灣商務印書館，《四庫珍本》別輯），卷八，〈題彭君築象山室〉，頁20。

〔註13〕葉適撰，《水心先生文集》（臺北市，臺灣商務印書館，《四部叢刊》本），卷二九，〈題端信師帖〉，頁331。

佛學於孝宗朝士人中，仍具影響力。孝宗以中興令主，亦好釋氏之學，曾有〈原道辨〉之作，而史浩於佛學雖亦有所得，然實歸本於儒，史浩因此糾舉孝宗〈原道辨〉之失。因此之故，本書亦述及孝宗朝學界大勢，與史浩、孝宗之佛學思想。

以上為本書選定「史浩研究——兼論南宋孝宗朝政局及學術」一題之主旨所在。

茲再將本書所討論之重點，分述於次：

第一，史浩之家世與其任相前之生平為何？

第二，紹興三十二年高宗視師建康，返行在臨安後未久，隨即匆匆禪位孝宗，其故安在？史浩為何能以王府學官，榮登相位？高宗禪位後，對孝宗是否仍有影響力？

第三，史浩初相於孝宗繼位之際，再相於淳熙年間，兩次為相，皆不久其位，其故安在？孝宗之不久相，是否與其近臣有關？

第四，史浩、高宗及張浚對金和戰，有何歧見？前人稱史浩為主和派，是否有可商榷之處？

第五，史浩於孝宗朝事蹟，最足稱述者，厥為薦士一事。然陸游（1125～1209）等謂史浩亦曾薦舉張浚（1097～1164），而時人又有史浩阻張浚之說，此二說之相關史料如何抉擇？

第六，孝宗朝學術大勢為何？佛學對孝宗朝士人仍具影響力，孝宗及史浩亦與釋氏交往，二人思想受佛學之影響如何？

第七，史浩故里明州為象山學重要據點，而史浩與象山學派關係如何？

以上諸問題，有前人未論及者，及前人論述未詳或持論未平實者，作者不揣淺陋，恐不免有小題大作未睹全貌之虞，尚有待來日之修訂。

三、史料之抉擇

現存彙編孝宗朝史料之書不多，本書作者除參考《宋會要輯稿》、《宋史》、《皇宋中興兩朝聖政》與《宋史全文續資治通鑑》諸書外，李心傳所撰《建炎以來繫年要錄》與《建炎以來朝野雜記》，尤屬重要參考資料。

私家撰述常可補正史記事之不足，其於史學之研究，頗具重要性，朱彝尊嘗曰：「昔者元修宋、遼、金史，袁桷列狀，請搜訪遺書，自實錄正史而外，

雜編野記可資證援者，一一分疏其目。」〔註14〕是宋史之編纂，即有取於私家撰述者。〔註15〕唯錢大昕謂「宋有述南渡七朝事，叢冗無法，不如前九朝之完善」，〔註16〕《宋史》於南宋史事記載並不完善，故吾人對南宋史之研究，實亦有賴於私家撰述之參考。

本書所參引之宋人私家撰述，計有史浩《鄮峯眞隱漫錄》、王十朋《梅溪王先生文集》、陸游《陸放翁全集》、王應麟《困學紀聞》、周必大《文忠集》、孫應時《燭湖集》、葉適《水心文集》、朱熹《朱文公文集》、周密《齊東野語》、葉紹翁《四朝聞見錄》、《三朝野史》、樓鑰《攻媿集》、王質《雪山集》，以及岳柯《桯史》等等。此外，清人文集中，於宋代資料，亦有蒐存者，如全祖望有志重修《宋史》，其《鮚埼亭集》中，即蒐有宋代史料甚多，〔註17〕本書亦曾參及。

宋人文集中，以奏議爲大宗，關於奏議之史料價值，《諸臣奏議》一書之〈題詞〉，論曰：

> 奏議者，臣工論事的章疏，（中略）在性質上，激於當時之所見，得於當時之所聞，出於身歷其事的士大夫的口舌和手筆，價值之高，實駕後世所修史傳而上之。〔註18〕

若就史料產生之原始性而言，奏議誠「駕後世所修史傳而上之」。然時人既因其情，憤其事，各敍己見，口誅筆伐，意氣偏激之處，勢所難免，此爲採用奏議時，不可不愼之處。

再者，宋人文集中，往往有行狀、墓誌之作，此固爲重要史料，唯難免有人情請託、溢美之處，如朱熹曾受張浚子張栻（1133～1180）之託，而撰〈張浚行狀〉，其中即有爲張浚溢美之處，因之對史浩持論有所微辭，朱熹晚年即

〔註14〕朱彝尊撰，《曝書亭集》（臺北市，臺灣商務印書館，《國學基本叢書》本），卷三二，〈史館上總裁第二書〉，頁541。

〔註15〕《宋史》之編纂，有取於私家撰述之情形，參趙鐵寒撰，〈由宋史之取材論私家傳記的史料價值〉，轉刊於杜維運等編，《中國史學史論文集》，第一集（臺北市，華世出版社，民國65年），頁480～514。

〔註16〕錢大昕撰，《十駕齋養新錄》（臺北市，臺灣商務印書館，《國學基本叢書》本），卷七，〈南渡諸臣傳不備〉條，頁149。

〔註17〕參程光裕撰，〈鮚埼亭集宋史史料考釋舉例〉，《大陸雜誌》，二一卷五期，（民國49年9月），頁184～187。

〔註18〕見趙汝愚編，《諸臣奏議》（臺北縣，文海出版社，影印本），卷首〈題詞〉，頁2。

對該文的撰述頗有悔意。凡此，本書對此類史料之運用，均再三斟酌，未敢造次徵引。

此外，方志亦爲本書主要之參考資料。方志至宋始盛，〔註19〕章學誠《文史通義》云：「夫家有譜、州縣有志、國有史，其義一也。然家譜有徵，則縣志取焉；縣志有徵，則國史取焉。」〔註20〕方志於史學研究之重要性，由此可見。

宋元所修之方志，流傳至今者雖不多，然本書參考之方志，計有《乾道四明圖經》、《嘉泰會稽志》、《寶慶四明志》、《開慶四明續志》、《三山志》、《咸淳臨安志》、《大德昌國州圖志》、《延祐四明志》、《至正四明志》等。此外，清人蔣學鏞纂《鄞志稿》、錢大昕纂《鄞縣志》、曹秉仁纂《寧波府志》等，本書亦皆參及。

方志雖提供本書不少可信史料，然方志之作，難免有爲鄉賢溢美，或因恩怨而曲筆者，此亦人情之常。全祖望嘗評袁桷所修《延祐四明志》謂：「清容（袁桷）文章大家，而志頗有是非失實之憾」，「蓋清容之父亦隆臣也」，「又累於吳丞相履齋（潛）有貶詞，殆以其大父越公之怨，非直筆」。〔註21〕再者，宋代所修諸志中，以《寶慶四明志》對史浩事迹記載最詳，然全祖望亦嘗評《寶慶四明志》「多訛謬」。〔註22〕方志雖保留不少可信史料，然於其間之瑕疵，不可不辨，故本書於方志所載重要史實，大皆經多方考證之後，始加徵引。

後人治史，雖移情於歷史人物是非因緣之中，以達同情瞭解之境。然復須秉客觀態度，出乎其情。如之，治史雖亦「思入風雲變態中」，然又能超越其情，以得歷史之眞相。史學貴在得眞，入情、出情，走此一遭，其目的亦在得其眞。此一態度，於治史時，不獨用之於辨識奏議，且用之於抉擇行狀、墓誌銘及方志等其他史料。然本書雖盡可能求其眞，唯限於本身學養之不足，未敢遽以爲定論，尙祈先進方家之教正。

〔註19〕傅振倫撰，《中國方志學通論》（臺北市，臺灣商務印書館，民國59年二版），頁23。

〔註20〕章學誠撰，《文史通義》（臺北市，國史研究室，民國62年三版），〈方志略例三〉，〈爲張吉甫司馬撰大名縣志序〉，頁553。

〔註21〕《鮚埼亭集》，外編，卷三五，〈延祐四明志跋〉，頁1169。

〔註22〕同前註引書，同卷，〈再跋四明寶慶開慶二志〉，頁1168。

第二章　史浩之家世與其早年生平

第一節　史浩之家世

一、史浩之先世

　　關於史浩之先世，史籍記載不詳。宋人李心傳（1167～1240）於《建炎以來朝野雜記》中，曾引史彌大所著《世家》一書，〔註 1〕然該書不見於今日，且史浩之先世，多素隱於鄉里，「躬耕於農畝」、「韜晦而弗仕」，〔註 2〕不顯於世，故所留下之史料甚少。茲就所見資料，略述史浩先世於後。

　　史浩嘗作〈葬五祖衣冠招魂辭〉，辭中自稱其先人於周為太史，「因官而命氏」、「典籍而得姓」，〔註 3〕並述其先世於輾轉遷徙後，移居於鄞（浙江寧波）：

> 自杜陵（陝西省長安縣東南）而侯溧陽（江蘇省溧陽縣）兮，捨溧陽而遷徙，既游宦於東南兮，遂卜蔭鄞之桑梓，方躬耕於農畝兮，故韜晦而弗仕。〔註4〕

宋人所編《古今合璧事類備要》，亦有類似記載，書中稱史浩先人於唐末移居

〔註 1〕見李心傳撰，《建炎以來朝野雜記》（臺北縣，文海出版社，民國 57 年 1 月，影印本），乙集，卷一，〈壬午內禪志〉，頁 10。
〔註 2〕見史浩撰，《鄮峯真隱漫錄》（臺北市，臺灣商務印書館，《四庫珍本》二集），卷四一，〈葬五世祖衣冠招魂辭〉，頁 3。
〔註 3〕同前註引書，同卷，頁 1。
〔註 4〕同前註引書，同卷，頁 2。

於鄞，至史百行後，族始大蕃衍，其文謂：

> 世傳明州之史，始於史浩，而浩之光（疑為「先」字之誤）乃百行
> 之後，百行之上，自唐末移居於鄞，至百行族大蕃衍，至今三公者
> 不絕。〔註5〕

此外，南宋孝宗淳熙十五年（1188），史浩作〈葬五祖衣冠招魂功德疏〉，疏中
稱其先系起自於寒鄉，高祖以前無墓，僅能火葬，其言曰：

> 於高祖以前，不知其墓，每當拜掃彌切，哀思是用。（中略）嘗走里
> 閭遍詢耆老，謂吾先系，實起自於寒鄉，故其令終適並從於火葬。
> 〔註6〕

至於火葬原因，除因「起自寒鄉」無力厚葬之故外，與信奉佛教焚化遺體亦
有關係，史浩自稱：「吾家振跡於耒耜，凡厥親之云亡兮，用浮屠之法而燔燬，
奉靈骼於佛刹。」〔註7〕

二、史浩之曾祖史簡與祖父史詔

（一）曾祖父史簡

1. 史簡與其妻葉氏

史浩曾祖父名簡，《延祐四明志》謂史簡二十五歲時為縣從事，〔註8〕史
浩亦稱其曾祖「甫弱冠而襲役」，〔註9〕未久即卒，〔註10〕其時約當宋仁宗嘉
祐二年（1057）。〔註11〕

史簡卒時，夫人葉氏（1033～1118）年僅二十五，「四壁蕭然，有弱子幼
女，未幾子又喪」，故葉氏唯有冀「遺腹生男子」。其時葉氏母家「憫其貧窶」，

〔註5〕 見《古今合璧事類備要》，卷一五，〈史百行之後〉條，頁8。
〔註6〕 見《鄮峯真隱漫錄》，卷二三，〈葬五祖衣冠招魂功德疏〉，頁12。
〔註7〕 同前註引書，卷四一，頁5。
〔註8〕 見《延祐四明志》，卷五，〈節婦冀國夫人〉條，頁33。
〔註9〕 同註4。
〔註10〕 《延祐四明志》，卷五，頁33謂：「史簡因愍犯人，尉怒，因杖簡致死。」又
《鮚埼亭集》，外編，卷一六，頁865謂：「或謂其作使用杖者，舊志之謬也」，
殆即指此。史浩謂史簡奉母孝，揮金治具，大吏怒其不告，摧辱之，史簡氣
鬱短折而死。詳見《鄮峯真隱漫錄》，卷四一，頁2～3。
〔註11〕 《寶慶四明志》，卷九，頁28，〈葉氏傳〉，謂葉氏「年八十六（徽宗）政和八
年（1118）卒」，則葉氏殆生於仁宗明道二年（1033）；又《寶慶四明志》〈葉
氏傳〉，謂葉氏年二十五守寡，則史簡應卒於宋仁宗嘉祐二年（1057）。

欲奪節改嫁，而葉氏守義獨處以撫孤，教之育之，以致於成。晚歲葉氏治生產，日益裕，享年八十六。〔註12〕故葉氏於史氏實有再造之功，後人有爲立碑以爲紀念。〔註13〕

史簡後因子孫貴，追封爲「冀國公」，葉氏則追封爲「冀國夫人」。

2. 史簡與慶曆五先生

鄞人全祖望稱史簡爲「鄞江先生高弟，事母最孝」。〔註14〕鄞江先生卽王致，與大隱先生（楊適）、石臺先生（杜醇）、西湖先生（樓郁）及桃源先生（王說）五人，於《宋元學案》中，並稱「慶曆五先生」。〔註15〕全祖望嘗撰〈慶曆五先生書院記〉，文中謂當「宋眞、仁二帝之際，儒林之草昧也，當時濂洛之徒，方萌芽而未出」，而鄞縣五先生，「駢集於百里之間」，作育人才，「數年以後，吾鄉（指鄞縣）遂稱鄒魯」。史簡與其子史詔，以及豐稷、舒亶等，皆五先生門人，均有操守，且衣冠人物，歷久不替，凡此蓋「高曾之規矩，燕及孫子」者。〔註16〕

慶曆五先生「著述不傳於今，故其微言亦闕」，〔註17〕然其旣自樹一幟於濂洛之徒「方萌芽而未出」之際，四明學術自亦有其可觀之處。

（二）祖父史詔

1. 史詔生平概述

史浩祖父名詔，字升之，爲史簡之遺腹子。史詔母葉氏教之甚嚴，冀其有成，〔註18〕且晝夜工紡績，俾詔從師於鄉，嘗謂史詔曰：「讀書以行己爲先，

〔註12〕同註2；並參見《寶慶四明志》、《延祐四明志》，〈葉氏傳〉。
〔註13〕見《攻媿集》，卷七四，頁682。
〔註14〕見《鮚埼亭集》，外編，卷一六，〈慶曆五先生書院記〉，頁865；又錢大昕撰，《潛研堂文集》（臺北市，臺灣商務印書館，《國學基本叢書》本），卷一九，頁275，〈王鄞江墓誌不足信〉條，謂：「史簡爲縣小吏，卽使慕道來學，亦何足稱，荊公豈逆料其後人之貴顯，而先貢諛於百年之前乎。」此條爲辨世傳王安石爲王鄞江作墓誌之誤，而兼論及墓誌浮獎史簡處，其言甚諦，唯史簡嘗從學於王鄞江，殆屬無疑。又全祖望亦嘗辨鄞江墓誌之誤謬，詳參《鮚埼亭集》，外編，卷四八，頁1408，〈辨鄞江先生墓誌〉條。
〔註15〕見黃宗羲撰，《宋元學案》（臺北市，河洛圖書出版社，民國64年，影印本），第三冊，卷六，〈士劉諸儒學案〉，相關諸人傳；又見《鮚埼亭集》，外編，卷一六，頁865。
〔註16〕見《鮚埼亭集》，外編，卷一六，〈慶曆五先生書院記〉，頁866。
〔註17〕同前註引書，同卷，頁865。
〔註18〕見《攻媿集》，卷九三，〈純誠厚德元老之碑〉，頁875。

操筆爲文辭，非聖賢本旨。」〔註19〕史詔感母恩，每謂「無母氏之節，已無史氏矣」，故誓終身母子不相離，日與其妻徐氏奉養無弗至，〔註20〕故以孝行聞於鄉里。〔註21〕

及長，有人勸史詔科考以榮母，則答曰：「朝廷設科，思得其用，敢竊爲己榮耶？」鄉人化慕，有爭訟則就詔求直，不復詣有司。宋徽宗大觀二年（1108），史詔年約五十二，有孝友、睦婣、任卹、中和八行兼修之舉，郡縣以史詔應命，詔辭不應，奉母避於縣東大田山，爲守令發現其所，迫使就道，史詔辭不就，故人稱「八行先生」。後史詔因孫史浩，而追贈爲「太師越國公」。〔註22〕史浩稱其祖曰：

> 起攀孔顏之逸軌，映雪囊螢而精勤兮，蓋乏膏油之繼晷，雝容閑雅
> 而甚都兮，孝悌忠信莫之比，叢八行於一躬兮，播仁聲於遐邇，屬
> 在位之推轂兮，升鶚書於當宁，卒辭聘而弗至。〔註23〕

史詔有德行名聲行於鄉里，但辭官府的徵召。

2. 史詔之師友

史詔與豐稷（1033～1107）師事於慶曆五先生中之樓郁，而史詔父史簡，與豐稷又同受業於王鄞江（致）先生。故全祖望謂：「越公（即史詔）爲西湖先生（樓郁）高弟，再世與豐清敏公（豐稷）同門。」〔註24〕關於樓郁，王應麟〈城南樓先生傳〉，作如下介紹：

> 樓郁，字子文。（中略）志操高屬，學以窮理爲先，爲鄉人所尊，處
> 窮約屢空自樂。（中略）子孫皆踵世科，五世孫鑰，德行文章，爲時
> 名臣，仕至參知政事。〔註25〕

〔註19〕見《延祐四明志》，卷五，頁33。

〔註20〕見徐時棟撰，《宋元四明六志校勘記》（中國地志研究會印行，《宋元地方志叢書》，影印本），卷二，頁6；史詔娶妻徐氏，則見《攻媿集》，卷九三，頁875。

〔註21〕《鮚埼亭集》，外編，卷一六，頁865謂：「史冀公（史簡）之純孝也。」是史氏以孝行著聞於鄉里。

〔註22〕同註19；及《宋元學案》，卷六，〈士劉諸儒學案〉，頁20。

〔註23〕同註2。

〔註24〕同註17。

〔註25〕見王應麟撰，《深寧文鈔摭餘編》（臺北市，中國文化學院出版部，民國53年4月，初版，《四明叢書》第一集第二冊，影印本），卷一，頁22，〈城南樓先生傳〉。

史詔奉母避召，「以奧學絕識，不言而躬行」，〔註26〕蓋有得於其師樓郁之「處窮約屢空自樂」。

　　豐稷字相之，與史簡同受業於王致，並與史詔同師於樓郁。嘗從安燾出使高麗，官至樞密直學士，賜諡「清敏公」。朱熹序〈清敏遺事〉謂：

> 然自聖賢既遠，道學不明，士大夫不知用其心於內，以立其本，（中略）嗚呼！若公者，其真所謂有本者歟。觀其平居暇日，所以治心養氣而修諸身者，蓋天下之物，無足以累其志，是以為子則孝，為吏則廉。〔註27〕

袁燮〈清敏祠堂記〉則謂：

> 公之所以特立者，原乎是心而已，大哉心乎，天地同本，精思以得之，兢業以守之，則亦可以與天地相似。〔註28〕

豐稷精思道心，護持一心，以立其大本，而非「徒恃其氣意才力之盛，以能有為世者」。〔註29〕

　　以下就《宋元學案》〈士劉諸儒學案〉，及其他相關史料，簡繪一表，以明史簡與史詔兩代師友關係：

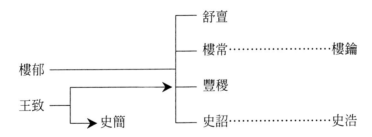

三、史浩之諸父

（一）父史師仲、季父史木

1. 父史師仲

　　史詔育有五男，〔註30〕後聞於世者有史師仲（史浩父，名諱不詳）、史才

〔註26〕見《攻媿集》，卷五三，〈六老圖序〉，頁491。
〔註27〕見朱熹撰，《朱文公文集》（臺北市，臺灣商務印書館，《四部叢刊》初編，影印本），卷七六，〈豐清敏遺事後序〉，頁1409。
〔註28〕見《絜齋集》，卷九，〈豐清敏公祠記〉，頁11。
〔註29〕同註27。
〔註30〕同註2。

（史浩仲父）與史木（史浩季父）三人，〔註31〕皆受庭訓。史浩所撰〈葬五世祖招魂辭〉中，曾追述史詔諸子事迹曰：

> 男有立而女歸於賢士，通六經而口授兮，五男訖臻於肖似，聞詩禮
> 於過庭兮，又奚慚乎孔鯉。〔註32〕

史浩父史師仲之事迹，傳於世者甚少，蓋亦晦於鄉里，史浩於〈葬五世祖招魂辭〉，追述其父曰：

> 皇考七歲而能詩兮，應聲揮毫而落紙。出健句以驚人兮，坐客不敢
> 以孩視，踰志學而簧橋門兮，文甚工而貌甚偉，世僉期以超詣兮，
> 謂王公可以翹俟。當宣和之全盛兮，風俗窮奢而極侈，立州衙而睇
> 岌嵲兮，不覺欷歔而流涕，乃拂袖而出關兮，歸即謀於避地，衆方
> 駭其無倫兮，曰盛極亂危之必至。及塞馬之南牧兮，中原群盜如蜂
> 蟻，人始服其先見兮，竟以憂國而亡矣。〔註33〕

史浩父史師仲，幼時即以「健句」、「文工」著稱。後因宣和時期風俗窮奢極侈，而亟思歸避。然建炎四年（1130），金人陷明州，〔註34〕史師仲竟以憂時事終，則師仲亦有心於世，而非索隱者。

2. 季父史木

史浩季父名木，字繼道，史浩稱其「信於州里，急人之急，奮不謀己，物來能名，一以至誠，隨彼巨細，各得其情」。史木承於家學，「耽於典籍，志窮精微，不墮塵跡」，且亦有心於「究治亂於家邦」。〔註35〕與兄史才等「行藝均表於庠序」，〔註36〕且兩登於鄉舉。〔註37〕

史木積蓄貲產，〔註38〕於建炎四年正月，金兵破鄞時，史木「奉嚴親奔於海垠上」，並以其貲產接濟疏族，「以一身活百人命」。〔註39〕此外，史浩父

〔註31〕同註18。
〔註32〕見《鄮峯真隱漫錄》，卷四一，頁4。
〔註33〕同前註。
〔註34〕明州之戰日期，諸史所載有異，考詳見林瑞翰撰，〈建炎明州之戰及紹興宋與偽齊之戰〉，《大陸雜誌》，一一卷一二期，（民國44年12月），頁378～383。
〔註35〕見《鄮峯真隱漫錄》，卷四三，〈祭八十叔父文〉，頁1。
〔註36〕同註7。
〔註37〕同註32。
〔註38〕同註32。
〔註39〕見《鄮峯真隱漫錄》，卷四三，頁2；又見《寶慶四明志》，卷九，〈史浩傳〉，頁17，文義略同，唯繫年於建炎三年；又《延祐四明志》，卷五，〈史嵩之傳〉，

師仲沒後，史浩家「實賴以濟」。〔註40〕史木之友於親族，甚可稱述。

史木享年四十四，於病重時，猶不免祖喪，「哀號而卒，有以見終始於孝道，周旋於禮律者」。〔註41〕史木曾孫史嵩之，與史浩子史彌遠，皆顯赫於理宗朝。

史浩之家學，承自史木，《寶慶四明志》謂「木優於學，浩以爲師」。〔註42〕四明史氏皆宗陸學，史浩對於象山學在明州之倡導，頗有功焉。史木玄孫史蒙卿，則爲四明傳朱子學之始，關係學風至鉅。

黃宗羲《宋元學案》，原有〈四明朱學案〉，後全祖望序錄時，改爲〈靜清學案〉，〔註43〕並作案語，謂四明史氏自史蒙卿始，改宗朱子之學，其言曰：

> 四明史氏皆陸學，至靜清（史蒙卿自號「靜清處士」）始改而宗朱，淵源出於蓮蕩晏氏（晏淵）。然嘗聞深寧（王應麟）不喜靜清之說《易》，以其嗜奇也，則似乎必盡同於朱。其所再傳程畏齋（程端禮）兄弟，則純於朱。〔註44〕

〈靜清學案〉〈史蒙卿傳〉中，亦謂：

> （四明之學）祖陸氏而宗楊（楊簡）、袁（袁燮），其言朱子之學，自黃東發（黃震）與先生（即史蒙卿）始。〔註45〕

此外，〈靜清學案〉黃百家按語亦謂：

> 四明自楊、袁、舒（舒璘）、沈（沈煥）從學於象山，故陸氏之學甚盛，其時傳朱子之學者有二派，其一史果齋（史蒙卿號）從晏氏入，其一余正君從輔氏（輔廣）入。〔註46〕

而全祖望〈甬東靜清學院記〉一文中，則稱朱學之行於鄞縣，史蒙卿之功甚大，文曰：

> 吾鄉學者，楊、袁之徒極盛，史氏之賢喆，如忠宣公（史彌堅）、文

頁23，繫年於建炎元年，並誤。詳考見〈建炎明州之戰及紹興宋與僞齊之戰〉一文。《延祐四明志》且謂：「率姑姊母妻五族，曁其鄰保，航海得完者，踰二千人。」此恐爲方志誇大溢美之處。

〔註40〕同註35。
〔註41〕見《鄞峯眞隱漫錄》，卷四三，頁2。
〔註42〕見《寶慶四明志》，卷九，〈史浩傳〉，頁3。
〔註43〕見《宋元學案》，第二二冊，卷八七，〈靜清學案〉，頁50，梓材案語。
〔註44〕同前註，祖望謹案。
〔註45〕同前註，〈史蒙卿傳〉。
〔註46〕同前註，百家謹案。

靖公（史彌忠）、獨善先生（史彌鞏）、和旨先生（史彌林）……皆
楊、袁門下傑然者也。靜清爲獨善孫，始由巴陵楊氏（楊岊）以溯
朱學，當時隻輪孤翼，莫之應和，而黃提刑東發出焉，遂稍稍盛。
朱學之行於吾鄉，自靜清始，其功大矣。〔註47〕

總之，史氏一門，不但於南宋政局有其重要性，於學界亦有其建樹。史氏一
門不但沉浮於南宋政局，且與南宋學風轉變相應和。

（二）仲父史才

1. 史才之生平

史浩仲父名才，於宋徽宗政和八年（1118）中進士。〔註48〕鄞縣人樓鑰
謂：「吾鄉之登政者，實自公（史才）始。」〔註49〕然而史才之事迹頗晦，任
諫議時，請開湖田一事稍顯，故清人蔣學鏞撰《鄞志稿》時，僅於隱逸〈史
詔傳〉後，附筆史才數言而已。〔註50〕本書僅就樓鑰所撰〈史浚（史才子）
墓誌銘〉，及《宋會要輯稿》等資料，勾輯其生平梗概。

李光守永嘉時，史才曾任簽幕，甚得李光厚遇，後赴餘杭。〔註51〕曾任
國子監主簿，其制尚存於王洋《東牟集》中。〔註52〕紹興二十一年（1151）
三月七日，權禮部侍郎陳誠之知貢舉時，史才充檢試卷官。〔註53〕二十二年
（1152）四月二十七日，史才上奏乞申嚴內外謁禁之例。〔註54〕二十三年
（1153），除諫議大夫，七月二十三日上奏請開湖田，奏曰：

浙西諸郡水陸平夷，民田最廣，平時無甚水旱之憂者，太湖之利也。
數年以來，瀕湖之地，多爲軍下兵卒侵據爲田，擅利妨農，其害甚
大，蓋隊伍既易於施工，土益增高，長堤彌望，（中略）旱則據之以

〔註47〕見《鮚埼亭集》，外編，卷一六，〈甬東靜清學院記〉，頁875。
〔註48〕見張津撰，《乾道四明圖經》（中國地志研究會印行，《宋元方志叢書》，影印
本），卷一二，〈政和八年嘉王牓〉。
〔註49〕見《攻媿集》，卷一〇五，〈朝請大夫史君墓誌銘〉，頁1026。
〔註50〕見蔣學鏞撰，《鄞志稿》（臺北市，國防研究院中華大典編印會，民國55年，
《四明叢書》第三集第四冊，影印本），卷一九，〈隱逸傳〉，頁4。
〔註51〕同註48。
〔註52〕見王洋撰，《東牟集》（臺北市，臺灣商務印書館，《四庫珍本》初集），卷七，
頁4，〈史才國子監主簿制〉。
〔註53〕見徐松輯，《宋會要輯稿》（臺北市，世界書局，民國53年，影印本），一一
五冊，〈選舉二〇〉，總頁4579。
〔註54〕見前註引書，一六五冊，〈刑法二〉，總頁6552。

溉，而民田不沾利。乞令路監司躬親究太湖舊，軍民各安其職，田
疇盡蒙其市，農事有賴。〔註55〕

此外，史才並曾上奏論綱運。〔註56〕二十三年十月，遷簽書樞密院事兼權參
知政事。〔註57〕十一月七日，《尚書》進講完畢，高宗賞賜史才及其他侍講。
〔註58〕二十四年（1154）六月十一日，史才以臣僚彈劾而罷執政，改提舉江
州太平興國宮。後臣僚再劾，遂黜落。〔註59〕晚年史才與子史浚相與為命。
史才有子五人，孫十三人，孫女九人。〔註60〕

2. 史才與秦檜

史才任樞密兼參知政事時，正是秦檜權勢高漲之際，《宋史》〈秦檜傳〉謂
秦檜獨相，其他執政，僅「拱默而已」。〔註61〕其時之執政與臺諫，均尾附於秦
檜。秦檜對不合己意之執政，輒指使臺諫，劾其去位，致使執政「拱默」而已。
《鄞志稿》引史氏家傳，謂史才劾吏部尚書林大鼐，始進諫議大夫，再劾簽樞
密院事宋樸，遂代其位，並兼參知政事。〔註62〕《朱子語類》載林大鼐為秦檜
所擢用，在經筵時，高宗曾賜帶，為秦檜所忌，〔註63〕故《鄞志稿》據之謂史
才之被劾，必出自秦檜意，頗疑史才黨附於秦檜。〔註64〕《寶慶四明志》〈史浩
傳〉亦載，史才任諫議時，秦檜使林一飛致意，欲除史浩為國子監書庫官，為

〔註55〕見前註引書，一五二冊，〈食貨六一〉，總頁 5926；並參見一二四冊，〈食貨七〉，
　　　　總頁 4912。
〔註56〕見前註引書，一四三冊，〈食貨四四〉，總頁 5571。
〔註57〕見《宋史》，卷三一，〈高宗紀八〉，頁 578；另《鄞峰真隱漫錄》，卷一四，頁
　　　　3，有〈代叔父謝簽書樞密院事表〉；頁 4，有〈代叔父謝兼權參知政事表〉。
〔註58〕見《宋會要輯稿》，冊五七，〈崇儒七〉，總頁 2291。
〔註59〕見前註引書，一〇六冊，〈職官七八〉，總頁 4198；又見《寶慶四明志》，卷九，
　　　　〈史浩傳〉，頁 3 謂：「明年檜死，又明年仲父（史才）罷簽書樞密院事。」
　　　　按《宋史》〈秦檜傳〉，載秦檜卒於紹興二十五年。《寶慶四明志》之誤，《鮚
　　　　埼亭集》，外編，卷三五，〈再跋四明寶慶開慶二志〉，頁 1168，早予辨正。
〔註60〕見《攻媿集》，卷一〇五，頁 1027、1031。
〔註61〕見《宋史》，卷四七三，〈秦檜傳〉，頁 13765。
〔註62〕同註50。
〔註63〕見黎靖德輯，《朱子語類》（日・京都市，中文出版社，1979 年，影印本），卷
　　　　一三一，頁 19。
〔註64〕同註50。又《鮚埼亭集》，外編，卷四五，頁 1352，〈答萬九沙編修問史參政
　　　　遺事帖子〉，亦謂史才「雖同在秦氏臭味之中，而其阿附之迹，較他人獨少」，
　　　　「參政之所以自通於檜可知也，特不知其後竟以何事不當於檜而被斥」。全祖
　　　　望因之亦辨及史氏家傳，史才為檜黨所抑之非；並參《鄞縣志》，卷二七，〈雜
　　　　識三〉，頁 15。

史浩所拒。〔註65〕是故史才黨附於秦檜，殆非空穴來風之談。

史才早年受李光優遇，而李光與秦檜勢同水火。史才既黨附於秦檜，則置李光於何地？此外，史師仲、史木與史才三支之後世子孫，史木系除有史嵩之等活躍於政界外，於學術亦有史蒙卿提倡朱子學；而史師仲系尤顯赫於南宋政界；唯史才系獨陰晦不彰，其故安在？此等問題，尚有待於進一步之考證。

第二節　史浩之早年生平

一、史浩之家境

史浩字直翁，明州鄞縣（浙江寧波）人。生於宋徽宗崇寧五年（1106），〔註66〕卒於光宗紹熙五年（1194），封「會稽郡王」，寧宗登極，賜諡「文惠」。嘉定十四年（1221），復追封為「越王」，改諡「忠定」，配享孝宗廟廷。〔註67〕

史浩自稱「予起身寒微」，〔註68〕「少遭閔凶，備嘗孤苦」，〔註69〕而「家道貧窶，攻苦食淡，有人所不堪」。〔註70〕故頗賴季父史木濟助，並從之為學，其事已述於前節。史浩有姊長浩二歲，幼時浩亦受其照拂，史浩嘗於〈姊太宜人安厝祭文〉中，追述前事曰：

> 我自提孩，瘡痏滿身，膿潰涴染，展轉頻呻，姊於是時，便能撫循，
> 焚膏繼晷，澣濯縫紉。〔註71〕

史浩年踰二十娶妻，與之相約曰：「慈親在堂，與兄弟五人，某實居長，承顏順色，理合率先。」夫人安之，史浩復戒之曰：「吾家四壁，汝貲囊雖薄，不可少靳，毋使今日有違，而異時有悔。」〔註72〕夫妻二人均以孝聞，然家計困難，「謀生掣肘，世情炎涼，如飜覆手」，僅友人滕子駿「毅然絜提」，即使

〔註65〕同註42。
〔註66〕同前註，謂史浩年四十，登紹興十五年第。以此上推，浩當生於崇寧五年。
〔註67〕見《宋史》，卷三九六，〈史浩傳〉，頁12068。
〔註68〕見《鄮峯真隱漫錄》，卷四九，《童丱須知》，頁1。
〔註69〕同前註引書，卷四二，〈葬五祖衣冠招魂祝文〉，頁12。
〔註70〕同前註引書，同卷，〈妻冥忌設祭祝文〉，頁5。
〔註71〕同前註引書，卷四三，〈姊太宜人安厝祭文〉，頁9。
〔註72〕同前註引書，卷四二，〈焚妻贈黃祝文〉，頁11。

「左右群嘲聚誚」，子駿亦安受。〔註73〕

　　史浩外玄孫袁桷，嘗聽鄉人應文煒說史浩未第時，曾就職於富民錢氏坊，以奉養其母洪氏。及紹興十四年（1144），母過六十大壽，史浩因藉錢氏坊為酒食，以合姻族閭里，禮甚具，以至七月無錢輸官，故流落避居於會稽之賣餅湯媼家。後王十朋劾史浩疏中，謂史浩「昔為士人，以榷酤犯罪，身幾不免」，〔註74〕蓋卽指此。及鄉試期迫，史浩因無錢輸官，不得歸里赴考，心情鬱悶，後因賣餅媼借貸與錢，始得歸里赴考。〔註75〕

　　史浩家境清貧，歷經人世炎涼。早年事迹不顯，直至紹興十五年（1145）中第後，事迹始著，家道亦裕。然以起身寒微，「頗安儉素，非官至未嘗陳觴」。〔註76〕嘗作《童丱須知》三十章，訓示兒孫。其文上至君臣之際，下至修身治世，均有論及；反覆再三垂示子孫須勤儉，毋墜浮華。文中告誡子孫宮室毋徒飾崇高，曰：

>　　數間破屋洛城中，卻有高名振古風，寄語紛紛美宅者，安居寧不愧盧仝。〔註77〕

並示後人騎乘輿馬，勿效「近來貴室富豪家子，金勒雕鞍縱侈風」。〔註78〕又告誡子孫勿重張設、衾褥之裝飾，其言曰：

>　　帷幕時間奉此身，當知流轉會成塵，隨緣且用遮空壁，莫較敷陳舊與新。〔註79〕

>　　絹帛鮮華由染工，紅花紫草遂收功，若教明眼人猜破，始信浮生色是空。〔註80〕

>　　夢幻浮華有此身，青氈巳舊不須新，百年撒手成歸計，多少衣衾屬別人。〔註81〕

〔註73〕同前註引書，卷四三，〈祭滕子駿文〉，頁4。

〔註74〕見王十朋撰，《梅溪王先生文集》（臺北市，臺灣商務印書館，《四部叢刊》影印本），奏議，卷三，〈論史浩箚子〉，頁31。

〔註75〕見袁桷撰，《清容居士集》（臺北市，臺灣商務印書館，《四部叢刊》影印本），卷四八，〈書史定王貸錢券後〉，頁677。

〔註76〕同註68。

〔註77〕見《鄮峯眞隱漫錄》，卷五〇，頁3。

〔註78〕同前註引書，同卷頁4。

〔註79〕同前註引書，同卷頁5。

〔註80〕同前註引書，同卷頁6。

〔註81〕同前註引書，同卷頁7。

然文中對釋老之不勤耕而食，則頗有微言，曰：

> 古者四民今六民，爲添釋老不耕耘，三農重困皆因此，況有張頤百
> 萬軍。〔註82〕

史浩不忘初起之清寒，以勤儉持家，史氏於南宋得傳衍繁盛，蓋有得於此。

二、登第與出仕

紹興十五年，史浩中劉章榜，同榜者尙有汪大猷（1120～1200）等人，〔註83〕浩時年已四十。〔註84〕史浩與汪大猷同榜，後之仕進雖殊，然二人致仕後，「詩筒唱酬，人競傳之」。〔註85〕另據《夷堅志》載，史浩於此年赴臨安省試時，與力主和議之湯思退相攜同遊。〔註86〕

史浩中第後，初任餘姚尉，曾設計捕盜，盜獲而不居功，《寶慶四明志》〈史浩傳〉載此事曰：

> （浩）爲餘姚尉，有點賊剽劫，出沒不常，浩設計擒賊其魁黨九人，
> 詣縣，令怪其不言親獲。浩曰：「捕盜職也，彼戮而我受賞，於心安
> 乎？」令歎曰：「處心如此，其不待舉主改官必矣。」〔註87〕

此外，史浩亦嘗因廢罷湖田，上箚子與紹興太守論其事。〔註88〕紹興十八年（1148）三月，史浩攝昌國州正監鹽官。〔註89〕

《雨航雜錄》引小說，稱史浩爲餘姚尉時，曾朝普陀，睹觀音大士，因主和議，文曰：

> 小說稱，史衛（越）王浩爲尉時，至普陀，云：「此文潞公後身；他
> 時宰相。官家要用兵，須力諫。」〔註90〕

〔註82〕 同前註引書，同卷頁 13。
〔註83〕 見《乾道四明圖經》，卷一二，〈進士題名記〉，頁 14。
〔註84〕 見《寶慶四明志》，卷三，頁 9；又參洪邁，《夷堅志》（日・京都市，中文出版社，1975 年 6 月，影印涵芬樓藏本），甲志，卷六，頁 1，〈史丞相夢賜器〉。
〔註85〕 見周必大撰，《文忠集》（臺北市，臺灣商務印書館，《四庫珍本》二集），卷六五，〈鄭丙神道碑〉，頁 13。
〔註86〕 見《夷堅志》，丁志，卷七，頁 4。
〔註87〕 同註 42。
〔註88〕 見《鄮峯眞隱漫錄》，卷三一，〈論餘姚廢罷湖田上紹興太守箚子〉，頁 6。
〔註89〕 見馮福京修、郭薦纂，《大德昌國州圖志》（中國地志研究會印行，《宋元方志叢書》，影印煙嶼樓宋元四明六志刊本），卷六，頁 7。
〔註90〕 見馮時可撰，《雨航雜錄》（臺北市，藝文印書館，《百部叢書集成》之一八，《寶顏堂秘笈》一八函），卷上，頁 21。

此事於《大德昌國志》、〔註91〕《會稽續志》〔註92〕亦有載。唯事涉靈異，本不足採信。得神靈告誡勿主用兵之語，蓋好事者之附會。史浩家世奉佛，且有刻石爲憑，〔註93〕則史浩朝普陀之事應屬實。

　　史浩後曾任溫州州學教授，與郡守張九成（1092～1159）相知。〔註94〕時史浩仲父史才任諫議大夫，秦檜曾示意羅致，《寶慶四明志》〈史浩傳〉載曰：

> 給事中林一飛來致宰相秦檜意言：「已留國子監書庫官擬令姪矣。」
> 浩白仲父曰：「秦似難與同處，且浩以省試前十名，于法今當受教官，可不安分乎。」〔註95〕

及紹興二十五年（1155），秦檜卒。二十六年（1156），中書舍人吳秉信薦史浩，自溫州教授召爲太學正。《宋會要輯稿》載：於紹興二十七年（1157）正月，史浩與湯鵬舉、胡靖，並充點檢試卷官。〔註96〕後再遷國子博士，因輪對論儲，而受知於高宗，遷兩王府教授，不久即任相。《建炎以來朝野雜記》曰：

> 史文惠（浩）初爲學官，以論儲副事受知高皇，遂諭大臣令除館職，且曰：「此乃是一人才也。」後四日，又兼二王府教授。及阜陵（孝宗）封建王，文惠爲王上乞奏扈從視師，（中略）高皇聞知其奏出於公，語大臣曰：「此眞王府官矣。」未幾阜陵受禪，文惠自宗正少卿，不半年而拜相，蓋本朝所未有也。〔註97〕

史浩以學官，際會孝宗龍飛之日，因論儲而顯赫於孝宗朝，其事爲宋所未有，而受知於高宗，蓋爲史浩升遷之主要關鍵。

〔註91〕見《大德昌國州志》，卷七，頁3。
〔註92〕張淏纂，《寶慶會稽續志》（中國地志研究會印行，《宋元地方志叢書》，影印本），卷七，〈雜記〉，頁4。
〔註93〕同註91。
〔註94〕同註18及註67。
〔註95〕同註65。
〔註96〕見《宋會要輯稿》，一一五冊，〈選舉二○〉，頁4580。
〔註97〕見《建炎以來朝野雜記》，乙集，卷八，頁1，〈史文忠以論儲副受知〉。

第三章　史浩與南宋孝宗之卽位

第一節　宋室南渡初期與金關係概述

　　北宋自太宗始，由太宗系子孫繼承帝位，故王夫之《宋論》曰：「宋未亡，而太祖之亡久矣。」〔註1〕靖康之難，太宗系宗室，盡爲金人所擄，僅康王構倖免於難。趙構倉遑南渡，成立偏安政府，是謂高宗。建炎三年（1129），明受太子薨後，高宗卽無子嗣，皇儲問題，遂成朝臣注目之焦點。日後高宗帝位之傳承，除有因於內部諸勢力消長等因素外，疑或亦有因於金者。前者較易知，且前賢於此論著亦多。唯因於金者，史無明言，然由其行事間，留有「無意史料」，頗啓人疑竇。本書雖論及後者，然僅爲聊備一說而已，未敢遽以爲定論。至於其內部諸因素，則於行文，間亦提及。〔註2〕

　　紹興十一年（1141），宋金和議達成，其和約對宋雖屬屈辱，然尙不失爲喘息後圖之計。及金海陵王亮繼位，本「天下一家」，然後「可以爲正統」之志，〔註3〕決策侵宋，宋金間維持了二十年的關係，面臨重新調整之局勢。完顏亮侵宋之舉，宋朝野震懼。及完顏亮被弒，反予宋一調整宋金關係之機會。

〔註1〕　王夫之撰，《宋論》（臺北市，三人行出版社，民國63年3月），卷一一，頁206。

〔註2〕　宋孝宗繼位諸因素，參谷霽光撰，〈宋代繼承問題商榷〉，《清華學報》，一三卷一期，（民國41年1月），頁115～162。文中提及宋孝宗得立之重要因素有三：一、下繫人心；二、固國本；三、擇賢君。

〔註3〕　見脫脫等修，《金史》（臺北市，國防研究院，民國59年），卷一二九，〈李通傳〉，頁952；並參陶晉生撰，《金海陵帝的伐宋與采石戰役的考實》（臺北市，國立臺灣大學文學院，民國52年），頁33～38。

宋若運用得當，宋金或可呈現新局面。總之，紹興十一年之和約，至紹興三十一年（1161），面臨是否繼續維持主從關係之問題。

繼完顏亮後，金世宗繼位，世宗雖欲繼續維持以往之主從關係，而南宋則思藉完顏亮敗盟，以改善宋之地位。宋金間新關係未明確之際，宋高宗於紹興三十二年（1162）匆匆傳位孝宗。孝宗尚為建王時即主戰，故孝宗繼位，對金而言，欲保持既得利益，更為困難。孝宗之繼位，強烈顯示南宋欲改善兩國關係之意圖。

宋金意見既相左，最後則須藉武力，以達屈彼伸己之目的。南宋於高宗初期，與金長期交戰，並未得到軍事優勢。至孝宗時，高宗朝虎將泯滅殆盡，僅餘張浚一人。孝宗勉強出兵，受創於符離之役，兩國懸疑不決之關係，始重新確定，而終孝宗朝，不復有恢復之舉。

第二節　南宋高宗之立儲

建炎元年（1127）五月，高宗即位於南京。建炎三年（1129），苗傅、劉正彥之亂平定。同年七月，明受（元懿）太子薨，此後高宗即不再有子嗣。建炎四年（1130）秋九月戊申（九日），金又冊立偽齊劉豫。在此內外情勢壓迫之下，次年亦即紹興元年（1131）六月，婁寅亮上奏請立太祖後人為嗣，其奏云：

> 今昌陵之後，寂寥無聞，僅同民庶，藝祖在上，莫肯顧歆，此金人所以未肯悔禍也。望陛下於伯字行內，遴選太祖諸孫有賢德者，視秩親王以待皇子之生，退處藩服。〔註4〕

高宗「讀之大為感歎」。〔註5〕

事實上，早在建炎三年七月，元懿太子薨後數日，鄉貢進士李時雨即上書謂：

> 臣竊聞皇太子服藥不瘳，事之既往，夫復何言。而承嗣之道理不可後，為今之計，欲乞暫擇宗室之賢者一人，使視皇太子事，以係屬四海，增重朝廷，俟陛下皇太子長成，昇之東宮，則以一王封視皇子，亦不為嫌也。〔註6〕

〔註4〕 見《建炎以來朝野雜記》，乙集，卷一，〈壬午內禪志〉，頁2；並參《宋史》，卷三九九，頁12132，〈婁寅亮傳〉。

〔註5〕 同前註。

〔註6〕 不著撰人，《皇宋中興兩朝聖政》（臺北縣，文海出版社，民國56年，影宋鈔

其書奏達，高宗下詔「下押出國門」。〔註7〕李時雨、婁寅亮二人所奏，大意略同，而二人所遭待遇頗異，其間關鍵，蓋在建炎四年九月劉豫僞齊之成立。金人此舉實予動盪不安之高宗政權一有力打擊，因而婁寅亮上書「藝祖在上，莫肯顧歆」、「金人所以未肯悔禍」之語，高宗讀之「大爲感歎」。〔註8〕

關於金人立異姓爲帝之顧慮，在建炎三年閏八月庚寅（十四日），起居郎胡寅（1098～1156）即曾上疏言及：

> 今宜於同姓中，不間親疏，選擇賢才，布之中外，廣加任使，其望實傑然出衆者，陛下宜留之宿衛，夾輔王室，其有克敵戡難之功者，宜漸爲茅土之制，星羅而棊列，以慰祖宗在天之靈，以續國家如線之緒，使金人知趙氏之居中國者尚此其衆，則其撲炎火之橫心，立異姓之詭謀，庶其少息乎。〔註9〕

疏入，當政者惡其「切直」罷之，〔註10〕蓋其時尚無「異姓」得立。及劉豫僞齊成立，胡寅金人「立異姓之詭謀」，不幸言中。故婁寅亮上書，令高宗爲之「感歎」。

外在壓力既大，且南宋內部又有選立藝祖（太祖）後之要求，故高宗曾謂群臣曰：

> 藝祖以聖武定天下，而子孫不得享之，遭時多艱，零落可憫，朕若不取法仁宗爲天下計，將何以慰在天之靈。〔註11〕

紹興二年（1132）夏，趙令懷奉召選宗子伯琮（後即孝宗）、伯浩入禁中，時孝宗年僅六歲。〔註12〕《揮麈錄》載孝宗之初入宮事謂：

> 紹興壬子（二年）詔知大宗正事、安定郡王令時，訪求宗室伯字號，

　　　本），卷五，頁 18。

〔註7〕同前註。

〔註8〕《宋史》〈婁寅亮傳〉所徵引婁寅亮書較詳，李心傳於《建炎以來朝野雜記》中所述較簡，然切中當時情勢，蓋李氏亦有此感歎；並參谷霽光所撰〈宋代繼承問題商榷〉一文；又錢大昕以爲婁寅亮奏立太祖後爲皇子之疏有二，一在建炎四年，一在紹興元年。《宋史》〈高宗紀〉，僅載紹興元年之奏疏，而不及建炎四年之疏，此爲史家之省文，說詳見錢氏撰，《潛研堂文集》，卷一九，頁 277，〈婁寅亮上疏年月〉。婁寅亮有二疏，則建炎四年所上疏不獲載必矣，蓋其時劉豫尚未立之故。

〔註9〕見《皇宋中興兩朝聖政》，卷六，頁 8。

〔註10〕同前註引書，同卷，頁 12。

〔註11〕見《建炎以來朝野雜記》，乙集，卷一，〈壬午內禪志〉，頁 2。

〔註12〕見前註引書，同卷，頁 3。

七歲以下者十人入宮，備選十人中又擇二人焉，一肥一癯，迺留肥
而遣癯，賜銀三百兩，以謝之。未及出，思陵（高宗）忽云：更子
（仔）細觀。迺令二人叉手並立，忽一貓走前，肥者以足蹴之，上
曰：「此貓偶爾而過，何爲遽踢之，輕視如此，安能任重耶？」遂留
癯，而逐肥者。癯者乃阜陵（孝宗）也，肥者名伯浩，後終於溫州
都監。〔註13〕

高宗此舉或有武斷之處，但其用心不外乎擇賢。

紹興四年（1134）五月，趙令懬復得宗子伯玖，時年五歲，高宗「以其聰
慧可愛」，命吳才人（紹興十三年封爲皇后）養之，而伯琮則由張婕妤養之。至
十二年（1142）張婕妤（時已封爲婉儀）卒，伯琮始由吳才人並育之。〔註14〕
而伯琮與伯玖二人，日後遂成高宗建儲之焦點。

紹興三年（1133），伯琮賜名「瑗」，五年（1135），封爲「建國公」。同年
五月，趙鼎（1085～1147）於行宮門內造資善堂，以爲建國公瑗出外就傅之所，
並擇范仲（范祖禹之子，1067～1141）爲資善堂翊善、朱震（1072～1138）兼
贊讀，范仲、朱震皆「一時名德老成」。時相趙鼎、張浚卻因就傅問題，發生
爭執，趙鼎、張浚二人因此有隙。紹興六年（1136）十二月，趙鼎爲左司諫陳
公輔所攻而罷，張浚獨相，「自是攻鼎者，始以資善堂藉口矣」，〔註15〕此乃
政爭與建儲之相互影響者。爾後秦檜陰助伯玖，與建國公瑗（即孝宗）有隙，
尤屬重要。

紹興七年（1137）九月，張浚以淮西失師而罷，趙鼎復相。〔註16〕八年
（1138），秦檜爲右僕射，高宗御筆璩（伯玖於紹興六年正月，賜名「璩」）除
節度使封吳國公，令執政聚議：

檜謂鼎曰：「陳去非在政府時已有此意，但未及行，不知公意如何？」
鼎叩其可否，檜不答。樞密副使王庶曰：「並后匹嫡古以爲戒，今豈
可行也。」鼎謂檜曰：「公嘗言鼎丙辰罷相後，議者專以資善堂藉口，

〔註13〕 見王明清撰，《揮麈錄》（臺北市，臺灣商務印書館，《四部叢刊》續編，影印
涵芬樓景汲古閣宋鈔本），〈餘話〉，卷一，〈紹興中選宗子〉條，頁6；並參見
《建炎以來朝野雜記》，乙集，卷一，頁3。

〔註14〕 見《建炎以來朝野雜記》，乙集，卷一，頁7。

〔註15〕 同前註引書，同卷，頁5；另參見李心傳撰，《建炎以來繫年要錄》（臺北縣，
文海出版社，影印光緒廣雅書局刊本），卷八九，頁2及頁16；又參《皇宋中
興兩朝聖政》，卷一八，頁9。

〔註16〕 見《建炎以來繫年要錄》，卷一一四，頁8。

今當避嫌，公專面納此御筆如何？」檜曰：「公爲首相，檜豈敢專，
公欲納之，當同數奏也。」翌日進呈，檜無語，鼎奏曰：「今建國公
在上，名雖未正，天下之人，知陛下有子矣。（中略）臣身爲上相，
義當竭忠以報陛下，在今禮數不得不異，但以善繫人心，而不使之
二三其説也。」〔註17〕

但高宗意欲兩者並立以擇賢，故謂趙鼎曰：「俱是童稚，姑與放行。」趙鼎堅
執不允，高宗乃留御筆曰：「俟三數月議之」，以敷衍趙鼎，而私下與秦檜商
議。十月趙鼎爲秦檜所擠，高宗復問趙鼎曰：「前日所議璩建節事如何？」高
宗希望趙鼎態度能有所改變，而趙鼎仍堅持如前，故罷趙鼎。且於紹興九年
（1139）三月，授璩保大軍節度使。〔註18〕

　　秦檜雖未明示擁璩，然其行動實暗中助璩，李心傳《建炎以來朝野雜記》
〈壬午內禪志〉之敍事，卽顯示出其中隱情，而其他野史亦有見於此者，如《齊
東野語》卽謂：

　　孝宗與恩平郡王璩（紹興十五年封）同養於宮中，孝宗英睿夙成，
　　秦檜憚之，憲聖（吳皇后）亦主璩。〔註19〕

紹興二年孝宗入宮時，育於張婕妤處。四年璩入宮，育於吳才人處，中外對
此「議頗籍籍」。〔註20〕張婕妤卒於紹興十二年，建國公瑗（孝宗）始並育於
吳才人。在此之前「憲聖亦主璩」之說，以人情度之，殆屬可能。《朱子語類》
亦謂：

　　又一日趙公奏恩平郡王乃建王之弟，建王乃恩平之兄，建州不過一
　　郡之地，吳乃一大都會，恐弟之封，不宜壓兄。檜察見高宗以慈壽
　　意主於恩平，遂奏曰：「也不較此。」〔註21〕

而孝宗與秦檜之間亦有磨擦。〔註22〕孝宗此時，勢頗危殆。

〔註17〕見《建炎以來朝野雜記》，乙集，卷一，〈壬午內禪志〉，頁6。
〔註18〕同前註。
〔註19〕見周密撰，《齊東野語》（臺北市，臺灣商務印書館，影印《歷代小史》本），
　　　　頁47。
〔註20〕見《宋史》，卷二四三，〈聖憲慈烈吳皇后傳〉，頁8647。
〔註21〕見《朱子語類》，卷一三一，〈中興至今日人物〉，頁7。
〔註22〕《建炎以來朝野雜記》，乙集，卷一，頁9云：「二十四年夏，衢州盜起，秦
　　　　檜遣殿前司將官辛立，將千人捕之，不以聞。上（孝宗時爲普安郡王）因入
　　　　侍言，高宗大驚。明日以問檜，檜曰：不足煩聖慮，故不敢聞，俟朝夕盜平
　　　　則奏矣。乃謂上在秀王喪二年，不當給俸月除二百緡，上白高宗，高宗乃自

　　紹興八年趙鼎罷相，高宗並立擇賢之願得遂，且秦檜又助瀓，故自紹興八年至二十五年（1155）秦檜死之十七年間，「秦檜得政，士大夫無敢以儲副爲言者。」〔註23〕秦檜死後，建儲之議復開，《建炎以來朝野雜記》載曰：

　　辛次膺入對論國本未立，上改容曰：「誰可？」次膺曰：「知子莫若父。」國子司業兼崇正殿説書王大寶，因侍經筵密陳宗社大計，上諭以措置已定。

　　二十七年春，高宗策進士晉原、閻安中對曰：「太子天下之本，（中略）而儲位未正，嫡長未辨，臣愚深恐左右前後之臣，寖生窺伺，漸起黨與，間隙一開，有誤宗社大計，此進退安危之機也，願斷自宸衷，蚤正儲位，以係天下之望。」〔註24〕

當時「宗藩並建而儲位未定」，致使「道路竊竊有異言」。〔註25〕然高宗母顯仁皇太后尚在，建儲一事「意所未欲」，〔註26〕故利州路提點刑獄范如圭，雖於二十八年（1158）乞建儲，而高宗僅止於「感其言」而已。〔註27〕

　　至紹興二十九年（1159）九月，顯仁皇太后崩，十二月張燾上疏議立儲君，其疏謂：

　　陛下聖見高明，選建二王而子育之，亦有年矣。然臣聞之傳曰：「兩貴不能以相事。」又曰：「物不能兩大。」此天下之常理也，願陛下權時之宜，斷自淵衷，稍優其禮，加以國封而別異之，則天下之心，皆有所屬矣。〔註28〕

高宗對此「人所難言」之事，乃決定「俟（明年）開春當議典禮」。及紹興三

出內帑月如所除給焉。」並參見《宋史》，卷三三，〈孝宗本紀〉，頁616；又葉紹翁，《四朝聞見錄》（臺北市，臺灣商務印書館，《叢書集成簡編》本），乙集，頁48，〈普安〉條云：「上有所聞於張説，以質于秦檜。檜至，固要上以所言之人。上倉卒不敢以説語檜，度其無如普安郡王何，漫以語檜。檜銜之，未有閒會普安丁本生戚，遂嗾言者，請上令普安解官持服（原註：或云，説所言乃建康盜事）。」

〔註23〕見《建炎以來朝野雜記》，乙集，卷一，〈壬午內禪志〉，頁10。
〔註24〕同前註。
〔註25〕見朱熹撰，《朱文公文集》，卷八九，〈直祕閣贈朝議大夫范公神道碑〉，頁1583。
〔註26〕見《建炎以來朝野雜記》，乙集，卷一，頁10，引紹興聖語謂：「恐顯仁后，意所未欲，故遲遲焉。」
〔註27〕同註23。
〔註28〕同前註。

十年（1160）二月壬子，高宗與宰執等議：

> 諭之曰：「朕有一事所當施行，似不可緩；普安郡王甚賢，欲與差別，
> 卿等可議除少保師相，仍封眞王。」眾皆前賀。高宗曰：「朕久有此
> 意，深惟載籍之傳，並后匹嫡兩政稠國，亂之本也，朕豈不知此，
> 第恐顯仁皇后意所未欲，故遲遲至今。」（湯）思退曰：「陛下春秋
> 鼎盛，上天鑒臨必生聖子，爲此以係人心不可無也。」高宗曰：「此
> 事出於朕意，非因臣下建明。且顧康伯曰：去年卿留身奏事，朕亦
> 嘗及此事，甚無難者，卿等宜檢典故事進呈。」〔註29〕

故於三十年二月，詔建王爲皇子，授寧國軍節度使開府儀同三司，三月制授
恩平郡王璩開府儀同三司判大宗正事。〔註30〕至此時，孝宗地位始告確定。
孝宗之所以得立爲皇子，雖出於高宗宸斷，然王府教授史浩等人，實亦有輔
翼之功。

第三節　史浩調護高宗父子與孝宗之繼位

一、史浩任兩王府教授與孝宗之立爲皇子

　　孝宗於紹興十二年，封「普安郡王」，出就外第。十五年（1145），伯玖
封「恩平郡王」，出就外第。時高宗意向未定，爲示公允，故命館職二人，並
兼普安、恩平二王府教授。〔註31〕

　　紹興二十九年六月丁酉（十四日），國子博士史浩復奏請高宗就二人中，
擇立賢者，謂：

> 小臣冒萬死以畢愚忠，普安、恩平王皆聰明，宜選其賢者，浸別異
> 之，以係天下之望。〔註32〕

高宗頷之，史浩退，高宗目送焉。翌日，除浩爲秘書郎，再四日壬寅（十九
日），命史浩與秘書省正字魏志兼普安、恩平郡王府教授。〔註33〕

〔註29〕同前註引書，卷一，頁11。
〔註30〕同前註引書，同卷，頁12；及《宋史》，卷三三，〈孝宗本紀〉，頁616。
〔註31〕見《建炎以來朝野雜記》，乙集，卷一，頁7～8。
〔註32〕同註23，並見《寶慶四明志》，卷九，〈史浩傳〉，頁4。
〔註33〕見《建炎以來朝野雜記》，乙集，卷一，頁10；又《建炎以來繫年要錄》，卷
　　　一八二，頁8，二十九年六月戊戌日條，謂：國子博士史浩爲秘書郎，兼普安、
　　　恩平郡王府教授；同卷頁9，二十九年六月壬寅日條，謂：浩與魏志「並命」

初大臣奏「王府教授必召對乃除」，高宗曰：「朕已見其人矣」，〔註34〕「浩今日有用之才也」。〔註35〕而史浩盡職教授，常力勉二王以孝，〔註36〕並規諫其德，《寶慶四明志》〈史浩傳〉載：

> 上書〈蘭亭序〉二本，賜二王，批其後曰：「依此進百本。」浩曰：「此趙鞅書訓戒之辭之意也。謂二王君父之命，不可不敬。」從數日，問普安，王曰：「見書。」浩曰：「能溢其數，尤見順承之意。」又以問恩平，王曰：「未暇。」浩驚曰：「郡王朝參之外，何日非暇，而至違命乎？」已而，普安王書七百本上之。璩，卒無進。
>
> 一日，上賜二王宮女各十人，浩又謂二王曰：「是皆平日供事上前者，以庶母之禮禮之，不亦善乎。」月餘，浩問普安，王曰：「如教授言。」又問恩平，王不應。上尋召諸宮人入，具言普安王加禮如此，恩平無不昵之者。〔註37〕

高宗於是益賢普安郡王。及顯仁皇太后崩後，於紹興三十年二月，詔普安郡王爲皇子封「建王」，而史浩則遷司封員外郎、兼直講。〔註38〕與建王講論治道，輔弼帝學。〔註39〕

二、史浩調護高宗、建王與孝宗之繼位

普安郡王封爲皇子，地位確定。次年（紹興三十一年），金主完顏亮叛盟南侵，九月，「金犯廬州，王權敗歸，中外震駭，朝臣有遣家豫避者」。敵泊江上，高宗「一日忽降手詔：如敵未退，散百官。」〔註40〕情勢急如燃眉，

爲二王府教授。疑六月戊戌日浩僅除爲秘書郎，四日後（壬寅）始兼二王府教授；又《建炎以來朝野雜記》，乙集，卷一，頁10，引史彌大《世家》謂：「翌日（高宗）命除（浩）秘書郎，四日兼二府教授」，則史浩之除二王府教授，恐在六月壬寅：參見《攻媿集》，卷九三，〈純誠厚德元老之碑〉，頁874。

〔註34〕見《寶慶四明志》，卷九，〈史浩傳〉，頁4。

〔註35〕見《攻媿集》，卷九三，頁874。

〔註36〕同註31。

〔註37〕同註34；又《齊東野語》，卷四七云：「孝宗與恩平郡王璩，同養於宮中，（中略）嘗各賜宮女十人，史丞相浩時爲普安教授，即爲王言，上以試王，當謹奉之，王亦爲然，閱數日，（宮女）果皆召入，恩平十人皆犯之矣。」

〔註38〕同註31及35。

〔註39〕見《鄮峯眞隱漫錄》，卷三六，〈跋御書聖主得賢臣頌〉，頁4。

〔註40〕見《宋史》，卷三八四，〈陳康伯傳〉，頁11810；並見《建炎以來朝野雜記》，甲集，卷八，〈陳魯公鎮物〉，頁3。

而陳康伯（1097～1165）、唐文若（1106～1165）等力請親征，〔註41〕情勢始稍穩。建王激憤，自請率兵爲前驅，《宋史》〈孝宗本紀〉載曰：

> 金人犯邊，（十月）高宗下詔親征，而兩淮失守，朝臣多陳退避之計，帝不勝其憤，請率師爲前驅。〔註42〕

高宗雖下詔親征，然向有浮海避敵之準備。〔註43〕且唐玄宗四川避亂，太子靈武繼位之故事，不能不令高宗有所「疑怒」。〔註44〕幸宗正少卿史浩亟奏太子率師之非，《建炎以來朝野雜記》載之曰：

> （史浩）力言太子不可將兵，且曰：「危難之時，父子安可跬步相違，事變以來，有不由己者，唐肅宗靈武之事是已，肅宗第得早爲天子數年，而使終身不得爲忠臣孝子，誠可惜也。」〔註45〕

建王大感悟曰：「將若之何？」史浩乃爲草奏，分上高宗及皇后。〔註46〕建王上高宗奏謂：

> 臣比者恭聞陛下以敵勢猖獗，（中略）是以不避天誅，請因聖駕親征，荷戈前驅，率勵將士，捐軀以報厚恩，誠出一時之情。（中略）今思之實是過言，恭惟陛下親御六軍，（中略）臣爲陛下子，飲膳湯藥，臣不在左右，其將誰任其責。以是論之，臣決不可先行。（中略）急上聞以改前說，伏乞陛下赦前言之失。〔註47〕

另上皇后奏曰：

> 昨以國家多事，（中略）遂具箚子請先效命，乞媽媽聖人爲達此意，蒙聖慈委曲思慮，所以保全，（中略）臣今思之，前言甚失，（中略）今有箚子一封，力陳悔過，伏望媽媽聖慈，更賜籌度。〔註48〕

辭意懇切，高宗對建王之怒始釋。〔註49〕既而知奏出於史浩，語大臣曰：「史

〔註41〕見《宋史》，卷三八四，〈陳康伯傳〉；及卷三八八，〈唐文若傳〉，頁11913。

〔註42〕見《宋史》，卷三三，〈孝宗本紀〉，頁617；另參《建炎以來朝野雜記》，乙集，卷一，頁13。

〔註43〕見徐夢莘撰，《三朝北盟會編》（臺北縣，文海出版社，影印光緒四年越東集印本），卷二二七，頁4，紹興三十一年，和州進士何宋英之上書；並見《金海陵帝的伐宋與采石戰役的考實》，頁107，〈高宗航海避敵之準備〉節。

〔註44〕見《建炎以來朝野雜記》，乙集，卷一，頁13。

〔註45〕同前註。

〔註46〕同前註。

〔註47〕見《鄮峯眞隱漫錄》，卷二一，〈建王免出征先行箚子〉，頁7。

〔註48〕同前註引書，卷二一，〈又上皇后箚子〉，頁8。

〔註49〕見《宋史》，卷三九六，〈史浩傳〉，頁12066。

浩真王府官也。」〔註50〕

　　然是時殿中侍御史吳芾（1104～1183）乞以建王爲元帥，〔註51〕另有主高宗親征建王留守者，史浩上書議其非謂：

> 某竊聞外議，以謂廟堂欲請以建王督帥，某實深憂惑，（中略）且建王生深宮中，仁孝聰明出於天性，當日在上左右，以供子職。今乃一旦使之督兵，平居未嘗與諸將接，非若元樞比也。若以謂元樞不能辦此，則建王又安能辦此耶？若止令持犒賞之物，以遍賜諸將，此特一中貴人職爾，又何必建王也。如此則建王決不可行無疑矣。或者又曰：主上親征，可使建王居守，此尤不可。（中略）夫使人子跬步離君父之側，當此多故之時，事變之來，有不可不防者。儻不先杜其萌，寧無後悔？（中略）欲望鈞慈速賜敷奏，使建王處則宿衛，出則扈從。〔註52〕

高宗於紹興三十一年十月，下詔親征。十一月，虞允文（1110～1174）采石之捷後，〔註53〕完顏亮爲完顏元宜等弒殺。〔註54〕十二月二日，金人班師通好。〔註55〕情勢稍定，高宗欲建王遍識諸將，史浩亦從行。〔註56〕十日（戊申）駕自臨安府進發巡幸江上。〔註57〕紹興三十二年正月五日，車駕幸建康府。〔註58〕

〔註50〕同註44；又參見《寶慶四明志》，卷九，〈史浩傳〉，頁5。

〔註51〕見《宋史》，卷三八七，〈吳芾傳〉，頁11888；及《建炎以來朝野雜記》，乙集，卷一，頁13；並參《朱文公文集》，卷八八，〈龍圖閣直學士吳公神道碑〉，頁1568云：「會兩淮戰不利，人情惴恐，廷臣爭陳退避之計，公獨奮然請對曰：今日之事，有進無退，進而上策，退爲無策，若誤聽此屬之言，臣恐士氣衰竭，人心沮喪，大事去矣。有如六飛未遽行，且以建王爲元帥，先往撫師，其亦可也。」

〔註52〕見《鄮峯真隱漫錄》，卷三一，〈論建王不可將兵上宰相箚子〉，頁12。

〔註53〕見《宋史》，卷三八三，〈虞允文傳〉，頁11793。

〔註54〕見《金史》，卷一三二，〈完顏元宜傳〉，頁969；並參《三朝北盟會編》，卷二四一，頁1。

〔註55〕見《三朝北盟會編》，卷二四六，頁2。

〔註56〕見《建炎以來朝野雜記》，乙集，卷一，頁13；又見不著撰人，《宋史全文續資治通鑑》（臺北縣，文海出版社，民國58年），卷二五，頁1801載：「上曰：此行中宮及內人不往，止與建王行，卻令遍識諸將耳。乃命王府直講史浩從行。」

〔註57〕見周必大撰，《親征錄》（收於《文忠集》卷一六三，臺北市，臺灣商務印書館，《四庫珍本》二集），頁6。

〔註58〕見《三朝北盟會編》，卷二四九，頁1。

殿中侍御史吳芾又請高宗駐蹕建康，以繫中原之望。〔註 59〕然史浩早在高宗下詔親征時，即上箚子論移蹕之利害得失，茲綜述於後：

（一）移蹕不便處

1. 「今大駕之行，有旨務為簡儉，所將之兵，必不能多」，而且「諸將或有更役，何以濟師」。
2. 「將卒在西南，老小盡留行在，其能安意禦敵，無內顧者，正以主上在此重護其家也」，若「彼聞駕興，將各思念其家，恐無固志」。

（二）利於移蹕建康者

1. 建康交通便利：「自古帝王暫駐東南，必宅建康形勢之地」；因為建康「左望閩蜀，右接三吳，可以南可以北」。而「今錢塘雖盛，若移建康，則四方綱運輻湊無壅，悉免堰閘」。
2. 具有政治宣誓效果：「若下移蹕之詔，就委建康，速治營塞，以安存諸軍老小之願從駕者，西南之師不唯喜朝廷不忘其家」，而且「知主上決意進取，恃此以破疆敵，氣當百倍」。
3. 可利用長江之險：「護聖等軍帶甲十方，今留錢塘坐食無用」，「若移建康，長江鉅險，因得扞禦」。
4. 建康有利於防禦：「敵治舟師於山東，以吾行都背負滄海，欲有窺伺也」，若移蹕建康，「依建康龍蟠虎踞之勢，可以陰伐其謀，稍分防海之舟以防江」。〔註 60〕

綜前之分析，史浩因而請就親征之機會，「為移蹕建康之計」。觀史浩之請移蹕箚子，實較吳芾等言之有物，然因史浩持重於孝宗即位初年，與主戰之張浚意見相左（史浩與張浚之衝突見另章），故後之論史浩者，多不提及史浩之請移蹕，今特不憚煩述之如上。

移蹕建康誠有其利，然「時朝論不欲進取」，故詔還臨安。〔註 61〕高宗於紹興三十二年二月，駕返臨安後不久，即作出禪位之重大決定，周必大《親征錄》載紹興三十二年事曰：

> 四月末，親除侍御史呂廣問，以陳康伯姻嫌改除禮侍，康伯因求去，

〔註 59〕見《宋史》，卷三八七，〈吳芾傳〉，頁 11888。
〔註 60〕見《鄮峯真隱漫錄》，卷三一，〈請移蹕上宰相箚子〉，頁 10。
〔註 61〕見《建炎以來朝野雜記》，甲集，卷二〇，〈高宗建康東歸〉，頁 5。

上始露倦勤之意，云：「朕年老多病，皇子將四十，可付社稷。」遂欲行內禪禮。他日近臣奏云：「事當有漸，無令四方或致驚駭。」上曰：「朕未思此也。」故先下立儲之詔，而意旨已見，或謂此即初製傳位詔云。〔註62〕

高宗生於大觀元年（1107），〔註63〕建炎元年登基，至紹興三十二年倦勤，年方五十六，正是春秋鼎盛之時，且欲禪位之速，幾不歷封儲（孝宗時為皇子，尚未封為皇太子），遂行禪位，而未思及此舉可能致四方「驚駭」，與以往猶豫於立儲，大相逕庭，其故安在？且倦勤之後，非無意於政事，對朝政仍有干涉。〔註64〕然則高宗之禪位，或有其深意歟？高宗於紹興三十二年五月甲子（二十八日），立皇太子手詔曰：

朕以不德，躬履艱難，荷天地祖宗垂裕之休，獲安大位三十有六年，憂勞萬幾，宵旰靡怠，屬時多故，未能雍容釋負退養壽康。今邊鄙粗寧，可遂如意，皇子瑗毓德允成，神器有託，朕心庶幾焉，可立為皇太子。〔註65〕

則雖為立儲之詔，然禪位意旨已明示。

高宗匆匆傳位孝宗，疑或亦有因於金者，蓋紹興十一年，高宗與金訂屈辱之和約，南宋與金並未建立合理關係。及紹興三十一年采石之捷後，三十二年正月高宗至建康，曾命大臣議進取可否，群臣皆無言，唯請回蹕臨安。〔註66〕在金方面，金世宗大定二年（宋高宗紹興三十二年）正月，金世宗命「河北、山東、陝西等路征南步軍並放還家」，〔註67〕且遣高忠建、張景仁至宋告登位，《建炎以來繫年要錄》載高宗曰：

〔註62〕同註57。
〔註63〕見《宋史》，卷二四，〈高宗本紀〉，頁439。
〔註64〕孝宗有志恢復，但因高宗之故而作罷，其事容於第五章再述。又劉子健撰，〈包容政治的特點〉，《中國學人》，第五期，（民國62年），頁7，謂高宗「表面上是援他父親徽宗的前例，禪位當太上皇，實際上是等於他用孝宗作丞相，秉承他的大政方針，去處理朝政。」
〔註65〕此手詔宋人文集徵引者頗多，本文錄自《建炎以來繫年要錄》，卷一九九，頁23。
〔註66〕見明成祖敕撰，《永樂大典》（臺北市，世界書局，民國51年，影印本），卷三一四八，〈陳康伯傳〉，頁15云：「（紹興）三十二年正月，上至金陵，有上書言進取者，康伯不能決，上命侍從臺諫集議可否，群臣皆無言，唯請回蹕臨安而已。」
〔註67〕見《金史》，卷六，〈世宗本紀〉，頁42。

向日講和，本爲梓宮太后，故强屈己卑辭有所憚，而金國主興無名

之師，侵我淮甸，則兩國之盟已絕。今日使者所以惠我國甚寵，然

願聞名稱以何爲正，疆土以何爲準，與夫朝見之儀，歲幣之數，所

宜先定，不然不敢受也。〔註68〕

則高宗欲藉完顏亮敗盟之機會，以改善兩國主從關係之意甚明。宋使洪邁、

張掄等至金亦堅持敵國禮，與金僵持不下，〔註69〕高宗料「此事終歸於和」，

〔註70〕後高宗以主戰名將張浚經制兩淮事務。〔註71〕疑高宗此時欲虛張聲

勢，迫金讓步，以謀宋金間新關係之建立。

　　金世宗初繼位，政權尚未穩定，內部復有因完顏亮侵宋，引起移剌窩斡

之亂，〔註72〕中原又有紅巾之叛，高宗且與後者取得連繫，《宋史》〈辛棄疾

傳〉載此事曰：

金主亮死，中原豪傑並起，耿京聚兵山東，稱天平節度使，節制山

東、河北忠義軍馬，（辛）棄疾爲掌書記，即勸京決策南向。（中略）

紹興三十二年，京令棄疾奉表歸宋，高宗勞師建康，召見，嘉納之，

授承務郎、天平節度掌書記，併以節使印告召京。〔註73〕

則高宗之虛張聲勢，亦有所恃，而迫不及待地禪位有志恢復之孝宗，恐或有

〔註68〕見《建炎以來繫年要錄》，卷一九六，頁9。

〔註69〕見不著撰人，《中興禦侮錄》（臺北市，藝文印書館，《百部叢書集成》之六四，
　　　　《粵雅堂叢書》一五函），卷下，頁5～9。

〔註70〕見《建炎以來繫年要錄》，卷一九六，頁10。

〔註71〕張浚措置兩淮事務之時間有二說：
　　　　（一）紹興三十二年四月：1. 前引《中興禦侮錄》，卷下，頁6，載張浚於四
　　　　　　　月二十三日任此職。2. 前引《建炎以來朝野雜記》，甲集，卷二○，頁
　　　　　　　6，則請於四月丁丑日任此職。3. 朱熹撰，〈張浚行狀〉，（見《朱文公
　　　　　　　文集》，卷九五），則僅謂四月。
　　　　（二）紹興三十二年五月：1.《宋史》，卷三二，〈高宗本紀〉，頁610，謂張浚
　　　　　　　於五月甲寅日任此職。2.《親征錄》，頁15，亦謂五月甲寅日浚任此職。
　　　　二說未知孰是，待考。惟此二說，均在孝宗受禪（六月丙子日）之前。

〔註72〕見《金史》，卷一三三，〈叛臣移剌窩斡傳〉，頁975；及《金史》，卷六，〈世
　　　　宗本紀〉，頁43；又《建炎以來繫年要錄》，卷二九九，頁13，謂：「褒（金
　　　　世宗）與其下謀以謂窩斡兵勢如此，若南宋乘虛襲我，國其危哉，設有所求，
　　　　當割而與之；旣而窩斡之衆內叛，金國得窩斡而戮之，（中略）契丹之患旣息，
　　　　其割地歸本朝之意亦寢矣。」

〔註73〕見《宋史》，卷四○一，〈辛棄疾傳〉，頁12161；並參見孫克寬撰，〈南宋金元
　　　　間的山東忠義軍與李全〉，收於《蒙古漢軍與漢文化研究》（臺中市，東海大
　　　　學，民國59年），頁11～43。

虛張聲勢，迫金讓步之意圖？

完顏亮既敗盟，高宗以爲宋金間主從關係已斷，二國間需謀求新關係，然高宗雖不主以武力達此目的，其時若虛張聲勢於金，或可助成此一目的。故高宗禪位予激憤欲爲前驅之孝宗，疑卽示金宋不再與之維持主從關係。

前引《親征錄》，高宗向陳康伯「露倦勤之意」，不歷封太子逕行禪位，而未思及禪位過速，可能致四方驚駭。李心傳《建炎以來朝野雜記》謂：「康伯密贊大議」，「遂草立皇太子手詔以進」。〔註74〕然而五月高宗立太子之詔，實已明示禪位之意，至六月乙亥（十日），高宗出御箚禪讓，丙子（十一日）行禪讓之禮。〔註75〕禪位後之高宗，仍以太上皇身份，遙制孝宗。

綜上所述，孝宗於秦檜執政時尚無表現；至史浩爲師時，則終日乾乾，進德修業；及與金關係有待調整時，因陳康伯等之擁贊，因緣際會，終於登位。日後宋室宗廟亦以史浩、陳康伯二人配享孝宗。〔註76〕

〔註74〕見《建炎以來朝野雜記》，乙集，卷一，〈壬午內禪志〉，頁 14。
〔註75〕見《建炎以來繫年要錄》，卷二〇〇，頁 5～6；並參《建炎以來朝野雜記》，乙集，卷一，頁 15～16。
〔註76〕見《宋會要輯稿》，一四冊，〈禮一一〉，頁 555。

第四章　史浩初相與薦、阻張浚考實

第一節　史浩任相與薦士

　　李心傳《建炎以來朝野雜記》中，載史浩以論儲君事受知於高宗，因之得除館職，又兼王府教授。及完顏亮敗盟，史浩請建王（孝宗）扈從高宗，以釋高宗之疑，曾博得高宗「眞王府官」之贊譽。此已詳述於前，茲不贅。史浩旣受知於高宗，及孝宗繼位，浩職亦屢遷，以迄登至相位。

　　紹興三十二年高宗禪位前，臣僚「請遷建王府官」。然而高宗「止遷史浩、張闡。」〔註1〕並於己巳日（六月四日），命「宗正少卿史浩，守起居郎兼太子右庶子。將作監張闡，爲宗正少卿兼太子右諭德」。〔註2〕六日後（丙子，六月十一日），孝宗受禪。又四日，史浩遷任中書舍人。再六日，兼侍讀，〔註3〕且任「翰林學士知制誥」。〔註4〕八月六日，除爲參知政事，〔註5〕十月戊辰日（五日），「兼權知樞密院事」，〔註6〕十一月辛酉日（二十九日），免權知樞密院事。〔註7〕隆興元年（1163）正月庚子日（九日），史浩進爲「尚書右僕射，同中書

〔註1〕見周必大撰，《龍飛錄》（收於《文忠集》，卷一四，臺北市，臺灣商務印書館，《四庫珍本》二集），頁1。
〔註2〕見《建炎以來繫年要錄》，卷二○○，頁2。
〔註3〕見《寶慶四明志》，卷九，〈史浩傳〉，頁5；又參《宋會要輯稿》，六三冊，〈職官六〉，總頁2527。
〔註4〕史浩任翰林學士知制誥之時間，《攻媿集》，卷九三，頁874，〈純誠德厚元老之碑〉，繫於六月。
〔註5〕見《中興禦侮錄》，卷下，頁7；及《宋史》，卷三三，〈孝宗本紀〉，頁620。
〔註6〕見《宋史》，卷三三，〈孝宗本紀〉，頁620。
〔註7〕同前註。

門下平章事，兼樞密使」。張浚則進爲樞密使，都督江淮東西路軍馬。〔註8〕

以上爲史浩於紹興三十二年後半年，至次年（隆興元年）正月，任右僕射之經過。史浩於其間前後任兼職達九次之多，升遷之速，史冊幾有不暇記載之勢。以致其升遷經過，散見於諸籍中。其間有高宗之「深意」，則隱然可見。

前章述及孝宗之繼位，疑係高宗對金之策略，姑捨此不論。孝宗即位後，首先面臨之問題，卽宋金關係有待重新訂定，史浩既輔孝宗於此之際，故《寶慶四明志》〈史浩傳〉，載孝宗初立時，曾與史浩議國計，其文曰：

> 上問：「今設施何先？」浩對：「莫如保固邊鄙，收拾人才。頃秦檜輔政，妬賢嫉能，所廢黜多名士，今以禮召之，士氣必伸，而得其用，斯治舉矣。張浚已召，張燾、辛次膺皆執政才也。」上從之。
>
> 浩又言：「周葵、任古、胡銓、張戒、王十朋請悉召之。」〔註9〕

據此文，當時主戰大臣如張燾、辛次膺等，均爲史浩所推薦。

寧宗時，樓鑰曾奉命敕撰〈純誠厚德元老之碑〉，〔註10〕此碑文收於《攻媿集》中，亦載及史浩薦士事，曰：

> （孝宗）問：「當今施設何先？」公曰：「莫如保邊境收人才。前言辛次膺、張燾人望所屬，卽日召還。」又薦周葵、任古、胡銓、張戒、王十朋等，以次收用。公平時咨問天下人物有所聞，密疏其實且識言者，錄爲一編，皆于此乎取。又得金安節、王大寶、周必大等三十五人，各書所長以聞，並有時用。〔註11〕

據樓鑰所撰之碑，較《寶慶四明志》載史浩所薦之士，尚多出周必大（1126～1204）等人。《寶慶四明志》與樓鑰所撰之碑，容或有誇大之處，但史浩薦士則是事實。至於史浩薦張浚考實，容述於次節。此外，《宋史》〈史浩傳〉，尚載史浩曾爲主戰名將岳飛（1103～1141）平反，其文曰：

> 隆興元年，（浩）拜尚書右僕射。首言趙鼎、李光之無罪，岳飛之久冤，宜復其官爵，祿其子孫。悉從之。〔註12〕

岳飛蒙冤於高宗時，值此宋金關係將有改變之際，因得以平反。

總之，史浩之薦士，蓋欲輔成孝宗之治。史浩於任相期內，與張浚對出

〔註8〕同前註引書，同卷，頁621。
〔註9〕見《寶慶四明志》，卷九，頁5。
〔註10〕見《宋史》，卷三九六，〈史浩傳〉，頁12069。
〔註11〕見《攻媿集》，卷九三，頁876。
〔註12〕見《宋史》，卷三九六，頁12066。

兵與否之爭議，則述於次章。

第二節　史浩薦張浚考實

　　孝宗繼位，朝臣對戰與和問題，爭之甚烈。《宋史》、《宋史全文續資治通鑑》與《中興兩朝聖政》等史籍，以及宋人文集中，多着墨於史浩、張浚二人對和戰之爭論，而對史浩薦張浚一事，則鮮人言及。孝宗隆興元年，主戰之王十朋（1112～1171），尚且上書劾史浩懷姦、誤國、植黨、盜權、忌言、蔽賢、欺君、訕上等八大罪。〔註13〕其言灼灼，視史浩在位一日，孝宗卽無法完成「恢復」大業，終致史浩去位。朱熹曾受託於張栻（張浚子），作〈張浚行狀〉亦曰：

> 浩已爲參知政事，力主初議，其餘公（浚）所措置，浩輒不以爲是。
> （中略）公方招來山東之人，至者雲集，而浩不肯應副錢糧，且謂
> 不當接納以自困。公奏乞上幸建康，而浩專欲爲懷安計。公治舟楫
> 于東海，所圖甚遠，而浩輒令散遣。凡公所爲，動皆乖異，黨與唱
> 和。〔註14〕

朱熹乃一代大儒，其言論影響深遠，時人既多謂史浩阻張浚，致後人所聞所見，均僅及史浩、張浚意見相左情事。

　　《寶慶四明志》〈史浩傳〉，嘗言及史浩薦張浚之事，頗值深入檢討，茲將《寶慶四明志》〈史浩傳〉所載，錄之於下：

> 張浚以召至，浚位特進爵和國公，上（孝宗）將以爲江淮宣撫使拜
> 少保。浩曰：「浚名重當世，久爲秦檜所抑，既大用之，恩禮宜加厚。」
> 乃進少傅，升魏國公。〔註15〕

關於《寶慶四明志》，全祖望〈再跋四明寶慶開慶二志〉一文，曾評其疏陋之處曰：

> 獨《寶慶志》則多訛謬，如元豐之舒亶，中興之王次翁，皆作皇皇
> 大傳。而〈高惠敏（高閌）傳〉，不載其受楊文靖之學，又不載其拒
> 秦檜請婚之事，何歟？〈史忠定（浩）傳〉，謂其仲父簽樞（才）罷

〔註13〕見《梅溪王先生文集》，奏議，卷三，〈論史浩箚子〉，頁31。
〔註14〕見《朱文公文集》，卷九五下，〈少師保信軍節度使魏國公致仕贈太保張公行
　　　　狀〉下，頁1697。
〔註15〕見《寶慶四明志》，卷九，〈史浩傳〉，頁6。

官，在秦檜死後，則並國史宰執年表，未之考也。〔註16〕
是《寶慶四明志》之作，原有其疏陋之處，而〈史浩傳〉載史浩薦張浚一事，
是否可靠？

《寶慶四明志》〈史浩傳〉中，謂史浩薦張浚之語，理當愼重處理，不
可遽信。且該志成於「寶慶紹定間彌遠（史浩子）柄國，赫然於時」之際，
〔註17〕主修胡榘爲史氏「私人」，〔註18〕與薛極、聶子述、趙汝述四人附史
彌遠，時人謂之「四木」。〔註19〕因此《寶慶四明志》有爲史浩曲筆或溢美
之虞？爲愼重起見，有關史浩薦張浚之說，除《寶慶四明志》之記載外，尙
有待其他資料比證，始得爲言。

陸游嘗作〈太師魏國史公（浩）輓歌詞〉，曰：「舊弼初收召，惟公力贊
揚。都亭移供帳，全魏徹封疆。大度寧猜阻，群言自中傷。拳拳虛左意，猶
可資穹蒼。」陸游於詩後自注曰：「公（史浩）初援附，卽力薦張忠獻公（浚）
于壽王（孝宗）。如賜館都亭驛，超封魏國公，皆公密奏。且嘗乞用張公爲首
相，而己佐之。」〔註20〕所言史浩全張浚魏國之封，並虛己尊賢，乞相張浚，
則史浩有鮑叔牙之風，故陸游讚譽史浩有大度。此外錢大昕《十駕齋養新錄》
中，〈史浩薦張浚〉條亦曰：

> 世皆謂史浩阻張浚，不知孝宗之召浚實浩薦之。（中略）放翁與張、
> 史同時，其言必不妄。〔註21〕

錢大昕乾嘉鴻儒，精於訓考，據陸放翁（游）之言，作「必不妄」之斷語。
史浩嘗薦陸游，且與陸游唱和於四明洞天，〔註22〕故陸游得知孝宗繼位時，

〔註16〕 見《鮚埼亭集》，外編，卷三五，〈再跋四明寶慶開慶二志〉，頁1168。
〔註17〕 見《宋元四明六志校勘記》，卷二，頁6。
〔註18〕 見《鮚埼亭集》，外編，卷一五，〈萬金湖銘〉，頁854。
〔註19〕 見《（翁注）困學紀聞》，卷一五，〈考史〉，頁1207；又葉紹翁撰，《四朝聞見
　　　 錄》（臺北市，臺灣商務印書館，民國55年，《叢書集成》簡編本），丙集，〈草
　　　 頭古〉條，頁102云：「薛會之極、胡仲方榘，皆史所任也，諸生伏闕言事，
　　　 以民謠謂胡、薛爲草頭古，天下苦，象其姓也。」
〔註20〕 見陸游撰，《劍南詩稿》（收於《陸放翁全集》，臺北市，世界書局，民國59
　　　 年再版），卷二〇，〈太師魏國史公輓歌詞〉之四，頁484。
〔註21〕 見錢大昕撰，《十駕齋養新錄》（臺北市，臺灣商務印書館，民國67年，《國
　　　 學基本叢書》），卷七，〈史浩薦張浚〉，頁166。
〔註22〕 見《鮚埼亭集》，外編，卷一四，〈謝高士祠堂碑〉，頁843，云：「予讀宋人張
　　　 武子、鄭中卿九題之作，以及放翁四明洞天詩，皆與直翁（史浩）唱酬而成。」
　　　 而史浩所撰，《鄮峯眞隱漫錄》，卷五，頁13，亦有〈次韻務觀遊四明洞天〉

史浩薦張浚一事，或亦有可能。茲再舉周必大《龍飛錄》所載於下：

> （紹興三十二年七月癸卯）時宣麻張浚自特進大觀文除少傅江淮宣
> 撫使，進封魏國公。昨日鎖院劉共父（劉珙）當直不召，就給假中
> 宣吏（史）直翁（浩），初三省議除少保改封次國，制出乃少傅大國，
> 或云直翁與謀。陳樞（陳康伯）不樂曰：「眞內相也。」〔註23〕

周大必於紹興三十二年孝宗繼位後，由左奉議郎除起居郎，〔註24〕而《龍飛錄》所記，爲紹興三十二年六月至隆興元年四月，孝宗繼位初政之事，則《龍飛錄》乃爲時人所記之時事。錄中亦載三省原議除張浚爲少保，封次國，以史浩之故，始封少傅大國。此與陸游謂史浩「全魏徹封疆」之語，及《寶慶四明志》所載薦張浚事相合。況且史浩於孝宗繼位初所薦之人，亦不止張浚一人，蓋欲輔成孝宗之故。若由孝宗卽位之國內外情勢度之，史浩成全張浚魏國之封，殆屬可能。

早於高宗尙在位時，張浚受命措置兩淮事務兼節制建康，史浩卽曾函賀張浚，示仰慕之意，文曰：

> 頃專恢復之成謀，不主卑陬之和議，脫屣黃扉之貴，冥心綠野之游，
> 尊主芘民，先生之志大矣。（中略）宣王復古將興北伐之師，著績鼎
> 彝，增華袞繡，某一官投老萬事無能，居懷慕藺之私。〔註25〕

孝宗繼位，封張浚爲「魏國公」，其除魏國公制，現見於史浩《鄮峯眞隱漫錄》中，略云：

> 門下周公，三年而歸，大慰國人之望。（中略）許國之忠，可兼貫於
> 日月，蚤登庸於次輔，克左右於中興。一德格天，四海奠枕，殊方
> 震懼，聞姓字以膽寒，多士歸依，想容儀而心悦。（中略）於戲誦宣
> 王任賢使能之詩，朕喜得將明之助，鑒光武略地屠城之戒，公宜以
> 安集爲先。〔註26〕

此制謂張浚有「殊方震懼，聞姓字以膽寒」之威，然繼示張浚須「鑒光武略地屠城之戒」，而「宜以安集爲先」，蓋欲張浚持重固邊，不孟浪與金作戰。

　　詩。
〔註23〕見《龍飛錄》，頁4。
〔註24〕見《文忠集》，卷首，〈周必大年譜〉，頁6。
〔註25〕見《鄮峯眞隱漫錄》，卷二五，〈賀張丞相判建康啓〉，頁5。
〔註26〕見《鄮峯眞隱漫錄》，卷六，頁7，〈除張浚少傅依前觀文殿大學士充江淮東西
　　　　路宣撫使進封魏公制〉。

前嘗述及高宗欲藉完顏亮敗盟之機，以改善宋之地位。然由高宗「終歸於和」之語度之，高宗亦不全主用兵。宋之措施，疑欲虛張聲勢，以爲宋於和議時之資。在孝宗初位，宋金關係尚未確定之際，史浩成全「殊方震懼」之張浚，予魏國之封事屬實，則史浩與高宗之意甚合歟？

《寶慶四明志》〈史浩傳〉，又載孝宗繼位後，高宗嘗召史浩予以勉勵，其文曰：

> 浩參知政事（時）。上皇使內侍召至，賜食。諭曰：「卿在皇帝潛藩，備殫忠力，皇帝孝愛，卿輔導之功也。今得卿輔弼，吾亦安心。」
> 〔註27〕

此記載若亦屬實，高宗之得以「安心」者，蓋史浩於孝宗繼位後之舉措，與高宗之意相合之故耶？史浩既「受知高宗」，〔註28〕於孝宗繼位後，又不次拔擢，「自宗正少卿，再閱月而執政，又五閱月而爲相」，〔註29〕史浩之得不次拔擢，或因史浩與太上皇高宗之意相合之故。

第三節　史浩阻張浚相關史料檢別

史浩薦張浚一事，既鮮爲人道及，而時人又有史浩阻張浚之說，此說是否屬實，尚有待商榷。據《建炎以來繫年要錄》載，史浩與張浚在紹興三十二年七、八月間，對金佈防之問題，開始發生爭議，其經過如下：

> （紹興三十二年七月癸亥後）先是金遣布薩忠義（僕散忠義）及赫舍哩志寧（紇石烈志寧）經略四川（疑爲州字）地，爲我師所敗。（中略）中原歸正人源源不絕，納之則東南力不能給，不納則絕向化之心。宰執侍從臺諫，各宜指陳定論以聞。群臣繼有論列，而宰執獨無奏章。上以問參知政事史浩，浩奏：「累云先有備守，是謂良規，若夫議戰與和，則亦在彼不在此。彼戰則戰，彼和則和。和不忘戰，姑爲雪恥之後圖；戰不忘和，乃欲援師而自治。」又曰：「第當堅壁力禦攻衝，謹俟乘機以圖恢復。」先是史浩議欲城瓜州采石，下張浚議。浚謂如是示北以削弱之形，不若先城泗州。浩既參知政事，

〔註27〕見《寶慶四明志》，卷九，〈史浩傳〉，頁6；參《攻媿集》，卷九三，〈純誠厚德元老之碑〉，頁876。

〔註28〕見《攻媿集》，卷九三，〈純誠厚德元老之碑〉，頁874。

〔註29〕見《建炎以來朝野雜記》，乙集，卷八，〈孝宗初政命相多不以次〉，頁10。

浚所規劃，浩必阻撓。如不賞海州之功，屈死驍將張子蓋，散遣東海舟師，皆浩之爲也。命參知政事汪澈視師湖北京西。是時劉珙使金不至而復。先是洪邁、張掄使，同見張浚，具言金不禮我使狀，且令稱陪臣。浚謂不當復遣，而史浩議遣使報金，以登寶位，竟遣珙行，至境，金責舊禮，不納而還。〔註30〕

李心傳此段記載，敍事甚雜，且有誤者。

　　李心傳謂布薩忠義、赫舍哩志寧爲宋所敗事，恐李氏失考，誤繫於此。據《金史》所載，兩將此時方忙於平定契丹移刺窩斡之亂，無暇於宋，〔註31〕何得謂爲宋所敗？

　　復次，劉珙（1122～1178）之出使，實秉宋欲改與金舊禮之初衷，而朱熹所撰〈張浚行狀〉，竟以此比史浩爲秦檜，其文曰：

　　（史）正志又受浩旨，聚兩路監司守臣往瓜州相度築壘事。及見公（張浚），恃其口辯欲爲浩游說，公析大義，正志乃愧恐不敢言。將行，公復謂之曰：「歸致意史參政，秦檜主和，終致誤國，參政得君，無蹈覆轍。」浩聞之悚然，時浩已遣使（劉珙）使虜，報登寶位。〔註32〕

其間意氣之見已見。

　　至於前引《建炎以來繫年要錄》所載：「浩既參知政事，浚所規劃，浩必阻撓」，並舉不賞海州之功，及遣散舟師等事爲證。此段記載之史源，與朱熹所撰之〈張浚行狀〉頗相類，茲引〈張浚行狀〉之文如下：

　　公所措置，浩輒不以爲是。公以張子蓋可任使鎮淮上、圖山東，而子蓋所陳，浩輒沮抑百端，至下堂箚詰責。又深過海州之賞，公方招來山東之人，至者雲集，而浩不肯應副錢糧，且謂不當接納以自困。公奏乞上幸建康，而浩專欲爲懷安計。公治舟楫于東海，所圖甚遠，而浩輒令散遣。凡公所爲，動皆乖異。〔註33〕

〔註30〕見《建炎以來繫年要錄》，卷二〇〇，頁15。
〔註31〕《金史》，卷八七，〈紇石烈志寧傳〉，頁652云：「（上略）當是時，窩斡屢敗，其下亦各有心，（中略）因至抹拔里達之地，悉獲之，逆黨旣平，入朝爲左副元帥，賜以玉帶，經略宋事。」同卷，〈僕散忠義傳〉，頁654云：「契丹平，忠義朝京師，（中略）世宗以紇石烈志寧經略宋事，制詔忠義，以丞相總戎事，居南京，節制諸將。」而金世宗平定契丹窩斡之亂，《金史》，卷六，〈世宗本紀〉，頁43，繫於大定二年（紹興三十二年）九月。
〔註32〕見《朱文公文集》，卷九五下，〈張公行狀〉，頁1697。
〔註33〕同前註。

兩者所載，其意不外史浩阻抑張浚。

至於朱熹所撰〈張浚行狀〉之可信程度如何？袁桷於〈跋外高祖史越王（浩）尺牘〉，則謂：

> 朱文公（熹）作〈張忠獻（浚）行狀〉，一出南軒（張栻，張浚子）
> 之筆，不過題官位姓名而已。後考三敗事跡，始悔昔年不加審覆，
> 歸咎南軒，然亦無及矣。〔註34〕

行狀原難免於人情，周密（1232～1298）《齊東野語》即曰：「誌狀則全是本家子孫門人，掩惡溢美之辭。」〔註35〕朱熹雖非張浚之門人，但與張栻則為講學好友。〔註36〕朱熹於孝宗乾道三年（1167）訪張栻時，嘗與曹晉叔書謂：

> 敬夫（張栻）學問愈高，所見卓然，議論出人意表，近讀其語說，
> 不覺胸中灑然，誠可歎服。〔註37〕

朱熹既有得於張栻，則朱熹〈張浚行狀〉，恐難免有人情受託之處。

再查核《朱子語類》，確有朱熹自悔〈張浚行狀〉，只憑張栻一面之辭者，《朱子語類》載：

> 某（朱熹）向來〈張公行狀〉，亦只憑欽夫（張栻）寫來事實做將去，
> 後見光堯（高宗）實錄，其中煞有不相應處，故於這般文字，不敢
> 輕易下筆。〔註38〕

唯李心傳為南宋史學大家，一向精於考證。然李著《建炎以來繫年要錄》所述史浩之阻張浚情事，與朱熹〈張浚行狀〉相類，恐有不確之處。

周密《齊東野語》，於論張浚戰敗仍享盛名，而韓侂冑戰敗則函首辱身時，兼論及李心傳載記之失，周密謂：「李心傳蜀人，去天萬里，輕信記載，疏舛固宜。」〔註39〕已指出李心傳有輕信記載之失。

然則李心傳盡為張浚屈筆掩飾？其實亦不盡然。今試觀袁桷〈跋外高祖史越王尺牘〉，中曰：

〔註34〕見袁桷撰，《清容居士集》，卷五〇，頁 706。
〔註35〕見周密撰，《齊東野語》（臺北市，臺灣商務印書館，影印《歷代小史》本），頁 14。
〔註36〕《朱文公文集》之〈張公行狀〉，成於孝宗乾道三年十月。而據王懋竑纂訂，《朱子年譜》（臺北市，臺灣商務印書館，民國 60 年，影印鉛排本），卷一下，頁 29，朱熹於乾道三年八月，訪張栻於潭州，至十一月始別。
〔註37〕同前註。
〔註38〕《朱子語類》，卷一三一，頁 10。
〔註39〕《齊東野語》，頁 26。

符離之敗，陵陽李伯微（心傳）甫載其事甚詳，今不敢爲忠定（史
浩）辨明，直書其所紀曰：符離之役，軍資器械失凶（亡）殆盡，
張魏公初聞之，疑虜人踵至，甚懼。（中略）乃奏乞致仕，又乞朝廷
遣使，孝宗不從。旣而虜人不復南，魏公乃謀再擧，上亦不從。（中
略）李與張俱蜀士，史筆不敢有所隱。〔註40〕

則李心傳亦有其史筆。今考李心傳撰《建炎以來朝野雜記》，甲集〈癸未甲申
和戰本末〉謂：

甲寅夜，兩軍大潰而歸，虜亦不追，士卒死亡甚衆，資糧器械，委
棄皆盡。（中略）先是傳者言宏淵已死，敵乘勢南來，魏公乃乞遣使
議和，又乞致仕。〔註41〕

前述袁桷之引文，文詞雖不與《建炎以來朝野雜記》盡同，其意則相仿。又
考李心傳〈癸未甲申和戰本末〉通篇所記，已無《建炎以來繫年要錄》「浚所
規劃，浩必阻撓」之意。二書同爲一人所撰，且成書年代亦相近，〔註42〕而
有此相異之處，恐係《建炎以來繫年要錄》，撰述之時「輕信記載」，一時未
及細考之故。

　　細考袁桷之言，亦頗令人啓疑。蓋既謂「直書」李心傳之所記，而核之《建
炎以來朝野雜記》之文，又不與之盡同，而本書前錄袁桷〈跋外高祖史越王尺
牘〉，中間所省略之文，甚至載及張浚之反覆於和戰之間，茲補錄於後：

張魏公（浚）初聞之，疑虜人踵至，甚懼。卽軍中解所佩魚，遣歸
朝官太平州通判劉蘊古爲朝議大夫，使虜求和。僚吏有止之者，乃
奏乞致仕。又乞朝廷遣使，孝宗不從。旣而虜人不復南，魏公乃謀
再擧，上亦不從。及和議將成，魏公持之甚確，左相湯慶公（思退）

〔註40〕同註34：又李心傳字微之，亦字伯微，隆州井研人。心傳官太史時，遊吳興，
　　　　悅其山水，因遷宅於吳興，後亦卒於吳興。參王德毅撰，〈李秀巖先生年譜〉，
　　　　該文附於《建炎以來繫年要錄》一書後。然袁桷文中「陵陽」二字，所指爲
　　　　何？尚待考。
〔註41〕見《建炎以來朝野雜記》，甲集，卷二〇，頁8。
〔註42〕《建炎以來繫年要錄》，成書確切年代不可考，約成於宋寧宗嘉泰開禧年間
　　　　（1201～1207）。《建炎以來朝野雜記》，甲集，成於嘉泰二年（1202）；乙集，
　　　　成於嘉定九年（1216）。以上見王德毅撰，〈李秀巖先生年譜〉及〈李心傳著
　　　　述考〉二文，二文附見於《建炎以來繫年要錄》（臺北縣，文海出版社，民國
　　　　57年1月），〈附錄〉。

因白蘊古之事，由是遂黜。李與張俱蜀士。（下略）〔註43〕

再考之周密《齊東野語》，知袁桷此段文字，實出自《齊東野語》。〔註44〕其中僅歸朝官「劉蘊古」，《齊東野語》作「張蘊古」，其餘幾乎全錄，則袁桷之「直書」，實兼李心傳及周密二者。

由上所述，知史浩阻張浚之說，恐為妄曲意氣之見。史浩閱讀〈張浚行狀〉後，亦謂：「蒙示〈張公行狀〉，可發一笑。」〔註45〕

錢大昕作〈史浩薦張浚〉一札，已述之於前；錢氏又有〈張浚論〉一文，文曰：

> 宋之張浚，志廣而才疏，多大言而少成事。迹其生平用兵，有敗無勝，此聖人所譏暴虎憑河，死而無悔者。而史家曲為稱贊，至以諸葛武侯相況，何其擬之不於倫邪？〔註46〕

張浚以理學家主戰，易得「曲為稱贊」之曲筆。前人既曲贊張浚，又諉過於史浩，讀史於此不可不審。然史、張二人對金戰和異議，則為實情，請述於次章。

〔註43〕同註34。
〔註44〕見《齊東野語》，頁12。
〔註45〕同註34。
〔註46〕見《潛研堂文集》，卷二，〈張浚論〉，頁31。

第五章　史浩與孝宗朝諸臣和戰之爭

第一節　小　引

　　孝宗於紹興三十二年六月即位後，面臨與金關係如何重新調整之問題。直至隆興二年，兩國關係始告確定，其間符離一役，是雙方關係再趨穩定之癥結所在。在此之前，南宋朝臣有主戰與主和之爭。王夫之嘗謂：「宋自南渡以後，所爭者和與戰耳。」〔註1〕南宋士大夫好以主戰主和以定人物高下，茲引宋人王應麟（1223～1296）之語，以顯主戰主和判定人物，實失之於籠統。王應麟《困學紀聞》嘗云：

　　　　紹興（高宗）、隆興（孝宗）主和者皆小人，開禧（寧宗）主戰者皆
　　　　小人。〔註2〕

清人閻若璩（百詩）按注王應麟此語曰：

　　　　（開禧）時辛棄疾亦主戰，余謂此即西涯樂府云：議和生，議戰死。
　　　　生國響，死國恥。兩太師，竟誰是。潘辰評，都無一是者也。〔註3〕

又清人全祖望（謝山）則指出主和者，其間亦有不同：

　　　　趙忠簡（鼎）是且戰且和，未肯降心者也，與史文惠（浩）不同。
　　　　文惠以力不足爲言，是其審量而行，又與湯思退不同。〔註4〕

〔註1〕見《宋論》，卷一三，頁234。
〔註2〕見《翁注困學紀聞》，卷一五，〈考史〉，頁1215。
〔註3〕同前註，閻百詩注。
〔註4〕同前註，全謝山注。

再者，清人何焯（義門）亦謂：

> 趙忠簡亦主和議，史直翁（浩）持論老成，不容以小大概之。〔註5〕

是故非徒一朝之臣其賢否，不可以主和、主戰判定，卽主戰者復有倖進圖功，與激情憤國不得不然之別；主和者亦有持重審量，與苟安圖存之不同。不可朱紫不辨，籠統歸之於主戰或主和，復不可逕以主戰主和，妄生君子小人之議。宋人因其情而憤其事，後世學者非宋人，當持以客觀態度，分析其主和、主戰之原因，以深入瞭解歷史實情。若先有戰和是非之成心，遽爲高下，非徒不見歷史實情，是於宋人議論之外，又生是非；於一是非因緣未了其實情，復生一是非，無意義之事，莫此爲甚。此爲以下討論孝宗隆興時，史浩與張浚和戰異議前，所當先提及者。

第二節　史浩與張浚對時局之異議

孝宗初立，朝臣對時局所爭議之重點，在和戰與歸正人二者，而其論爭可以史浩與張浚爲代表，茲述史、張二人對時局之異議於次。

一、史浩對和戰之看法

紹興三十二年九月，孝宗命宰執、侍從、臺諫等，各陳對金意見。綜合諸臣意見，略可歸納爲以下數點：第一，主稍歸宋所得金地，勿遽爲金所屈。歲遺金幣如舊議，而不可棄海泗之地。洪遵、金安節、唐文若與周必大等人主之；第二，主對金強硬，而海州、陝西諸地不可棄。且不受金之冊禮，拒還歸附人。張震主之；第三，主正名分，授田遺民。張闡主之；第四，主不用舊禮，招遺民。張良翰主之。〔註6〕

至於史浩對和戰之看法，則於其〈回奏條具弊事箚子〉中，可見其梗概，其箚曰：

> 陛下卽位之初，嘗陳今日禦戎之計，謂藩籬不可不固，扃鐍不可不嚴。藩籬固，則內之政事可修；扃鐍嚴，則外之奸細難入。先爲守備，是乃良規。若夫議戰與議和，則亦在彼不在此。彼戰則戰，彼和則和。和不忘戰，姑爲雪恥後圖；戰不忘和，乃欲緩師而自治。

〔註5〕同前註，何義門注。
〔註6〕見《建炎以來朝野雜記》，甲集，卷二〇，頁6。

此度今年之事力，故立一時之權宜，既匪成謀，未爲定論。第當堅
壁力禦攻衝，僅俟乘機以圖恢復。〔註7〕

史浩以爲，禦金之計，應「先爲守備，是爲良規」。至於或戰或和，除視金人
和戰之態度外，尤須衡以當時之「事力」，以爲權宜之計，並無成謀定論。無
論處於何種境地，皆應「力禦攻衝，僅俟乘機以圖恢復」。然則當時南宋之國
力若何？史浩於〈論未可北伐箚子〉中曰：

陛下初嗣位，不先自治，安可圖遠？矧内乏名臣，外無名將，士卒
既少，而練習不精，遽動干戈，以攻大敵，能保其必勝乎？〔註8〕

史浩以爲南宋當時之兵、將，均不足以圖恢復。遽動干戈，亦無濟於事。

　　是以紹興三十二年九月，張浚欲以李顯忠（1110～1178）、邵宏淵北伐，
史浩上奏極力反對曰：

張浚老臣，豈其念不到此，而稔於幕下輕易之謀，眩於北人詐順之
語，未遑精思熟慮，決策萬全，乃欲嘗試爲之，而僥倖其或成。（中
略）（高宗時）以張、韓、劉、岳各領兵數十萬，皆西北勇士，燕冀
良馬，然與之角勝負於十五六載之間，猶不能復尺寸地。今乃欲以
李顯忠之輕率，邵宏淵之寡謀，而取全勝，豈不難哉？〔註9〕

蓋孝宗繼位後，韓世忠、劉琦與岳飛輩之虎將已逝，南宋已無善戰之將。既
無將才，復短於兵卒，故史浩視張浚出兵山東，並非萬全之計。史、張二人
對出兵與否之歧見，又與二人對金用兵攻防歧見有關，茲述於下。

二、史浩與張浚對金攻防之歧見

　　南宋擁有三國時吳蜀之地，而四川、兩浙「各以鄉里家屬爲重」，故「蜀
人之不欲吳璘出師於陝，猶吳人之不欲王師輕越江淮」。〔註10〕張浚蜀人，史
浩吳人，是否因鄉里家屬之私，而持論不同，無法考知。唯張、史二人，料
金來犯之去向，持論頗有不同。

　　首先討論張浚料金可能於何處用兵。張浚於〈奏虜勢及海道進馭等事疏〉
中，判斷金之重兵結集陝西，曰：

〔註7〕見《鄮峯眞隱漫錄》，卷八，〈同奏條具弊事箚子〉，頁1。
〔註8〕同前註引書，卷七，〈論未可北伐箚子〉，頁13。
〔註9〕同前註。
〔註10〕見傅增湘輯，《宋代蜀文輯存》（臺北市，新文豐出版公司，民國63年，影印
　　　　本），卷四四，頁14，張浚〈請令吳璘措置川陝疏〉。

虜人南向之兵，在靈壁（安徽宿縣）、虹縣（安徽泗縣），近發同宿
州（安徽宿縣）、南京者無慮數千騎。雖姦詐百出，情不可量，要之
勁兵多在陝西。〔註11〕

此外，張浚認爲金於東方之兵力空虛，其〈論東方掌制虜勢〉文曰：

區區每思掌制此虜於東方者，非有他也，顧以虜萃精兵於關陝，東
方空虛不及。〔註12〕

故張浚一方面判斷金之重兵結集於關陝，一方面認爲金於東方之兵力空虛，
有機可趁。再者，張浚並以爲金自完顏亮被弒，內有契丹等亂事，「必不能再
舉全師」，〔註13〕是以張浚極力主張乘虛進兵山東。〔註14〕由此觀之，張浚之
主北伐，乃爲乘虛攻金不備，而非捕捉金人之主力，予金迎頭創擊，此或即
爲史浩稱張浚「僥倖」之處。

其次，討論史浩對金人來犯地點之判斷。史浩判斷金人可能由兩淮、荊
襄侵宋，其於〈吳璘攻取上宰相箚子〉中曰：

又況德順（甘肅靜寧）之捷乃其自去，且昔之嬰城而守，金之委地
而去，未必無謀。豈非知吾淮南荊襄藩籬未固，欲併兵必從事乎？
夫謀在淮南、荊襄，是有意於潰我腹心也。〔註15〕

是以史浩認爲金兵非無謀，恐其謀在淮南、荊襄，有意潰宋之腹心。

因此，史浩對張浚出兵山東之謀，頗不以爲然，其〈論未可用兵山東箚
子〉曰：

竊以傳聞之言，多謂敵兵困於西北，不復顧山東。加之苛虐相承，
民不堪命，王師若至，可不勞而取。審如此說，則弔伐之兵，本不
在衆，遍師出境，百城自下，不世之功，何患不成。萬一未至，（中
略）宿師于外，守備先虛。我猶知出兵山東，以牽制川陝，彼獨不
知警動兩淮、荊襄，以解山東之急耶？（中略）山東去敵萬里，彼
雖不能守，未害其疆；兩淮近在畿甸，一城被寇，尺地陷沒，則朝
廷之憂，復如去歲。〔註16〕

〔註11〕同前註引書，同卷，頁15。
〔註12〕同註10。
〔註13〕同前註引書，同卷，〈又論掌制事宜疏〉。
〔註14〕見前註；並參《建炎以來朝野雜記》，甲集，卷二○，頁7。
〔註15〕見《鄮峯眞隱漫錄》，卷三一，頁15。
〔註16〕見《鄮峯眞隱漫錄》，卷七，〈論未可用兵山東箚子〉，頁4～5；又此箚爲陸游

張浚等既以為金經采石之敗，復困於西北，無力再舉，故有乘機出兵山東之舉。史浩則以為兩淮為行在臨安屏障，不可稍失。金若由兩淮進犯，「一城被寇，尺地陷沒」，南宋之危「復如去歲」。況且山東非金腹心，宋卽使取之，亦「未害其疆」。故史浩持重，不主出兵山東。

　　其時宋人，是否有力攻金，進取山東，亦當有所衡量。茲引《四朝聞見錄》所載，史、張二人對話如下：

> 浚又請以所部二十萬人進取山東，史公問：「留屯江淮幾何人也？」
>
> （浚）曰：「半之。」復與計其守舟運糧之人，則各二萬。（浩）曰：
>
> 「然則戰卒才六萬耳。彼豈為是懼也？」〔註17〕

蓋張浚議取山東之謀，尚有待於「潛遣忠義，結約中原」，以為內應者。〔註18〕史浩以為本身兵力既不足，即使打下山東，亦不足以撼金。若金一旦侵兩淮，「兩淮近在畿甸」，則危如累卵之勢立見。既然史浩以為出兵山東非萬全之策，因而主張「以大兵及舟師，固守江淮，控制要害」，「兩淮無致敵之慮，然後漸次挪大兵前進」。〔註19〕總之，張、史對金，一主奇兵攻金不備，一主持重緩進，各有所見。

三、史浩與張浚對歸正人之異議

　　史浩與張浚對歸正人，亦有異議。張浚曾上〈論絕歸正人有六不可疏〉，疏中認為杜絕歸正人有六弊：

　　一、絕歸正人，恐失北人之心——張浚以為：「此令一下，中原之人，以
　　　　吾有棄絕之意，必盡其心。」

　　二、絕歸正人，恐北人反而為寇——張浚以為：「人心卽變，為寇為雛，
　　　　內則為虜用，外則為我寇。」

　　三、絕歸正人，則無法得北方情報——張浚以為：「今日處分既出聖意，

　　　　所代撰，陸游《渭南文集》，有〈代乞分兵取山東箚子〉，與此箚文同，然無
　　　　貼黃，而《鄮峯真隱漫錄》所載之箚，則有貼黃。參見本書次章史浩薦士節。
〔註17〕見《四朝聞見錄》，丙集，〈張史和戰異議〉，頁82；又據《建炎以來朝野雜記》，
　　　　甲集，卷二〇，頁 8，謂至符離戰前，宋之兵力如下：「合殿前江淮兵八萬，
　　　　可用者六萬，分隸二將，號二十萬」；並見《齊東野語》，頁 11，與李心傳之
　　　　說同。
〔註18〕見《宋代蜀文輯存》，卷四四，頁 16。
〔註19〕見《鄮峯真隱漫錄》，卷七，頁 4。

　　將見淮北之人，無復渡淮歸我者，人迹既絕，彼之動息無自而知，間
　　探之聲，孰爲而遣。」

四、絕歸正人，不合人情——張浚以爲：「中原之人，本吾赤子，今陷於
　　虜三十餘年，日夜望歸，如子之仰父母。今有脫身而來者，父母拒而
　　棄絕之，不得衣食，天理人情皆未順也。」

五、絕歸正人，恐有損兵源——張浚以爲：「自往歲用兵，大軍奔馳疾疫，
　　死亡十之四五。陛下慨念及此，既望諸將各使招募，若淮北之人，不
　　復再渡，所募之卒，何自而充。」

六、絕歸正人，恐軍勢日削——張浚以爲：「尋常諸軍招江浙，一卒之費
　　不下百緡，面（疑爲而字）其人柔弱多不堪用，若非取兵淮北，則軍
　　旅之勢日以削弱。」〔註20〕

　　由此簡觀之，張浚亦知南宋兵力不足，故對北宋遺民寄以厚望。一則思
招納之，以補兵額之不足；再則若彼等不能來歸，則希彼等於宋出兵之時，
能予以接應。總之，張浚對北宋遺民有所期待，更何況張浚認爲招納歸正人，
又可收到政治號召、探聽情報之效，故張浚極力招納北人。

　　反之，史浩對歸正人之看法，與張浚則相異。史浩以爲南宋不當以招北
人南來爲政治號召，其〈論歸正人箚子〉曰：

　　若湯以七十里，文王以百里是也。（中略）文王三分天下有其二者，
　　有其心也。（中略）若使民先歸其國，則七十里之亳，百里之豐，何
　　以容東西南北之人，而所謂亳與豐之地，方且疲於贍養，日益窮蹙，
　　又何暇修文德，以格遠人之心耶。〔註21〕

史浩舉商湯、文王之例，以明號召者貴在得民心，而非僅招納入境而已。若
不衡國力，徒慕招納之名，未得其利，反先有「疲於贍養」之弊。

　　除以上所述之外，史浩復舉招歸正人尚有三弊：

一、棄實務名：「若使朝廷根本已立，人材已衆，功無僭賞，罪無佚罰，
　　（中略）乘中原愛戴之心，一舉而取之。（中略）今既未能，乃區區
　　然，招集逋逃之衆，以爲擊中原，此臣所謂棄實而務名一弊也。」

二、捨近謀遠：「屯戍雖遣，藩籬未固，（中略）今未見大有措置，而廟
　　堂之上，率常以大半日，整會歸正人，某人乞官，某人援例，（中略）

〔註20〕見《宋代蜀文輯存》，卷四三，頁5。
〔註21〕見《鄮峯眞隱漫錄》，卷七，〈論歸正人箚子〉，頁8。

此臣所謂捨近而謀遠。」

三、見利忘害：「北人初來，扶老攜幼，莫不皆言，去患難歸父母。（中略）然此輩小人，何常之有，廩給祿賞，少不厭（屬）其無涯之心，則怨詈並作，未必不刺取國事，歸報敵境，況又間往往有本心爲間探而來者，此臣所謂見利而忘害。」〔註22〕

史浩認爲南來之北人，亦非全數皆效忠於南宋，亦有居心叵測者。

再者，史浩亦論及招歸正人，對南宋經濟及官僚秩序亦有莫大威脅，其〈論歸正人第二箚子〉曰：

若敵國設計，多作僞告、僞牒，源源而來，上則竭國力，以祿養歸正官，下則陰壞度牒之法，我尚爲有謀也哉？且中國士大夫雖身登科第，家世公侯一有過，坐廢終身，而歸正官則一切不問。是仕於北廷者何其幸，而仕於天朝者，何其不幸也耶？〔註23〕

凡此爲有損及南宋財政及士人仕途者。

由上所述，知史浩對北宋遺民，並不主張招納至宋境。然《宋史》〈孝宗本紀〉載：「（隆興元年二月）用史浩策，以布衣李信甫爲兵部員外郎，齎蠟書，間道往中原，招豪傑之據有州郡者，許以封王世襲」，〔註24〕李信甫所齎蠟書爲陸游所草。〔註25〕據前引〈孝宗本紀〉，史浩似亦主張鼓勵金境宋遺民，各擁據點，南宋權宜封之以王，世世傳襲。

其時主招歸正人者，尚有陳康伯、辛次膺（1092～1170）等人。唯宋所納之人，果有如劉蘊古之「刺朝廷機事」者，〔註26〕及爲患州縣者，〔註27〕則史浩之慮，亦不無見地。

〔註22〕同前註引書，同卷，〈論歸正人第二箚子〉，頁11～12。

〔註23〕同前註引書，同卷，頁12～13。

〔註24〕見《宋史》，卷二二，〈孝宗本紀〉，頁682；並參《建炎以來朝野雜記》，甲集，卷二〇，頁7；《寶慶四明志》〈史浩傳〉，未載此事，惟史浩《鄮峯眞隱漫錄》，卷六，頁19，有〈撫定中原蠟告〉，史浩預知此事，殆屬無疑。然《寶慶四明志》，爲史浩作皇皇五千餘言大傳，竟失載此事，其故安在？尚待考。

〔註25〕陸游撰，《渭南文集》（收於《陸放翁全集》，卷三，頁14，有〈蠟彈省箚〉一條，陸游自注曰：「癸未（隆興元年）二月，二府請至都堂撰」。本條資料承黃寬重先生告知，不敢掠美，並記於此，以申謝意。

〔註26〕見岳珂撰，《桯史》（臺北市，臺灣商務印書館，《歷代小史》本，卷六〇），頁30。

〔註27〕見《鄮峯眞隱漫錄》，卷九，頁5，〈不棄遠人〉。

第三節　隆興和議

一、符離戰役南宋之潰

紹興三十二年八月，洪邁使金返宋時，即聽說金境有窩斡及紅巾之亂。
〔註28〕九月窩斡平，其部屬蕭鷓巴等投宋，〔註29〕史浩、周必大等均疑其來
意。〔註30〕《金史》謂宋因蕭鷓巴之獻謀，而有隆興元年李顯忠進兵虹縣、
靈壁之舉。〔註31〕史浩上孝宗箚子亦指張浚「惑於幕下輕易之謀，眩於北人
詿順之語」。〔註32〕此外，《朱子語類》亦有張浚爲李顯忠、邵宏淵說動，而
決意用兵之說。〔註33〕

張浚選定隆興元年出兵的原因，已述於前。復因五月天暑，「北人畏之，
南人得之，此利在我，若圖進取可省二十萬衆」，若至秋冬，士健馬肥，則北
利南不利，金操先制之機，故極力主五月出兵。史浩則認爲「方今財用匱乏，
將士寡弱，未易輕舉，宜以和爲虛聲，守爲實務，俟數年之後，兵強食足，
然後圖之，方此盛暑進兵未見利也」。〔註34〕

張浚雖與史浩意見相左，但與孝宗之意相合，〔註35〕故奏「史浩意不可
回也，恐失機會，惟陛下英斷」。於是三省樞密院不復預聞，詔令逕自督府
行下李顯忠、邵宏淵二將，進兵靈壁、虹縣。〔註36〕史浩因居相位而出兵不
與聞，且王十朋復劾之八大罪，故罷相，出知紹興府。〔註37〕臨辭時尚勸孝

〔註28〕見《中興禦侮錄》，卷下，頁9。
〔註29〕同前註，載：「十月十二日，張子蓋招納契丹首領七人，餘衆萬餘。」又《龍
　　　飛錄》，頁10：「作蕭哲伯。」蓋譯名之異；另參見《金史》，卷八七，〈紇石
　　　烈志寧傳〉，頁652。
〔註30〕見《鄮峯眞隱漫錄》，卷七，頁7，〈乞罷蕭鷓巴入內打毬箚子〉曰：「近者契丹
　　　歸正蕭鷓巴等萬里遠來，誠爲勞苦，其實則奔亡之餘，又況彼或遣之以爲吾間，
　　　縱之以蠹吾國，皆未可知也。」又《龍飛錄》載：「（十一月）丙申，鎮江張子
　　　蓋遣契丹歸正人蕭哲伯來，譯者謂契丹爲金人所敗，此曹遁來，然未可信。」
〔註31〕《金史》，卷八七，〈紇石烈志寧傳〉，頁652，載：「是時，宋得窩斡黨人括里、
　　　扎八，用其謀攻靈壁、虹縣，都統奚捷不也叛入于宋，遂陷宿州。」
〔註32〕見《鄮峯眞隱漫錄》，卷七，〈論未可北伐箚子〉，頁13。
〔註33〕見《朱子語類》，卷一三一，頁12。
〔註34〕本段見《中興禦侮錄》，卷下，頁20～21。
〔註35〕見《朱子語類》，卷一三一，頁12，曰：「孝宗初起魏公用事，魏公議論與上
　　　意合，故獨付以恢復之任，公亦當之而不辭。」
〔註36〕見《齊東野語》，頁12；又《建炎以來朝野雜記》，甲集，卷二〇，頁8。
〔註37〕王十朋劾史浩八大罪，見《梅溪王先生文集》，奏議卷三，〈論史浩箚子〉，頁

宗曰：「願陛下審度事勢，若一失之後，恐終不得復望中原矣。」〔註38〕

　　隆興元年五月，南宋出兵，「合江淮兵八萬人，實可用者六萬，分隸諸將，號二十萬」。〔註39〕兵力旣薄，且不集中，而且軍紀亦不整飭，〔註40〕李顯忠與邵宏淵二將之間又不相合。〔註41〕故宋於隆興元年五月甲寅（二十四日），大潰於符離，〔註42〕「器甲資糧，委棄殆盡，士卒皆奮空拳，掉臂南奔，蹂踐飢困而死者，不可勝計」。〔註43〕

　　隆興元年六月十四日，孝宗下詔罪己曰：「朕明不足以見萬里之情，智不足以擇三軍之帥，號令旣乖，進退失率。」〔註44〕然不久孝宗復欲視師。其時史浩雖不在朝，然與孝宗「義則君臣，情兼父子」，故上疏曰：

> 忽傳邸報六月十四日，陛下降罪己之詔，（中略）臣恭聞聖詔，以秋涼擇日視師，臣實憂之。（中略）以臣鄙見，不若召諸路帥守立賞，命官糾集土豪起勤王之師，（中略）大駕聲言進發，未可使行，庶幾敵知畏而不敢易，我則或進或退，皆有所恃，以底萬全。大抵近日謀國之論，多失於輕審之。（中略）臣職不當言，言之有罪，以久荷陛下恩憐異於稠衆，義則君臣，情兼父子，情迫於中，不能自己。〔註45〕

史浩於此疏中，仍本其初衷，而主糾集重兵「大駕聲言進發」，但並不輕率發兵，目的在使金知畏，如此宋進退皆有所恃，「彼戰則戰，彼和則和」（見本章第二節），以爲進退萬全之計。

　　綜上所述，符離之戰南宋兵力旣不足，將材亦缺，卽《朱子語類》亦謂張浚才短，其言如下：

> 至於收用蜀中人才，恐未必然也。大抵張公（浚）才疏意廣，卻敢擔當大事。

31。唯史浩之去位，尚有他故，李心傳《建炎以來朝野雜記》，乙集，卷七，頁2，〈史文惠（浩）以直諫去位〉條謂：「史丞相（浩）適以與張魏公（浚）和戰之議不同，力請免相，然當時之論，以爲避（龍）大淵權勢而去也。」

〔註38〕見《齊東野語》，頁12。
〔註39〕同註36。
〔註40〕同前註；又《中興禦侮錄》，卷下，頁12，載：「諸軍忽譁，爭金帛，委棄兵杖，相繼潰敗。」
〔註41〕同註38。
〔註42〕見《建炎以來朝野雜記》，甲集，卷二〇，頁8。
〔註43〕同註38。
〔註44〕見《齊東野語》，頁13。
〔註45〕見《鄮峯眞隱漫錄》，卷八，頁4，〈論降詔視師箚子〉。

> 張魏公材力雖不逮，而忠義之心，雖婦人孺子亦皆知之。故當時天
> 下之人，惟恐其不得用。〔註46〕

而張浚五月出兵之舉，導致南宋符離之敗，「國家平日所積兵財掃地無餘」，
〔註47〕終孝宗一朝不得成恢復之業。宋人蔡戡（1141～？）評此役云：

> 符離一役，大臣不審事機，諸將多違節度，成師以出，棄甲而來，
> 幸而敵勢自弱，師徒亦潰，不然成敗之勢，亦未可知也。〔註48〕

此外，葉適（1150～1223）亦謂符離之戰，乃屬「妄進」。〔註49〕宋人於此役，
亦頗有微言。

二、太上皇高宗與隆興和議

（一）高宗對金態度

　　前述完顏亮被弒後，高宗欲藉此機會改善宋之地位，然料「此事終必歸
和」，故其啓用主戰大臣，爲虛張聲勢，實不欲訴諸武力，輕言恢復。《朱子
語類》中，即有高宗曾命張栻勸其父張浚勿戰之記載，文曰：

> 上（孝宗）初召魏公（張浚），先召南軒（張栻）來，某（朱熹）亦
> 赴召。（中略）南軒奏邊事，并不可和之意，太上亦順應之。臨辭去，
> 乃曰：「與卿父說不如和好。」〔註50〕

據此高宗不主戰之意甚明。

　　然則高宗之不主戰，乃爲圖安逸？亦或別有他故？周密《齊東野語》嘗
推測高宗不主戰之因，其言曰：

> 余嘗以意推之，蓋高宗（中略）察知東南地勢財力，與一時人物，
> 未可與（金）爭中原，意欲休養生聚，而後爲萬全之舉。在德壽日
> （高宗爲太上皇時），壽皇（孝宗）嘗陳恢復之計，光堯（高宗）曰：
> 「大哥（指孝宗），且待老者百年後，卻議之。」〔註51〕

〔註46〕見《朱子語類》，卷一三一，頁11。
〔註47〕見《齊東野語》，頁14。
〔註48〕見蔡戡撰，《定齋集》（《叢書集成》三編之二七，《常州先哲遺書》五函），卷
　　　　二，頁8，〈論和戰疏〉。
〔註49〕《水心先生文集》，卷五，頁66，〈終論六〉。
〔註50〕見《朱子語類》，卷一〇二，頁7～8。
〔註51〕見《齊東野語》，頁26；《四朝聞見錄》亦謂：「上每侍光堯，必力陳恢復大計
　　　　以取旨，光堯至曰：大哥俟老者百年後，爾卻議之。」

周密以為高宗之不主戰，蓋審知國力，尚不足以言恢復。受知於高宗之史浩，亦嘗上奏曰：「深恐好名之士，但持正論以撓初謀；銳意之士，不卹大計，以成輕脫」，〔註52〕故其視張浚之出兵為「僥倖」之舉。《四朝聞見錄》因謂史浩「相時之宜，審天下之勢，而不苟同銳於功名者之扼腕用兵」。〔註53〕由此觀之，則高宗與史浩二人，對金之態度或有其相同之處。

隆興用兵，恐出於孝宗「英斷」，三省及樞密院均未預聞其事。《齊東野語》載，高宗知出兵事後，謂孝宗曰：「毋信張浚虛名，將來必誤大事，他專把國家名器財物作人情耳。」〔註54〕

符離兵敗，南宋之勢益弱，高宗主和之見，益具影響力，此於隆興和議之交涉過程中，極易看出，茲敘於後。

（二）南宋與金第二次和議之訂定

隆興元年五月符離兵敗，至乾道元年（1165）四月，金遣使答報，宋金兩國關係始重新確定。其間孝宗頗徘徊於戰和之間，唯因高宗之堅持，和議始得達成。宋金關係尚未重新訂定之前，宋曾先後遣使數次，茲述其要者如下。

隆興元年八月，盧仲賢、李適使金。至十月仲賢返，攜回金之和約條件：1. 兩國為叔姪關係。2. 還金唐、澄、海、泗四州之地。3. 歲幣如舊與契丹之數。4. 宋金各不還歸正人。〔註55〕同時，金並限宋於十一月二十日之前，持誓書報金。其時南宋朝廷對讓四州與歲幣等問題，尚爭論不已。〔註56〕《中興禦侮錄》則載：「太上皇（高宗）深勸上（孝宗），令從和，遂決議遣使。」〔註57〕

隆興元年十二月，宋遣胡昉、楊由義先行，以探金人和意。繼遣王之望、龍大淵為通問使副。〔註58〕孝宗決定遣使之前，特至德壽宮，告知高宗，決

〔註52〕見《鄮峯真隱漫錄》，卷七，頁6，〈再論山東箚子〉。

〔註53〕見《四朝聞見錄》，丙集，頁14。

〔註54〕見《齊東野語》，頁12；並參《四朝聞見錄》，乙集，頁47，〈孝宗恢復〉條。又《水心先生文集》，卷五，頁66，〈終論五〉，亦謂：「光堯聖訓言浚終不可用。」

〔註55〕見《建炎以來朝野雜記》，甲集，卷二○，頁9～11。

〔註56〕見《建炎以來朝野雜記》，甲集，卷二○，頁10。

〔註57〕見《中興禦侮錄》，卷下，頁15。

〔註58〕見《建炎以來朝野雜記》，甲集，卷二○，頁11；又《中興禦侮錄》，卷下，頁15～18。

定遣使。高宗甚喜，並欲「自備一番禮物」予金世宗。〔註59〕

《中興禦侮錄》又載，宋遣胡昉等至金探和意時，曾語金帥曰：「本朝皇帝（孝宗）恐爲貴朝見欺，初不肯遣使」，而「太上（高宗）愛惜生靈，不欲杜絕。」〔註60〕胡昉已向金明示，宋之和議乃高宗之意。

其時金世宗亦不欲擴大戰事，〔註61〕然與宋僵持於四州地之爭執。宋孝宗令荊襄川陝嚴爲邊備，但不得妄進。湯思退（？～1164）恐孝宗再戰，故上奏孝宗曰：「請上以社稷大計，奏稟上皇，而後從事。」〔註62〕隆興二年十一月五日，孝宗因金復索商、秦二州，下詔曰：

> 朕以太上聖意，不敢重違。而宰輔群臣，前後屢請，已盡依初式。（中略）若彼堅欲商秦之地、俘降之人，則朕有以國弊不能從也。〔註63〕

孝宗因金之復索商、秦，激憤而道出「朕以太上聖意，不敢重違」而議和之實情。

及隆興二年十二月，宋遣魏杞出使議和。據《中興禦侮錄》載，魏杞使金返宋後曰：

> 虜主襃（金世宗）甚寬和，每言及太上皇帝必起立，且言兩國幸已結好，當彼此守之勿渝。今我與皇帝即爲叔姪，上皇即吾兄也，願永以兄事之。〔註64〕

至次年四月，金遣完顏仲爲報問和好使，孝宗欲不行「降榻受書」禮，與完顏仲發生爭執，後太上皇高宗命「皇子鄧王受書以進」，始免僵持。孝宗欲拘完顏仲，復因高宗之反對而作罷，宋金叔姪關係因而確立。〔註65〕

由上所述，隆興年間宋金新關係之建立，爲高宗所助成。早於符離戰前，史浩與張浚書中，即提及欲以「弟姪之禮事之」。〔註66〕

〔註59〕見《建炎以來朝野雜記》，甲集，卷二〇，頁10。
〔註60〕見《中興禦侮錄》，卷下，頁16。
〔註61〕見《金史》，卷八七，〈僕散忠義傳〉，頁655。
〔註62〕見《建炎以來朝野雜記》，甲集，卷二〇，頁11。
〔註63〕見《建炎以來朝野雜記》，甲集，卷二〇，頁12；又《中興禦侮錄》，卷下，頁20。
〔註64〕見《中興禦侮錄》，卷下，頁30。
〔註65〕同前註。至於南宋金第二次和議交涉經過，參陳樂素撰，〈讀宋史魏杞傳〉，《浙江學報》，第二卷第一期，（民國37年3月），頁9～16。
〔註66〕見《鄮峯眞隱漫錄》，卷三一，〈答宣撫張丞相議攻取箚子〉，頁16。

第四節　宋人對史浩與張浚之評價

張浚與韓侂冑二人，一在孝宗朝，一在寧宗時，北伐金人，均遭敗北。二人行徑類似，而所得結果與後人所加評語，則截然不同。張浚符離兵敗，猶「行賞轉官無虛日」，〔註67〕而韓侂冑則遭函首請和之厄。

不僅如此，張浚戰敗，尤享盛名；而史浩則以持重不主用兵，頗遭非議。周密引何氏《備史》曰：

> 張魏公（浚）素輕銳，好名士之稍有虛名者，無不牢籠。揮金如土，視官爵如等閒，士之好功名富貴者，無不趨其門。且其子南軒以道學倡名，父子爲當時宗主，在朝顯官皆其門人，悉自詭爲君子，稍有指其非者，則目之爲小人。〔註68〕

張浚與子張栻享名於南宋學界，故其時理學家頗爲張浚溢美。卽如朱熹亦曾秉張栻之意，爲張浚作行狀，後頗有悔意，說見於前。

史浩旣因不主戰，致不見容於清議，故時人常有微辭。如《宋史》〈虞允文傳〉，卽提到孝宗卽位之初，吳璘（1102～1167）棄德順，是出於史浩之建議，虞允文極力反對不果。〈虞允文傳〉又載：

> 隆興元年，（允文）入對。史浩旣素主棄地，及拜相，亟行之，且親爲詔，有曰：「棄雞肋之無多，免狼心之未已。」允文入對言：「今日有八可戰。」上問及棄地，允文以笏畫地，陳其利害。上曰：「此史浩誤朕。」〔註69〕

又王十朋劾史浩八大罪中，亦有史浩棄地一罪。〔註70〕此皆時人罪責史浩棄地之說。

然史浩棄地之說，亦有商榷之處。據周必大《龍飛錄》載，宋在隆興元年二月棄德順，〔註71〕時史浩已拜相，然〈虞允文傳〉謂史浩拜相，草吳璘退師德順之詔。今觀《鄮峯眞隱漫錄》中，僅有〈賜四川宣撫使吳璘囘師秦隴詔〉，〔註72〕其中並無「棄雞肋之無多，免狼心之未已」之語，未知此詔是否卽爲前述《宋史》〈虞允文傳〉所指之詔書？

〔註67〕見《齊東野語》，頁14。
〔註68〕同前註。
〔註69〕見《宋史》，卷三八三，〈虞允文傳〉，頁11796。
〔註70〕見《梅溪王先生文集》，奏議卷三，〈論史浩箚子〉，頁31。
〔註71〕見《龍飛錄》，頁14。
〔註72〕見《鄮峯眞隱漫錄》，卷六，頁15。

又陸游〈太師魏國公（史浩）輓歌詞〉，對史浩棄地之說，則持不同之看法，其詞曰：

> 隴干勞久戍，大將未班師，抗議同天議，忘身爲聖時。人心險莫測，
> 時事遠難知，汗簡方傳信，孤生欲語誰？

陸游自注此詞曰：

> 吳璘戍德順軍，師老欲還不敢自請。公爲相，察其情，即力請班師，
> 西鄙賴以無事。後議者，乃指公爲棄地，公不辨也。〔註73〕

陸游以爲吳璘軍疲戍德順，史浩察其情，爲之請班師，並非棄地。

陸游之說，當亦有所據。姑捨吳璘軍是否疲戍德順不論，史浩之主班師德順，實因德順之捷，乃金人自棄德順，史浩恐此爲金人用計，「萬一敵勢奇道，橫截要害」，則宋因之失蜀險，而危及兩淮。〔註74〕故史浩棄地之說，實有過論之處，此蓋時人激其情，憤其事，失於情緒之故。

史浩既因不主戰而不容於清議，且史浩子史彌遠，握權於理宗朝，時人視爲權相，並爲理學家所不喜。王應麟《困學紀聞》中，即謂史浩因子史彌遠之故，而掩美不彰，其言曰：

> 呂文靖（夷簡）爲相，非無一疵可議，子（呂公著）爲名相，而揚
> 其父之義；史直翁（浩）爲相，非無一善可稱，子（史彌遠）爲權
> 臣，而掩其父之美。〔註75〕

此殆爲史浩未得適切評價之因。

〔註73〕見《劍南詩稿》，卷三〇，〈太師魏國史公輓詞〉，頁15。

〔註74〕見《鄮峯眞隱漫錄》，卷三一，頁14，〈論吳璘攻取上宰相箚子〉。

〔註75〕見《翁注困學紀聞》，卷一五，頁1216。

第六章　史浩晚年與孝宗朝政局

第一節　孝宗朝近臣與史浩去相原因

一、孝宗與其近臣

　　孝宗繼位後，朝臣爭議最烈者：一則爲對金和戰問題；再則爲對孝宗近臣龍大淵與曾覿之彈劾事件。二者同爲孝宗朝大事，且幾乎同時發生。和戰問題，於符離兵敗後，因和議殆成定局，故孝宗朝臣對和戰爭議漸緩；至於彈劾龍大淵與曾覿等近臣，則爲時甚久。

　　據徐經孫《矩山存稿》所載，龍大淵係高宗安排給孝宗的近臣。〔註1〕《宋史》〈黃中傳〉亦載：「（黃）中在王府時，龍大淵已親幸。」〔註2〕而據《宋史》〈龍大淵傳〉所載，則知孝宗尙爲建王時，龍大淵與曾覿已任建王府內知客。〔註3〕

　　紹興三十二年六月，孝宗受禪繼位，以龍大淵任樞密院副都承旨，曾覿（1109～1180）任帶御器械，兼辦皇城司。〔註4〕蓋孝宗初立與金關係仍緊張，而龍大淵、曾覿所任之職，均與軍事有關，茲據《宋史》〈職官志〉略釋其職掌於次。

〔註1〕徐經孫撰，《矩山存稿》（臺北市，臺灣商務印書館，《四庫珍本》六集），卷一，〈劾董宋臣疏〉，頁31曰：「及大淵旣復，曾覿再還，又復竊弄，孝宗覺之，謂左右曰：爲家老子誤我不少。」
〔註2〕見《宋史》，卷三八二，頁11763。
〔註3〕見《宋史》，卷四七〇，頁13688。
〔註4〕見《建炎以來朝野雜記》，乙集，卷六，〈臺諫給舍論龍、曾始末〉，頁1～2。

「樞密院副都承旨」一職，「掌承宣旨命」，「若便殿侍立，閱試禁衛兵校，則隨事敷奏，承所得旨以授有司，蕃國人見亦如之」。〔註5〕「帶御器械」一職，宋初即以內臣任之，及「中興初，諸將在外多帶職，蓋假禁近之名，爲軍旅之重」。〔註6〕「皇城司」一職，於宋初負責維持宰相、親王以下侍從人員之秩序。至徽宗政和五年（1123），則置親從，「以七百人爲額」，且以此職爲「儲才之地」。〔註7〕

紹興三十二年十月，龍大淵、曾覿二人任上述三職未久，諫議大夫劉度首對二人提出彈劾，其奏疏中即有「毋使嬖御干預樞筦」一語。〔註8〕旋宋廷爭議重心，轉於德順軍罷戍，及史浩、張浚進兵山東之爭執。至次年（隆興元年）三月，邊事稍暇，六日，劉度劾龍、曾之議再起。九日，孝宗稍作讓步，除龍大淵知閤門事、曾覿權知閤門事，以緩朝臣議論，〔註9〕蓋欲援高宗以「朱籛孫藩邸舊人」、「主管閤門」之例，〔註10〕以塞群臣之口。

然孝宗對龍大淵與曾覿之措置，朝臣仍不以爲是。張震、胡沂、金安節與周必大等人，仍交章劾奏二人。三月十四日，孝宗遂命陳康伯與史浩二相，召給事中、舍人宣示孝宗御札，札中指金安節等「爲人煽動議論」，且謂周必大等，「太上（高宗）時小事，不敢如此」。周必大與金安節於是待罪，孝宗則慰之曰：「朕察卿舉職，但朕欲破朋黨、明紀綱耳。」而張震堅欲以龍大淵、曾覿決去就。二十一日，張震上書史浩，表明去意，孝宗批可。〔註11〕

孝宗爲龍、曾二人，與朝臣發生衝突，並憑其天子之威，挫大臣之議，而龍大淵、曾覿二人任職如故。雖如此，朝臣仍再三彈劾之。至乾道三年（1167），陳俊卿（1113～1186）始以龍、曾二人「怙舊恩、竊威福，士大夫頗出其門」，將二人劾落補外，〔註12〕然孝宗仍不時欲予召回。〔註13〕

〔註5〕 見《宋史》，卷一六二，〈職官志〉，頁3801。
〔註6〕 見《宋史》，卷一六六，〈職官志〉，頁3939。
〔註7〕 同前註引書，同卷，頁3933。
〔註8〕 見《建炎以來朝野雜記》，乙集，卷六，頁2。
〔註9〕 同前註引書，同卷，頁1。
〔註10〕 見《宋史》，卷一六六，〈職官志〉，頁3937。
〔註11〕 本段參《建炎以來朝野雜記》，乙集，卷六，頁2～3。又《宋史》，卷四七〇，〈曾覿傳〉，頁13688～13692；卷三八八，〈胡沂傳〉，頁11910；卷三八六，〈金安節傳〉，頁11860；卷三九一，〈周必大傳〉，頁11966。
〔註12〕 見《宋史》，卷三八三，〈陳俊卿傳〉，頁11786。
〔註13〕 見《宋史》，卷三八三，頁11786～11788；《建炎以來朝野雜記》，乙集，卷六，頁5～6；及《朱文公文集》，卷九六，〈陳正獻公行狀〉，頁1719。

孝宗雖黜龍、曾二人，但另以王抃（？～1184）知閤門事，至淳熙中並兼樞密院都承旨，趙汝愚（1140～1196）嘗上疏論王抃之罪曰：

> 陛下卽位之初，宰相如葉顒等，皆懼陛下左右侵其權，日夜與之爲亂。陛下察數年以來，大臣還有與陛下左右角是非者否，蓋其勢積至此也。今將帥之權，盡歸王抃矣。〔註14〕

觀陳俊卿與趙汝愚之論，可知孝宗親任近臣，而龍、曾等恃恩竊威，以致「士大夫頗出其門」。又以近臣侵相權時日積久，以致朝臣無法與之抗衡。綜此可見龍、曾等近臣，參與孝宗朝國政之重要性。

然而孝宗朝之近臣，如龍、曾等，均頗擅文墨，《宋詩紀事》中尚存有曾覿、龍大淵二人所作之詩，〔註15〕龍、曾且時與孝宗「觴詠唱酬」。〔註16〕故南宋孝宗時之近臣，仍有其文才，甚且可以擔任外交使節，如前述隆興和議時，龍大淵卽曾使金，此爲孝宗朝近臣之一特點。

再者，「知閤門」一職，孝宗朝近臣龍大淵、曾覿與王抃等，均曾任此職，孝宗禪位予光宗後，復有姜特立等，亦任職於閤門，時人視爲「曾、龍再出」。〔註17〕

二、史浩去相原因

史浩於隆興元年正月任相，同年五月卽去相位，其間僅百餘日。

關於史浩去相原因，一般認爲乃因孝宗與張浚決策出兵伐金，三省樞密不預知其事，而王十朋又劾史浩以八大罪（參見本書第五章第三節），史浩因此辭相。但李心傳《建炎以來朝野雜記》，則別具史識，以爲史浩去相，復有因於龍大淵等近臣者，其文曰：

> 史丞相適以與張魏公和戰之議不同，力請免相，然當時之論，以爲避大淵權勢而去也。故王元龜（鑑）爲諫長，爲上言：史浩以龍大淵避權引去。大淵之勢遂昻，蓋史公爲相，才百餘日耳。（中略）自是史公不召者，凡十三年。〔註18〕

〔註14〕見《宋史》，卷四七〇，〈王抃傳〉，頁13694。
〔註15〕見厲鶚撰，《宋詩紀事》（臺北市，鼎文書局，民國60年，影印本），卷五七，頁8～9。
〔註16〕見《水心先生文集》，卷一六，〈二劉公墓誌銘〉，頁188。
〔註17〕見《宋史》，卷四七〇，〈姜特立傳〉，頁13695。
〔註18〕見《建炎以來朝野雜記》，乙集，卷七，〈史文惠以直諫去位〉，頁2。

則史浩之去相，除有因與張浚等衝突外，復有避龍大淵權勢之因素。

　　孝宗信用近臣，已如前述。史浩於隆興元年間，任相僅百餘日，即罷相出鎮外藩，「十三年不復召」，其中即有因於近臣龍大淵之故。淳熙五年（1178），史浩再相，僅八月又去相位，其事亦與近臣王抃有關，請述於本章第三節。史浩初罷相，於地方之治績，則於次節中討論。

第二節　史浩任地方官治績

一、知紹興府治績

　　史浩於隆興元年五月第一次去相後，受命以觀文殿大學士知紹興府，浩辭，授提舉臨安府洞霄宮以歸。〔註19〕乾道四年二月，除史浩為四川制置使，浩辭不就。〔註20〕同年三月，改除知紹興府、兩浙東路安撫使，〔註21〕四月到任。六年四月，除檢校少傅保寧軍節度使，仍知紹興府。再任六月，提舉臨安府洞霄宮。〔註22〕史浩鎮紹興時，其重要治績為整治湖田、便民賦稅、設置義田、為先賢立祀與創貢院等，茲略述如下。

（一）整治湖田與便民賦稅

　　宋代百姓與水爭田，致有「圩田」或「湖田」之開墾，但湖田開墾日久益多，致使湖泊喪失調節吐納功用，針對此，史浩於乾道四年八月七日，上奏曰：

> 府內（中略）數百里重岡複嶺，水出之源，其流既廣，止有錢清一江為吐泄之處，古人於縣之四傍立湖七十二處以瀦蓄，故無泛濫之患。
> 歲久所謂七十二湖者，皆人占以為田，故雨水霑足，則水皆歸七十二湖，所種之苗，悉皆浸損。然則非水為害民間，不合以湖為田也。

奏達，朝廷下令，命史浩「選委諳曉湖田利害官，相度措置」。〔註23〕

　　其後，因經界法於紹興府諸暨縣施行，縣內之湖田，亦併入課徵，史浩因於乾道五年（1169）七月二十五日，上奏議其課徵之法曰：

〔註19〕見《攻媿集》，卷九三，頁 879。
〔註20〕見《宋史》，卷三四，〈孝宗本紀〉，頁 642；並參《攻媿集》，頁 879。
〔註21〕同註 19。
〔註22〕見沈作賓等編，《嘉泰會稽志》（中國地志研究會印行，《宋元地方志叢書》，影印采鞠軒藏本），卷二，頁 47。
〔註23〕見《宋會要輯稿》，一二五冊，〈食貨八〉，總頁 4925～4926。

（諸暨縣）昨因經界法行，官吏無恤民之心，盡將湖田作籍田打量，計二十三萬五百二十二畝有奇，苗米總計八千八百七十石有奇，夏稅紬綿本色折帛錢，共一萬六百四十六貫有奇。今若將前項夏稅紬絹折帛改作苗，以中色價紐計，（中略）幷恭入元管苗米，（中略）于上供物帛卽無虧損，乞降付戶部許令紐折施行。〔註24〕

蓋浙東無紬帛之產，故史浩上奏，請納稅統折中色苗米以便民。奏達，朝廷批可施行。

（二）設置義田與其他

義莊之設，始於范仲淹（989～1052），其後仿行者眾。史浩鎮越（紹興）時，亦嘗出資置田，以助貧弱，《嘉泰會稽志》載其事曰：

故丞相魏國史公（浩），鎮越之明年（乾道四年），始捐己帑置良田，歲取其贏，給助鄉里賢士大夫之後，貧無以喪葬嫁遣者，附於學，而以義名之。（中略）凡有請而應給，與給而舉事多寡遲速皆有程，覈實委之鄉官，錢糧屬之縣主簿，米斂散則隨鄉俗，錢出納則均省計，歲稔及給助有餘，則就復增置教授學職，亦與其事。然維養士，不許移用府帥。前後繼而成之，蓋非一人，所以久而不廢也。〔註25〕

紹興義莊之設，雖非成於一人，然史浩有創始之功。爾後史浩復置義田於故里鄞縣，其事容於下文再述。

史浩鎮紹興期間，復為先賢立祀。如立「先賢堂」，〔註26〕且曾撰〈劉龑祠堂記〉。〔註27〕又紹興原有「賢牧堂」以祀范仲淹，史浩於乾道四年，另以趙抃並祀。及嘉定十四年（1221），史浩本人亦預其祀，並有袁爕等為之作記。〔註28〕此外，史浩復於山陰始創貢院。〔註29〕並築月河二斗門，「以為百姓無窮之利」。〔註30〕

〔註24〕 同前註引書，一二六冊，〈食貨一○〉，總頁4976。
〔註25〕 見《嘉泰會稽志》，卷一三，頁18，〈義田〉條。
〔註26〕 見潛說友纂，《咸淳臨安志》（中國地志研究會印行，《宋元地方志叢書》，影印振綺堂刊本），卷三二，頁9，〈先賢堂〉條。
〔註27〕 見《嘉泰會稽志》，卷一三，頁12。
〔註28〕 見《寶慶會稽志》，卷一，頁17。
〔註29〕 見史浩撰，《尚書講義》（臺北市，國防研究院中華大典編印會，《四明叢書》，第三集，民國55年），所附〈史浩傳〉，頁9。
〔註30〕 見黃震撰，《黃氏日抄》（臺北市，臺灣商務印書館，《四庫珍本》二集），卷八六，〈寶善堂記〉，頁38。

二、知福州治績

史浩於乾道八年（1172）十一月，至淳熙元年（1174）九月間，出知福州。〔註31〕

宋室南渡後，丁口賦役繁苛，致有殺子不養，以為規避。〔註32〕其中以福州建寧府、南建州、汀州與邵武軍四處尤甚。〔註33〕宋廷雖曾明令嚴禁，然僅為具文，史浩因之上奏，請置官莊以為救濟，其奏曰：

> 臣今措置，欲於建、劍、汀、邵四州諸縣，各置官莊一所，典買民間田畝，收積租課，令窮民下戶，婦人有孕及七月者，關告者社中縣，縣為注籍，俟其生產之月即申縣，縣下官莊，給歷每月支米若干，（中略）將本司逐旋趲積到錢，就提舉常平司，取建、劍、汀、邵四州縣所賣荒廢寺院田產，盡行承買，以為官莊砧基。臣又恐息既多，所置之田不足以給，欲望聖慈逐州給降度牒一百道，委守、倅出賣，將所得錢，樁管專一，增置田畝，庶幾不至乏。〔註34〕

至於此法於福州實施之情形，黃震〈寶善堂記〉曰：「（史浩）帥福建則又括廢寺田四十五頃，立義莊以育上四州不舉之子，尋髦棲霞嶺至水口，凡七百八十里，民到於今賴之。」〔註35〕然身丁錢之苛不除，置官莊僅為救標之末，其績效恐不大。

綜上所述，史浩於出知紹興府與福州期間，頗留心民政，與在朝時主厚植國本之意相合，唯受制於朝廷既定法規，其治績恐僅見一時之效。

第三節　史浩再相與孝宗之不久相

一、史浩再相

王十朋嘗上疏孝宗曰：「太上皇授陛下以大寶位，又以一相遣之（指陳康

〔註31〕見梁克家編，《三山志》（中國地志研究會印行，《宋元地方志叢書》，影印本），卷二二，〈秋官類〉，頁7828。
〔註32〕劉道元撰，《兩宋田賦制度》（臺北市，食貨出版社，民國67年12月再版），頁124。
〔註33〕《鄮峯真隱漫錄》，卷八，〈福州乞置官莊贍養生子之家箚子〉，頁5。
〔註34〕同前註。
〔註35〕同註30。

伯），虛右揆以待陛下自擇。」〔註36〕然而事實上，前述史浩以王府舊人，不次拔擢，以至於任相，恐亦出於高宗之意。

　　史浩於隆興元年初次任相，「席不暇煖」，〔註37〕百餘日間卽去相位，自此以後十餘年，史浩不復召，其間孝宗曾兩度不任相。周必大《二老堂雜志》嘗記此事曰：

> 乾道元年二月，陳丞相長卿（康伯）薨，不除相，至十二月三日，始除洪景伯（适）右僕射。淳熙二年九月，葉夢錫（衡）免相，復虛位者三年半，中間嘗宣諭龔、李二參政，（中略）至五年三月，始拜史直翁。〔註38〕

而史浩於淳熙五年，始再拜相。

　　前引周必大文中，龔、李二參政，指龔茂良（？～1178）〔註39〕與李彥穎。〔註40〕唯據《宋史》〈王淮傳〉，王淮其時亦以參政行相事，〔註41〕而龔茂良以首參行相事，尤其重要。龔茂良因與曾覿衝突，故孝宗再召史浩。〔註42〕史浩時年七十有三，年老體衰，實已不堪任使，曾面薦趙雄自代，〔註43〕朝廷不允，於是史浩勉強出居相位。

二、孝宗不久相

　　國史相權至北宋已爲樞密使及相計（三司使）所分，〔註44〕相對地君權增大，至南宋時君權益大。劉子健於〈包容政治的特點〉一文，嘗論及南宋之君權與相權，其文曰：

> 南宋的君權，經過高宗立國幾十年的措施，比北宋更大。（中略）宰

〔註36〕見《梅溪王先生文集》，奏議卷二，頁25，〈上殿箚子三〉。
〔註37〕語見《建炎以來朝野雜記》，甲集，卷九，頁2，〈建隆至嘉泰宰相數〉。
〔註38〕見周必大撰，《二老堂雜志》（臺北市，文源書局，影印《學海類編》本），卷三，頁1，〈相位久虛〉條。
〔註39〕見《宋史》，卷二八五，〈龔茂良傳〉，頁11844。
〔註40〕《宋史》，卷三八六，〈李彥穎傳〉，未載此事，而載於卷三九六，〈王淮傳〉，頁12071。
〔註41〕見《宋史》，卷三九六，〈王淮傳〉，頁12071。
〔註42〕見《宋史》，卷三八五，〈龔茂良傳〉，頁11845。
〔註43〕見《建炎以來朝野雜記》，乙集，卷七，頁2。
〔註44〕見錢穆撰，〈論宋代相權〉（原刊於《中國文化研究彙刊》，第二卷，民國 31年；轉刊於《宋史研究集》，第一輯，民國47年），頁455～462。

相的權大（指權相），歸根結底，還是表現君權更大的另一種方式。
〔註45〕

在南宋，皇帝本身能力不強時，往往授權於相，此卽所謂之「權相」。南宋權相出現之次數甚多，然此並非表示相權大，反之乃爲「表現君權更大的另一種方式」；相對地，倘若皇帝能力強，則往往不重相，而重用一、二近臣，以爲參僚，其權柄則由君主親握，宰相不過奉行文書而已。隆興二年，太學正王質嘗上疏，論孝宗之任相曰：

> 陛下卽位以來，慨然起乘時有爲之志，而陳康伯、葉義問、汪澈在廷，
> 陛下皆不以爲才。於是先逐義問，次逐澈，獨徘徊康伯，難於進退，
> 陛下意終鄙之，遂決意用史浩。而浩亦不稱陛下意，於是決用張浚。
> 而浚又無成，於是決用湯思退。今思退專任國政，又且數月，臣度其
> 終無益於陛下。夫宰相之任，一不稱，則陛下之意一沮。〔註46〕

王質此疏雖由論和戰而發，然其由孝宗任相情形，而預料孝宗必不久相，此與孝宗日後所行，若合符節。

事實上，孝宗確不久相，茲列孝宗朝之宰相表於後：〔註47〕

姓 名	字 號	籍 貫	拜相年月	罷相年月	居相時間
陳康伯	長 卿	信州弋陽	紹興廿九年九月	隆興元年十二月	四年又四月
史 浩	直 翁	鄞 縣	隆興元年正月	隆興元年五月	四個月
湯思退	進 之	處 州	隆興元年七月	隆興二年十一月	一年又四月
張 浚	德 遠	漢州綿竹	隆興元年十二月	隆興二年四月	四月餘
陳康伯	長 卿	弋 陽	隆興二年十一月	乾道元年二月	三個月
洪 适	景 伯 盤 洲	鄱 陽	乾道元年十二月	乾道二年三月	三個月
葉 顒	子 昂	興化仙遊	乾道二年十一月	乾道三年十一月	十一個月
魏 杞	南 夫	鄞 縣	同上	同上	同上
蔣 芾	子 禮	常 州	乾道四年二月	乾道四年七月	五個月

〔註45〕 見劉子健，〈包容政治的特點〉，頁 11。
〔註46〕 見王質撰，《雪山集》（《百部叢書集成》之二七，《聚珍版叢書》，七一函，臺北市，藝文印書館），卷一，頁 1，〈論和戰守疏〉。
〔註47〕 本表採自王德毅撰，〈宋孝宗及其時代〉（原刊於《國立編譯館館刊》，第二卷第一期，民國 62 年；轉刊於《宋史研究集》第十輯，臺北市，國立編譯館中華叢書編審委員會，民國 67 年），頁 271～273。

陳俊卿	應　求	興　化	乾道四年十月	乾道六年五月	一年又八月
虞允文	彬　甫	仁　壽	乾道五年八月	乾道八年九月	三年餘
梁克家	叔　子	泉州晉江	乾道八年二月	乾道九年十月	一年又八月
曾　懷	欽　道	常　熟	乾道九年十月	淳熙元年六月	七月餘
			淳熙元年七月	淳熙元年十一月	四個月
葉　衡	夢　錫	金　華	淳熙元年十一月	淳熙二年九月	十個月
史　浩	直　翁	鄞　縣	淳熙五年三月	淳熙五年十一月	八個月
趙　雄	溫　叔	資　州	淳熙五年十一月	淳熙八年八月	二年九個月
王　淮	季　海	金　華	淳熙八年八月	淳熙十五年五月	六年九個月
梁克家	叔　子	晉　江	淳熙九年九月	淳熙十三年十一月	四年餘
周必大	子充 洪道	吉　州	淳熙十四年二月	淳熙十六年五月	二年三個月

據上表所列，孝宗朝宰相計有十六人，其中史浩、陳康伯與梁克家等，均兩次任相。乾道元年二月至十二月間，及淳熙二年五月至五年三月間，孝宗均未曾任相。此外，孝宗在位二十八年中（1162～1189），朝臣任參政者有三十人。〔註48〕孝宗任相而不久相，甚且不任相，由此可見宰相於孝宗朝之重要性，已漸減輕。

　　反觀前述，孝宗不惜與朝臣衝突，亦不肯罷黜龍、曾等近臣。朝臣時有與龍、曾爭議而去位者，即負采石戰捷盛名之虞允文，亦因與曾覿爭薦諫官而去位，《宋史》〈虞允文傳〉載其事云：

　　　　上命選諫官，允文以李彥穎、林光朝、王質對，三人皆鯁亮，又以
　　　　文學推重於時，故薦之，久不報。曾覿薦一人，賜第，擢諫大夫，
　　　　允文、克家爭之，不從。允文力求去。〔註49〕

又引文中，雖謂梁克家亦與曾覿爭，然《宋史》〈梁克家傳〉中，則另載曰：

　　　　允文既能相，克家獨秉政，雖近戚權倖不少假借，而外濟以和。〔註50〕

則梁克家任相後，不再與近臣正面衝突。

　　此外，周必大於隆興元年三月，亦嘗與金安節上〈繳駁龍大淵曾覿差遣

〔註48〕《建炎以來朝野雜記》，甲集，卷九，頁4，〈高宗朝參政最多〉條，謂孝宗朝
　　　　參政共三十四人，然實爲三十人，參王德毅，〈宋孝宗及其時代〉，頁300。
〔註49〕見《宋史》，卷三八三，〈虞允文傳〉，頁11799。
〔註50〕見《宋史》，卷三八四，〈梁克家傳〉，頁11812。

狀）。〔註 51〕及淳熙六年，孝宗加曾覿少保醴泉觀使，制爲周必大所草，不復見必大「繳駁」，而大失時人所望。〔註 52〕周必大後對近臣之態度，亦有所妥協。

　　孝宗之不久相，與其信用近臣有關，宋人之奏疏中，甚有謂宰相執政反出孝宗近臣之門者，如蔡戡《定齋集》云：

　　　　藩邸舊臣，寵任太過，（中略）宰相、執政出其門。〔註 53〕

朱熹亦曾上奏，謂宰執反出近臣之門，其奏曰：

　　　　今宰相臺省師傅賓友諫諍之臣，皆失其職，而陛下所與親密謀議者，
　　　　不過一二近習之臣，（中略）陛下所謂宰相師傅賓友諫諍之臣，或反
　　　　出其門。〔註 54〕

是故孝宗信任近臣，朝臣劾之不去，轉而與之妥協，甚或有反出近臣之門者。

　　南宋時人文集中，對孝宗信任近臣而侵相權之奏議尚多，譬諸衛涇《後樂集》卷九〈集英殿問對〉、〔註 55〕《止齋先生文集》卷二九〈壬辰廷對〉，〔註 56〕以及《歷代名臣奏議》所錄虞允文、〔註 57〕趙汝愚、〔註 58〕李椿、〔註 59〕與林栗〔註 60〕等之奏議皆是。以下僅再舉劉光祖（1142～1222）之對策，以明孝宗信用近臣致侵相權，文曰：

　　　　陛下睿察太精，宸斷太嚴，（中略）今陛下置相，而獨取夫奉職守法
　　　　順旨，而易制者克焉。凡今宰相之事，不過奉行文書條理而已。（中
　　　　略）宰相權輕，則近習得以乘閒而議政。〔註 61〕

據此諸奏所論，則孝宗朝宰相所負責者，僅「奉行文書條理」之行政事務而

〔註 51〕此狀現見於《文忠集》，卷九九，頁 170。
〔註 52〕見《宋史》，卷四七○，〈曾覿傳〉，頁 13691。
〔註 53〕見《定齋集》，卷一一，頁 3。
〔註 54〕見《歷代名臣奏議》，卷一八三，頁 18；並參見《朱文公文集》，卷一三，〈辛
　　　　丑和奏箚子二〉，頁 191。
〔註 55〕見衛涇撰，《後樂集》（臺北市，臺灣商務印書館，《四庫珍本》初集），卷九，
　　　　頁 17。
〔註 56〕見陳傅良撰，《止齋先生文集》（臺北市，臺灣商務印書館，《四部叢刊》初編，
　　　　影印本），頁 160～162。
〔註 57〕見《歷代名臣奏議》，卷一四四，頁 5。
〔註 58〕同前註引書，同卷，頁 11，卷五二，頁 14。
〔註 59〕同前註引書，卷一四五，頁 10、頁 12。
〔註 60〕同前註引書，卷五一，頁 25。
〔註 61〕同前註引書，卷四九，頁 14～16。

已，而政策則出於孝宗「宸斷」，宰相權輕，近臣因得以議政。

三、史浩去相

　　孝宗既信近臣，對朝臣之諫議，輒斥爲朋黨，故隆興元年史浩初相時，朝臣論龍大淵與曾覿，孝宗卽語金安節（1095～1171）曰：「朕欲破朋黨，明紀綱。」〔註62〕淳熙五年史浩再相，孝宗復有朋黨之疑，五月七日史浩上奏，表明無朋黨之私，而其後朝臣亦兢兢於泯朋黨之疑。〔註63〕孝宗既不肯信任宰相，反謂：

> 國朝以來過於忠厚，宰相而誤國者，大將而敗軍師者，皆未嘗誅戮
> 之。要在人君必審擇相，相必爲官擇人，懋賞立乎前，嚴誅設乎後，
> 人才不出，吾不信也。

此實孝宗推脫之辭，宰相誤國，大將敗師，其根本原因，仍在君王本身，何逕諉過於將相？至於以懋賞嚴誅，以求人才，猶如緣木求魚，故史浩請改「過於忠厚」，爲「一於忠厚」。〔註64〕

　　史浩初罷相，即有導因於龍、曾等近臣者。淳熙五年，史浩再罷相，亦與近臣王抃有關。

　　王抃於隆興和議時，曾出使於金。淳熙年間，王抃兼樞密院都承旨。趙汝愚曾上疏劾抃曰：「今將帥之權，益歸王抃。」〔註65〕

　　王抃既掌軍權，後因殿步二司軍多虛籍，抃請各募三千人以充之。然殿前司名爲招募，實則強捕市人充軍，故城中騷動，號呼滿道，被掠者多斬指，以示不可用。軍人復恃眾，侵奪民財。史浩聞知，即奏請釋被捕者，並請執軍民之譁呶者。孝宗於十一月丙寅（七日），詔軍民喧鬨者，並從軍法。史浩則以爲民不宜律以軍法，孝宗不聽。〔註66〕其間史浩曾因爭之亟，致孝宗怒謂：「然則比朕於秦二世？」而有執政皆失色流汗〔註67〕之場面出現。

〔註62〕見《建炎以來朝野雜記》，卷六，頁3。
〔註63〕見《鄮峯眞隱漫錄》，卷一〇，頁6，〈論朋黨記所得聖語〉。
〔註64〕見《建炎以來朝野雜記》，乙集，卷三，〈孝宗論用人擇相〉，頁8～9；及《鄮峯眞隱漫錄》，卷一〇，頁3，〈回奏宣示御製策士聖語〉。
〔註65〕見《宋史》，卷四七〇，〈王抃傳〉，頁13694。
〔註66〕參《宋史》，卷三五，〈孝宗本紀〉，頁669；又《建炎以來朝野雜記》，乙集，卷七，〈史文惠以直諫去位〉，頁3；及《寶慶四明志》，卷九，〈史浩傳〉，頁16。
〔註67〕見《建炎以來朝野雜記》，乙集，卷七，頁3。

史浩終因此事，於十一月甲戌（十五日），罷爲少傅，充醴泉觀使，兼侍讀。〔註 68〕

　　史浩再次去相後，改任經筵，淳熙八年八月乞歸里。

　　史浩於淳熙八年八月辭陛時，曾上〈進內修八事箚子〉，蓋史浩去國歸田，「追念輔佐之日淺」，而政事中仍有未盡之處，故條八事以勸孝宗：一、不弛邊防。二、不忘川蜀。三、不易將帥。四、不棄遠人。五、不興大獄。六、不輕縣道。七、不取月椿。八、不廢會子。〔註 69〕觀史浩所奏，實遍及於政治、社會、經濟與軍政諸方面。

　　此時孝宗臨御已近二十年，而恢復之業尚未成就，故史浩重申其先內治厚植國本，以爲恢復之故說，奏曰：

> 周宣王中興復古之詩謂：「內修政事，外征玁狁。」說者分爲二事，臣獨謂修政事所以征玁狁。使吾政事修明，玁狁望風知畏，六月之師所以能成功也。〔註 70〕

此內修政事以爲恢復之說，與史浩於隆興初年，提出和戰僅一時權宜，「未爲定論」，要在安內爲先之說相通。

　　史浩歸里辭陛，尚有薦士一事，請述於次節。

第四節　史浩薦士

　　史浩沉浮於孝宗朝，除前述事迹外，尚有薦士一事可稱述，茲述於下。

　　史浩除中書舍人時，即嘗薦程大昌（1123～1195）自代。〔註 71〕後又薦張浚等主張對金態度強硬之士，同時又薦尹穡等主和派。〔註 72〕此外，史浩又因陸游善詞章、諳典故，故與黃祖舜同薦之，陸游因之賜進士出身。〔註 73〕尹穡後因與張浚等主戰者，意見衝突而去位，〔註 74〕陸游則因龍大淵與曾覿而離京，〔註 75〕此與史浩初相去位之原因相似。

〔註 68〕見《宋史》，卷三五，〈孝宗本紀〉，頁 669。

〔註 69〕見《鄞峯眞隱漫錄》，卷九，〈臨陛辭自進內修八事箚子〉，頁 3～8。

〔註 70〕同前註引書，同卷，頁 3。

〔註 71〕同前註引書，同卷，頁 3，〈除中書舍人舉自代箚子〉。

〔註 72〕見《宋史》，卷三七二，〈尹穡傳〉，頁 11536。

〔註 73〕見《宋史》，卷三九五，〈陸游傳〉，頁 12057。

〔註 74〕見《宋史》，卷三七二，頁 11537。

〔註 75〕見《齊東野語》，頁 470；又《宋史》，卷三九五，頁 12058。

　　陸游擅於文筆，故前述隆興元年二月，〈撫定中原蠟告〉卽爲都堂請陸游作制。〔註76〕前述史浩與張浚論出兵山東之〈論未可用兵山東箚子〉，正文部分亦爲陸游代撰，〔註77〕貼黃部分則恐爲史浩自撰。

　　淳熙五年史浩旣再相，「急於進賢如初」，故薦時賢甚眾，《四朝聞見錄》載其事謂：

> 史文惠浩旣再相，急於進賢如初，朱文公熹、呂公祖謙、張公栻、曾氏逢輩，皆薦召之。朱公熹不仕幾三十年，累徵不就，於是文惠勉以君臣之義，卽拜詔。惟張公栻不至，蓋以文惠與其父魏公浚，淳熙（當爲隆興）初議不合也。〔註78〕

朱熹、呂祖謙（1137～1181）與張栻，皆學界重要學者。其中張栻乃張浚之子，史浩雖薦之，然以其父張浚與史浩意見不合而未至。史浩堅欲薦朱熹事，《朱子年譜》亦載曰：

> 宰相史浩必欲起之，或言宜處以外郡，於是差權發遣南康軍事。〔註79〕

唯朱熹辭意頗堅，至次年（淳熙六年）三月始赴任。〔註80〕

　　朱熹復仕，出於史浩之薦，然而後人有謂朱熹因此曾至鄞稱謝者，錢大昕辯此誣曰：

> 明倫堂額，相傳爲朱文公書。黃溥《閒中今古錄》謂：史忠定浩嘗薦朱文公知南康，公詣鄞稱謝，寓於學，因書焉。考晦翁知南康軍，降旨便道之官，在淳熙五年。其時史忠定在政府，初未歸鄞。自閩到南康，亦無取道四明之理。拜爵公朝，謝恩私室，古人恥之，晦翁大儒，豈以一郡之薦，僕僕稱謝，此里巷不經之談，不可以誣賢者也。〔註81〕

錢大昕辯此事甚有力，而朱熹至鄞稱謝之說，殆不可信。

　　此外，史浩任經筵時，曾薦石𡐴、陳仲諤、汪義端、石斗文、沈銖等。

〔註76〕見《渭南文集》，卷三，頁 14，〈蠟彈省箚〉。

〔註77〕見《渭南文集》，卷三，頁 15，〈代乞分兵取山東箚子〉，雖名爲分兵取山東，而其內容實爲未可出兵山東。

〔註78〕見《四朝聞見錄》，丙集，頁 100。

〔註79〕見《朱子年譜》，卷二上，頁 74。

〔註80〕見《朱子年譜》，卷二上，頁 74～78；又《朱子年譜考異》，卷二，頁 284，〈淳熙五年五月〉條，對朱熹辭免之事考證頗詳，並辯及《宋史》〈朱熹傳〉之誤。

〔註81〕見《潛研堂文集》，卷一九，頁 278，〈朱文公未嘗至鄞〉條。

〔註82〕淳熙八年史浩歸里辭陛時，復薦薛權似、楊簡、陸九淵、石宗昭、陳謙、葉適、崔惇禮、崔惇詩、袁燮、趙善譽、張貴謨、胡拱、舒璘、舒烈、王恕等十五人，〔註83〕李心傳《建炎以來朝野雜記》載曰：

> 史文惠自經筵將告歸，於小官中薦江浙之士十五人，有旨並令赴都
> 堂審察，與內外升擢差遣，皆一時選也。（中略）後皆擢用之，其不
> 至通顯者六人而已。〔註84〕

上述史浩淳熙八年所薦之士，以兩浙故鄉學官為多，而其中尤以象山學派之士為要，如陸九淵、楊簡、袁燮、舒璘、石斗文與石宗昭等皆是。〈象山行狀〉謂：

> 八年，少師史公浩薦先生之辭曰：淵源之學，沈粹之行，輩行推之，
> 而心悟理融，出於自得。得旨都堂審察陛擢，不赴。九年，侍從復
> 上薦，除國子正。〔註85〕

陸九淵雖於史浩推薦之次年，始任國子正，然史浩收攬一時俊彥，薦之朝廷，為士林美談。

綜觀史浩之薦士，不拘於私見，唯才是薦。真德秀（1178～1235）於〈跋史太師與通奉帖〉中，亦謂史浩「所薦進皆海內第一流，不以同異為用捨」。〔註86〕乾道、淳熙理學諸派競行，各學派重要領導人物，如朱熹、陸九淵、葉適等，多為史浩所薦及。全祖望因此謂：

> （史浩）有昌明理學之功，實為南宋培國脈，而惜乎舊史不能闡也。
> 忠定再相，謂此行本非素志，但以朱元晦未見用，故勉強一出耳。
> 既出，而力薦之。幷東萊、象山、止齋（陳傅良）、慈湖（楊簡）一
> 輩，盡入啟事。乾道諸老，其連茹而起者，皆忠定力也。其於文人，
> 則薦放翁。〔註87〕

全祖望之語，其中不免有過譽之處，然史浩不以門戶，不因私見，薦乾、淳諸儒，實屬難得。《朱子語類》則謂：

〔註82〕見《鄮峯真隱漫錄》，卷八，頁9，〈經筵薦石𡌡等箚子〉。
〔註83〕同前註引書，卷九，頁1，〈陛辭薦薛叔似等箚子〉。
〔註84〕見《建炎以來朝野雜記》，乙集，卷八，頁11。
〔註85〕見陸九淵撰，《象山先生全集》（臺北市，臺灣商務印書館，民國68年），卷三三，〈象山先生行狀〉，頁387。
〔註86〕真德秀撰，《西山先生真文忠公文集》（臺北市，臺灣商務印書館，《國學基本叢書》本），卷三五，〈跋史太師與通奉帖〉，頁630。
〔註87〕見《鮚埼亭集》，外編，卷二四，頁979，〈鄮峯真隱漫錄題詞〉。

　　史丞相好薦人，極不易，然卻有些籠絡人意思，不佳。（中略）史老

　　雖如此，然常愛論薦引拔士人，此一節可喜。〔註88〕

史浩所薦十五人中，有永嘉鉅子葉適，史浩與葉適無甚私交，然亦因其才薦
之。史浩卒後，葉適祭文謂：「我不知公，公亦薦我，如公至心，固自爲可。」
〔註89〕蓋亦有感而發，非徒祭弔應酬之文。全祖望嘗比較南宋諸相曰：

　　吾考嗣是（指史浩）而後，宰輔之能下士者，留公正，趙公汝愚，

　　周公必大，王公藺，皆稱知人，而忠定實開其首，忠定之功大矣。

　　〔註90〕

史浩吹噓諸老不遺餘力，禮賢薦士，於南宋諸相中，誠屬難見，且開風氣之先。

第五節　史浩歸里後事迹

　　史浩於淳熙八年歸里後，築眞隱園以遂首丘之情。其後薨於紹熙五年
（1195），享年九十，葬於鄞縣翔風鄉。〔註91〕史浩於故里設置義莊，頗造福
鄉里，茲略述於下。

一、設置義莊

　　史浩居里，因沈煥（1139～1191）之請，與沈煥、汪大猷等倡置義田，《延
祐四明志》載其事曰：

　　鄞風俗素厚，方淳熙盛時，史忠定、汪莊靖（大猷）、沈端憲（煥）

　　諸公投紱里居，實始鳩田。〔註92〕

樓鑰亦撰〈義莊記〉曰：

　　沈叔晦煥請文惠王曰：（中略）盍用會稽近比，爲義田之舉乎？王韙

　　其言。與吾舅（汪大猷）謀以倡率諸好義者，於是或捐己產，或輸

　　財以買，各書於籍，又得撥助之田，合爲五頃有奇，歲得穀近六百

　　斛，米三之二，而附益未已也。買地作屋十五楹，於郡城西望京門

〔註88〕見《朱子語類》，卷一三二，頁9。

〔註89〕見《水心先生文集》，卷二八，頁312，〈祭史太師文〉。

〔註90〕同註87。

〔註91〕見《攻媿集》，卷九三，頁882；另參錢大昕纂，《鄞縣志》，卷二四，〈冢墓〉，
　　　　頁47。

〔註92〕見《延祐四明志》，卷一四，頁42，〈薛基重建義田莊記〉。

內，匾曰：「義田莊」。〔註93〕

樓鑰記中謂義莊之經畫出於汪大猷，蓋汪大猷曾措置經界法之實施，〔註94〕熟於土地之經畫。《延祐四明志》載史浩之序義田莊謂：

> 義田之設，專以勸廉恥，（中略）不肯效貪污以取富，沽敗名以自卑。
>
> 爲士者生事素薄，食指愈眾，專意學業不善營生，（中略）使使知有義田在身後，不至晚年憂家計之蕭條，男女之失所，遂至折節沮喪修潔，故以此勸。〔註95〕

則史浩之置義田，其本意爲崇廉潔，使爲官者清白自持，爲士者專意於學業。前述史浩爲士子時，卽曾受家計無着之苦，幾不能赴考，史浩晚年之置義田，或亦有感於此者。

二、眞隱園之興築

史浩賦閒鄉里，築「四明洞天」眞隱園於鄞之西湖，爲鄞縣之一盛事。

史浩嘗曰：「予生賦魚鳥之性，雖服先訓出從宦遊，而江湖山藪之思，未嘗間斷，故隨所寓處，號曰眞隱。」〔註96〕及史浩歸里賦閒，孝宗賜史浩西湖一曲，並助以白金萬兩，史浩仿〈皮陸九題詩〉中，所描繪之亭樹動植形容，築成「四明洞天」眞隱園。光宗任太子時，曾書「四明洞天」以賜。其園號名「清淨境界」，意無染於塵境，故以止殺爲戒。〔註97〕史浩返里十月後，曾作詩曰：

> 後園三徑欲重開，一曲新從君賜來；有愧萊公勳業盛，平生無地起樓臺。
>
> 乞得閒身正首丘，朝猿夜鶴怨皆休；靜觀心地渾無事，祇有君王恩未酬。〔註98〕

史浩既沉浮於孝宗朝政局，及老得遂賦歸故里之情，而深感孝宗之助築眞隱園。史浩詩復謂：「鐘鼓園林無盡樂，交游息絕到春間；予今方寸無偏係，似

〔註93〕參《延祐四明志》，卷一四，頁42。

〔註94〕見《宋史》，卷四○○，〈汪大猷傳〉，頁 12143；又汪大猷與史浩同登紹興十五年進士榜，參《乾道四明圖經》，卷一二，頁14。

〔註95〕見《延祐四明志》，卷一四，頁42，〈本路鄉曲義田條〉。

〔註96〕見《鄮峯眞隱漫錄》，卷四○，頁1，〈眞隱園銘〉。

〔註97〕同前註。

〔註98〕見《鄮峯眞隱漫錄》，卷四○，頁8，〈遠鄉後十月作〉。

處陶裴季孟間。」〔註99〕

　　道教稱天下有三十六洞天，明州爲三十六洞天之第九洞天。〔註100〕史浩
眞隱園之築，卽仿皮陸所描繪洞天之境，故眞隱園亦號「四明洞天」，光宗贈
賜「四明洞天」四字，已述於前。

　　全祖望嘗因四明舊志，寥略於古蹟，有志於補作，因此曾考及眞隱園之
址。全祖望以爲鄞縣西湖舊有十洲，十洲可分爲：東三島：竹嶼、月島、菊
洲；西三島：煙嶼、雪汀、芙蓉洲；及中央四島：碧沚、柳汀、花嶼、松島。
碧沚在最北，眞隱園則築於松島，自史浩築眞隱園後改名「竹洲」。〔註101〕
眞隱園雖在竹洲，其實跨湖而東。〔註102〕

　　全祖望《鮚埼亭集》中，有〈眞隱觀洞天古蹟記〉一文，文中溯及眞隱
園之興衰，其文曰：

> 忠定嘗登四明山中，入雪竇，出杖錫，求所謂洞天故址，不可得。
> 至是（指史浩歸里）因光宗（時尚爲皇儲）之書，累石爲山，引泉
> 爲池，取皮陸四明九詠，彷彿其亭榭動植之形容而肖之。（中略）又
> 割觀之右爲精舍，以居沈端憲公（煥）。（中略）而陸放翁來訪，爲
> 賦四明洞天詩，忠定和之。（中略）（眞隱園）終宋之世，爲遊人之
> 勝場，（中略），其後（元）改爲晏公廟，又改爲尚書陸公祠。先官
> 詹之購斯地也，謂吾力豈足比忠定？然南雷九題之修，或庶幾焉，
> 及平淡齋甫成而逝世，洞天遺躅，於是不可問矣。〔註103〕

此文載眞隱園興築之緣起，及泯滅之經過甚詳。史浩之闢精舍延請沈煥，對
明州學術倡講，有助益之功，容於次章再敘。

〔註99〕同前註。
〔註100〕曾堅撰，《四明洞天丹山圖詠集》（收於《正統道藏》，第一二二冊，臺北市，
　　　　藝文印書館影印），〈序〉，頁1。
〔註101〕見《鮚埼亭集》，外編，卷四九，頁1431，〈鄞西湖十洲志〉。
〔註102〕見《鮚埼亭集》，外編，卷四七，頁1398，〈答蔣生學鏞問湖上三廟緣起〉。
〔註103〕見《鮚埼亭集》，外編，卷一八，頁900，〈眞隱觀洞天古蹟記〉。

第七章 孝宗朝學術背景及孝宗、史浩與釋氏之交往

第一節 朱熹重立道統之學術背景

　　錢穆先生於〈朱子學術述評〉一文中，稱「朱子在中國學術思想史上貢獻最大而最宜注意者，厥爲其對儒家新道統之組成」。朱熹所構組之新道統，乃以周、張、二程直接孔、孟。〔註1〕周敦頤與張載承《易傳》與《中庸》，而形成其天道論；〔註2〕至程顥通《論語》、《孟子》、《中庸》與《易傳》，以成其一本義；程頤則兼重《大學》。〔註3〕至朱熹遂取《論語》、《孟子》、《中庸》與《大學》四書，取代五經之地位，而完成此儒家新道統之內涵。〔註4〕

　　朱熹於孝宗隆興元年，時年三十四歲，完成《論語要義》，作序述成書經過曰：

> 熹年十三、四時，受二程先生《論語》說於先君，未通大義，而先君棄諸孤，中間歷訪師友，以爲未足。於是遍求古今諸儒之說，合而編之。誦習既久，益以迷眩。晚親有道（指李延年），竊有所聞。

〔註1〕 見錢穆撰，〈朱子學術述評〉（收於《中國學術通義》，臺北市，臺灣學生書局，民國64年），頁97～98。

〔註2〕 見唐君毅撰，《中國哲學原論原教篇》（臺北市，臺灣學生書局，民國66年），上冊，頁45。

〔註3〕 見牟宗三撰，《心體與性體》（臺北市，正中書局，民國62年，再版），第一冊，頁19。

〔註4〕 見〈朱子學術述評〉，頁98～100。

　　乃慨然發憤，盡刪餘語，獨取二先生及其門人朋友數家之說，補緝
　　訂正，以爲一書。〔註5〕

朱熹《論語要義》之一本於二程，其中頗有曲折，內心自有一番掙扎，始「慨
然發憤」，「獨取二先生」，而其新道統之架構，或即萌於此時。同年朱熹復致
函汪應辰，云：

　　熹於釋氏之說，蓋嘗師其人，尊其道，求之亦切至矣，然未能有得。
　　其後以先生君子之教，校夫先後緩急之序，於是暫置其說，而從事
　　於吾學。其始蓋未嘗一日不往來於心也，以爲俟卒吾說而後求之，
　　未爲甚晚耳，非敢遽紬絕之也。而一二年來，心獨有所自安，雖未
　　能即有諸己，然欲復求之外學，以遂其初心，不可得矣。〔註6〕

朱熹年輕時出入釋氏，旣赴行在試進士時，亦讀大慧宗杲禪師（1089～1163）
之語錄。〔註7〕及長，對佛學仍「非敢遽紬絕之」，僅「暫置其說」。至隆興元
年，《論語要義》成，「心獨有所自安」，而不復外求佛學。

　　思想之產生，非僅依個人之冥心苦索所能得，亦有因其時代背景而發者，
朱熹成學於孝宗朝，故於此先敘述孝宗朝之學術背景。

　　前述汪應辰亦嘗從大慧宗杲遊，〔註8〕其師張九成與宗杲關係深切，張
九成、宗杲二人同遭權相秦檜之排擠。〔註9〕張九成爲楊時門人，二程之再
傳弟子，其思想有融儒釋爲一之傾向，甚至引宗杲之語入其集曰：「天命之
謂性，爲清淨法身；率性之謂道，爲圓滿報身；修道之謂教，爲千百億化身。」
〔註10〕

　　孝宗爲建王時，亦與大慧宗杲有往來。孝宗曾作〈御製原道辨〉一文，
以爲釋氏五戒與儒家仁、義、禮、智、信相通，孝宗後又有《御註圓覺經》，
雖以禪爲宗，實亦欲融通儒釋。〔註11〕

〔註 5〕見《朱子年譜》，卷一之上，頁 21。
〔註 6〕同前註。
〔註 7〕見錢穆撰，《宋明理學概述》（臺北市，臺灣學生書局，民國 64 年，修訂版），
　　　　頁 1。
〔註 8〕見佛國惟白撰，《續傳燈錄》（收於大正一切經刊行會編，《大藏經》，一○二冊，
　　　　北投，中華佛教文化館印行，民國 46 年 11 月，影印本），卷二七，頁 653。
〔註 9〕見《宋史》，卷三七四，〈張九成傳〉，頁 11579；並參前註。
〔註10〕見黃震撰，《黃氏日抄》（臺北市，臺灣商務印書館，《四庫珍本》二集），卷
　　　　四二，〈讀本朝諸儒書橫浦日新〉項，頁 6。
〔註11〕詳見本章次節。

　　孝宗帝師史浩，與張九成最相知。〔註 12〕亦好山林之思，與釋氏交往甚密。〔註 13〕張浚與湯思退主戰主和勢同水火，然同遊於大慧宗杲。〔註 14〕《齊東野語》謂與朱熹頡抗之陸九淵，亦參學宗杲之徒德光。〔註 15〕朱熹曾深譏陸九淵爲近禪，〔註 16〕蓋陸九淵雖亦判儒釋之別，〔註 17〕唯其作用層次之方法，頗有與釋氏相似者。〔註 18〕

　　永嘉巨擘葉適亦讀釋氏之書，葉適嘗謂：「昔余在荊州，無吏責，讀浮屠書盡數千卷，於其義類，粗若該涉」、「彼浮屠者，直以人身喜怒哀樂之間，披析解剝，別其眞妄」、「蓋世外奇偉廣博之論也」。〔註 19〕

　　凡此，皆孝宗時諸儒出入儒、釋之大概，其中固或有如朱熹之入佛斥佛者，亦有如張九成等之融通儒釋爲一者，再者又有如陸九淵之作用層次與釋氏之相近者。

　　儒學復興於北宋，至南宋孝宗乾道、淳熙間始告完成。宋人周密曾述此時學術謂：

> 伊洛之學行於世，至乾道淳熙間盛矣。（中略）卓然自爲一家者，惟廣漢張氏敬夫（栻）、東萊呂氏伯恭、新安朱氏元晦而已。（中略）此外，有橫浦張氏子韶（九成），象山陸氏子靜，亦皆以其學傳授，而張嘗參宗果（杲）禪，陸氏皆參果（杲）之徒得（德）光，故其學往往流於異端，而不自知。（中略）至於永嘉諸公，則以詞章議論

〔註 12〕《宋元學案》，卷一○，〈橫浦學案〉中，列史浩於張九成同調中。《鄮峯眞隱漫錄》，卷三六，頁 19，〈跋楊廷秀秘監張魏公配享議〉，史浩自稱：「予平生受無垢先生（九成號）張公之知。」

〔註 13〕詳本章第三節。

〔註 14〕《朱子語類》，卷一二六，頁 26 云：「杲老與中貴權要及士大夫皆好，湯思退與張魏公如水火，杲老與湯、張皆好。」

〔註 15〕見《齊東野語》，頁 48。

〔註 16〕朱熹謂陸九淵近禪之處甚多，今僅舉其一於後，如《朱文公文集》，卷六三，頁 1165，〈答孫敬甫書〉：「如陸氏之學，則在近年一種浮淺頗僻議論中，固自卓然，非其儔匹，其徒傳習，亦有能修其身，能治其家以施之政事之間者，但其宗旨，本自禪學中來，不可揜諱。」並參牟宗三撰，《從陸象山到劉蕺山》（臺北市，臺灣學生書局，民國 68 年），頁 187～212。

〔註 17〕陸九淵撰，《象山先生全集》，卷二，頁 17 謂：「天下學術眾矣，而大門則此三家也（指儒、釋、道三家）。某嘗以義利判儒釋。」

〔註 18〕見《從陸象山到劉蕺山》，頁 13～21。

〔註 19〕見《水心先生文集》，卷二九，〈題張君所注佛書〉，頁 329。

馳騁，固已不可同日語也。〔註20〕

儒學至南宋，已非唐時之儒門淡薄景象，故朱熹新道統，所欲指斥者，亦不全同於韓愈「原道」之斥釋氏。朱熹亦指斥欲融儒釋道三教爲一者，方法作用層次與釋氏相類者，亦在斥責之列。

前所引朱熹隆興元年與汪應辰書中，已指明朱熹發憤獨取二程，不復外求佛學以爲折衷之計。此固朱熹之才高，但不可因此而不理會與釋氏有牽連交融者之學說。以下僅就孝宗、史浩二人略作探討，蓋二人名爲君臣，情實師友。

第二節　宋孝宗之思想

一、孝宗與佛門之交往及〈原道辨〉之作

孝宗早在藩邸爲皇儲時，即與佛門大德往來，其中以大慧宗杲禪師最爲有名。

宗杲禪師法席之盛南宋第一，南宋士大夫從友者甚眾。孝宗爲普安郡王時，即慕名遣內侍謁宗杲，宗杲作偈：「大根大器大力量，荷擔大事不尋常」以報。〔註21〕及爲建王時，復請宗杲爲眾說法，且作贊賜之。紹興三十二年孝宗即位後，即賜宗杲號「大慧禪師」，宗杲於次年八月十日示寂，孝宗爲之嘆息不已。〔註22〕

《宋會要輯稿》載，孝宗於淳熙元年六月，召上天竺寺僧若訥講《法華經》。〔註23〕《咸淳臨安志》中，有孝宗與若訥之書翰，曰：

> 近又得《圓覺》之旨，幻化者煩惱也，覺性者解脫也。（中略）色聲
> 香味，不執於離，覺性妙明湛然常住。〔註24〕

由此書翰中，知孝宗於釋氏之學，甚有契應處，而孝宗又曾作偈贊賜若訥。〔註25〕

〔註20〕見《齊東野語》，頁48。
〔註21〕見《續傳燈錄》，卷二七，頁653；並參《宋代蜀文輯存》，卷四五，頁16，張浚撰，〈大慧禪師塔銘〉。
〔註22〕見潛說友撰，《咸淳臨安志》（中國地志研究會印行，影印道光振綺堂本），卷七○，頁18；並見《續傳燈錄》，卷二七，頁653；及志磐等撰，《佛祖統紀》（收於《大藏經》，第九七冊），卷四七，頁425。
〔註23〕見《宋會要輯稿》，頁2269。
〔註24〕見《咸淳臨安志》，卷四二，頁6；又見同書，卷八○，頁22。
〔註25〕同前註。

　　另外，孝宗曾賜予靈隱寺住持德光禪師書翰，此書翰因涉及孝宗之佛學思想，故不憚繁，徵引於後：

> 禪師所奏菩薩十地，乃是修行漸次，（中略）十二時中，曾無間斷，以至圓熟，雜染純淨俱成障礙，任作止滅，脫此禪病。當如禪師之言，常揮劍刃，卓起脊樑，發心精進，猶恐退墮，每思到此，兢兢業業，未嘗敢忘。今俗人乃有以禪爲盧空，以語爲戲論，其不知道也。如此茲事至大，豈在筆下可窮也。聊敍所得耳。〔註26〕

此函所示，孝宗對禪宗的認識，不僅究悉「雜染純淨俱成障礙」之圓熟，復重修行漸次。孝宗於淳熙八年（1181）作〈原道辨〉，其文曰：

> 夫（釋氏）不殺仁也，不淫禮也，不盜義也，不飲酒智也，不妄語信也，如此於仲尼又何遠乎？（中略）仁義禮樂者，固道之用也。（中略）今迹老子之書，其所寶者三，曰慈、曰儉、曰不敢爲天下先。孔子則曰溫良恭儉讓，（中略）而與孔聖果相背馳乎？（中略）或曰當如何哉？曰：以佛修心，以道養生，以儒治世則可也，又何惑焉。（韓）愈之論，從其迹而已，不言其所以同者，故作〈原道辨〉。〔註27〕

嚴格說，孝宗此〈原道辨〉並非成熟之作。以慈、儉、不敢爲天下先，比附溫、良、恭、儉、讓已屬勉強；以釋氏五戒比附仁、義、禮、智、信，尤屬不類。且孝宗此辨之邏輯亦有矛盾處，既謂仁義與五戒同爲非常名之「用」，復謂「以佛修心，以道養生，以儒治世」，則三者分別如故。孝宗作〈原道辨〉時，史浩任經筵，孝宗賜此文與史浩，史浩回奏時，即論及孝宗，「本欲融會而自生分別」。〔註28〕

　　史浩之基本態度，乃是擺脫諸家門戶之見，而以儒爲本，故對孝宗〈原道辨〉之論有所修正，史浩於回奏時即謂：

> （儒者）無所處而不當矣，又何假釋老之說耶。（中略）臣是以拳拳之意，欲望陛下稍竄定末章，（中略）不可使後世之士議陛下，復如陛下之議韓愈也。（中略）臣恐此文一出，天下後世有不達釋老之說，

〔註26〕同前註引書，卷四二，頁5。

〔註27〕見《鄮峯眞隱漫錄》，卷一〇，〈回奏宣示御制原道辨〉，頁1所錄之〈孝宗原道辨〉；並見《佛祖統紀》，卷四七，頁45；及《建炎以來朝野雜記》，乙集，卷三，頁8，〈原道辨易名三教論〉）。

〔註28〕見《鄮峯眞隱漫錄》，卷一〇，頁3。

而竊其皮膚，以欺世誑俗者，將摭陛下之言，以爲口實。〔註29〕
孝宗因此將〈原道辨〉，易名爲〈三教論〉。〔註30〕

　　孝宗的〈三教論〉，排佛論者，也頗不以爲然，如朱熹曾上奏評孝宗〈原道辨〉曰：

> 論者又或以爲陛下深於老佛之學，而得識心見性之妙，於古先聖王
> 之道，蓋有不約而合者。（中略）至分治心、治身、治人以爲三術，
> 而以儒者之學爲最下，則臣竊爲陛下憂此心之害於政事。〔註31〕

早在孝宗初登基時，朱熹卽力諫孝宗勿讀佛老書，〔註32〕及見孝宗〈原道辨〉，中有「以佛修心、以道養生、以儒治世」之言，以爲孝宗以「儒者之學爲最下」，故上奏極諫之。

　　孝宗之論，雖未圓熟，然欲融通儒、釋、道之意甚明。其於淳熙十年二月，復有《御註圓覺經》之刊行。〔註33〕

二、《圓覺經》譯出時間

　　《圓覺經》譯出時間，說者不一。有謂貞觀二十一年（647）譯出者，但此說證據仍嫌薄弱；有謂長壽二年（693），由佛陀多羅譯出者，圭峰宗密卽主此說。按長壽爲武則天年號，於長壽二年後，卽天冊萬歲元年（695），明詮曾編《大周刊定眾經目錄》，其中未嘗著錄此經，故長壽二年說，亦頗可疑。〔註34〕且譯者佛陀多羅之事迹，見諸史傳者，僅寥寥數語，且未明言年代。〔註35〕故長壽二年是否譯有此經，頗值得商榷。

　　唐一玄氏謂：「（圓覺經）既未得列《大周刊定經錄》，則此經之譯出，當

〔註29〕同前註引書，同卷，頁4。
〔註30〕見《建炎以來朝野雜記》，乙集，卷三，〈原道辨易名三教論〉，頁8。
〔註31〕見《朱文公文集》，卷一一，〈戊申封事〉，頁178。
〔註32〕同前註引書，卷一一，頁160，〈壬午（紹興三十二年）應詔封事〉；及卷一三，頁187，〈癸未（隆興元年）垂拱奏箚一〉。
〔註33〕見宋孝宗撰，《御註圓覺經》，（收於《卍續藏》，第十五冊，中國佛教會影印卍續經委員會，民國60年，影印本），〈寶印序〉。
〔註34〕見上見湯次了榮撰，〈圓覺經研究〉（收於張曼濤主編，《經典研究集》，臺北市，大乘文化出版社），頁251～256。
〔註35〕見贊寧等撰，《宋高僧傳》，（收於《大藏經》，一百冊），卷二，頁717載：「佛陀多羅華言覺救，北天竺罽賓人也，齎多羅筴，誓化支那，止洛陽白馬寺，譯出《大方廣圓覺經》。」寥寥數語，未言及譯經年代。

在神龍以後之二、三十年間。」〔註36〕

佛經重要者乃其義諦，而非譯經年代。宗密謂「只是經來年月近，先賢古德未深論。」〔註37〕故關於《圓覺經》翻譯年代，於未發現更有力證據前，暫從唐一玄之說。

三、《圓覺經》大意

《圓覺經》除前段交待與會之眾菩薩，末段述守護是經者外，依次由文殊、普賢、普眼、金剛藏、彌勒、清淨慧、威德自在、辨音、淨諸業障、普覺、圓覺、普善首十二位菩薩發問。問題由圓覺清淨境界之了義實相，轉至修行方便漸次。所謂圓覺清淨境界之實相，爲「覺成就故當知菩薩不與法縛、不求法脫、不厭生死、不愛涅槃」，〔註38〕「一切障礙，即究竟覺」，「諸戒定慧及淫怒痴俱是梵行」，「一切煩惱，畢竟解除」。〔註39〕而修行方便漸次，則有奢摩他（止，寂靜）、三摩缽提（妙行）、禪那（靜慮），而此三者又有單修、齊修、先修、後修、中修之差異，因之又可分爲二十五輪。

是以《圓覺經》對第一義實相及權智方便，均有所論及。宜乎華嚴宗、天臺宗對本經均十分重視，且各以本宗立場來闡明此經之奧義。

四、孝宗《御註圓覺經》及其思想

孝宗於乾道元年（1165）二月，召子琳法師入見，孝宗問：「讀經以何爲要？」子琳答：「《金剛》、《圓覺》最爲要道。」〔註40〕至淳熙十年（1183）二月十一日，孝宗賜《御註圓覺經》二卷，予徑山能仁禪寺之寶印法師，並於次年二月二十九日，賜此註予上天竺寺之若訥禪師。〔註41〕

孝宗《御註圓覺經》，現收於《卍續藏》第十五冊，該註之前有寶印法師之序，曰：

> 自佛法流入中國，唯唐太宗文皇帝，親製序文，冠於《大般若經》，

〔註36〕見唐一玄撰，《圓覺經自課》（高雄縣，佛教文化服務處），頁7。
〔註37〕見宗密撰，《圓覺經道場修證義》（收於《卍續藏》，第一二八冊），卷四，頁381。
〔註38〕見《御註圓覺經》，卷上，頁382。
〔註39〕同前註引書，同卷，頁386。
〔註40〕見《佛祖統紀》，卷四七，頁427。
〔註41〕見《宋會要輯稿》，頁3270。

然未嘗有注釋者也，今我皇帝陛下，顯示一心之法，注釋《大圓覺》，

以悟群迷，誠冠於百王，超出前代之一人矣。〔註42〕

孝宗之註經，確爲前帝所罕見，唯孝宗註釋此經，乃屬夾註，「言簡」、「詞約」

爲其長處。〔註43〕

今若欲探究孝宗註釋《圓覺經》之立場，當以註中所徵引之書籍作爲線

索。孝宗於註中所徵引之書目，湯次了榮氏所撰〈圓覺經研究〉一文，曾予

以分析，但仍有疏略之處。茲重新予以檢討如次：

宗密　《圓覺疏》二十處

　　　《圓覺大疏》二處　　　合計二四處

　　　《圓覺鈔》二處

泛稱引藏經者七處　　　　　《金剛經》五處

《維摩詰經》三處　　　　　《法華經》三處

六祖語一處　　　　　　　　傅大士語一處

《般若經》八處　　　　　　《傳心法要》三處

《涅槃經》二處　　　　　　《莊椿錄》一處

裴休語一處　　　　　　　　《佛名經》一處

惟慤說一處　　　　　　　　《宗鏡錄》一處

《說文解字》一處　　　　　《列子》一處

孔子語四處

以上爲孝宗御註《圓覺經》所徵引之書目及次數。其中宗密爲華嚴五祖，

深研《圓覺經》，孝宗徵引宗密之疏、鈔，用來註名相者計十二處，作爲輔證

者計五處，眞正用其義者，僅有七處。此外，類如泛稱藏經者七處、《般若經》

八處、《傳心法要》三處、《莊椿錄》一處等，均爲名相之通釋。至於引《說

文》，在解「鍠」字；引裴休語及《列子》等，亦僅作爲輔證而已。故通觀孝

宗之引書，可得一結論，卽其註經，蓋以禪爲宗。

孝宗與大慧宗杲交往已述於前，其又嘗作詩、頌予德光禪師云：

大暑流金石，寒風結凍雲，梅花香度遠，自有一枝春。

〔註42〕見《御註圓覺經》，頁 379。

〔註43〕同前註。

欲言心佛難分別，俱是精微無礙通，跳出千重縛不住，天涯海角任

西風。〔註44〕

孝宗此詩，有志深入禪宗本地風光之旨。又前引孝宗賜予德光書中，以「菩薩十地乃是修行漸次」，故「常揮劍刃，卓起脊樑，發心精進，猶恐退墮」，「兢兢業業，未嘗敢忘」，進評「今俗人乃有以禪爲虛空，以語爲戲論，其不知道也」，則孝宗於禪宗確有心得。

　　孝宗《御註圓覺經》中，引孔子語者有四處，頗值討論，茲引於次：

（一）原　　經：「有無俱遣，是則名爲淨覺隨順」句。

　　　孝宗註云：有知無知一無所着，故曰有無俱遣，（中略）如孔子之絕四

　　　　　　　是也。（孝宗《御註圓覺經》，頁380）

　　　愚　　按：孔子絕四，出《論語》〈子罕篇〉：「子絕四：毋意、毋必、

　　　　　　　毋固、毋我。」

（二）原　　經：「不重久習，不輕初學」句。

　　　孝宗註云：學既成就，則視諸學者平等。（中略）如孔子於升堂之子路，

　　　　　　　則抑而教之，潔己之童子，則與而進之也。（孝宗《御註圓

　　　　　　　覺經》，頁382）

　　　愚　　按：《論語》〈先進篇〉：「子曰：由也升堂矣。」子路篇：「野哉

　　　　　　　由也。」述而篇：「互鄉難與言，童子見，門人惑，子曰：

　　　　　　　與其進也，不與其退也，唯何甚，人潔己以進，與其潔也。」

（三）原　　經：「此名如來隨順覺性」句。

　　　孝宗註云：其慧光照了諸相，如太虛空廓然無礙，方爲佛之隨順覺性，

　　　　　　　此之隨順，如孔子之無可無不可是也。（孝宗《御註圓覺

　　　　　　　經》，頁386）

　　　愚　　按：《論語》〈微子篇〉：「子曰：不降其志不辱其身，伯夷叔齊

　　　　　　　與」、「我則異於是，無可無不可。」蓋孔子聖之時，無礙

　　　　　　　於仕、止、久、速。

（四）原　　經：「非覺違拒能入者，有諸能入非覺入故」句。

　　　孝宗註云：眾生能悟入於覺爾，非覺來入眾生性中也，孔子所謂人能

　　　　　　　弘道，非道弘人者是也。（孝宗《御註圓覺經》，頁387）

　　　愚　　按：「人能弘道，非道弘人」，語出《論語》〈衛靈公篇〉。

────────────

〔註44〕見《咸淳臨安志》，卷四二，頁5。

佛「一切煩惱畢竟解脫，法界海慧照了諸相猶如虛空」之「隨順覺性」，
其無礙於諸相，而應物應世，無着於心，與孔子之聖之時無礙於仕、止、久、
速，二者於第一義諦上，孝宗以爲其中乃有相合者，此與孝宗〈原道辨〉中，
以爲儒釋本同迹異之主張相同。

孝宗於淳熙十年賜寶印刊行《御註圓覺經》，而孝宗早於淳熙七年召寶印
入對時，卽已論及儒、釋之相通，《釋氏稽古略》載二人對話如下：

> 帝曰：「但聖人所立門戶不同，孔子以中庸設教耳。」
>
> 印曰：「非中庸何以安立世間，故《法華》曰：治世語言資生業等，
> 　　　皆與實相不相違背；《華嚴》曰：不壞世間相，而成出世間法。」
>
> 帝曰：「今時士大夫學孔子者多，只工文字語言，不見夫子之道，不
> 　　　識夫子之心。」
>
> 印曰：「非獨後世學者，不見夫子之心。（中略）昔張商英曰：吾學
> 　　　佛然後知儒，此言實爲至當。」
>
> 帝曰：「朕意亦謂如此。」〔註45〕

寶印所謂之中庸，實爲釋氏之中道，此觀寶印所引之《法華經》、《華嚴經》
已可知。

龍樹爲中道所下之定義爲：「眾因緣生法，我說卽是空，亦爲是假名，亦
是中道義。」〔註46〕佛家空慧之作用在蕩相遣執，不着有，不着空，不壞諸
法俗諦之假名有，以成第一義諦之涅槃。故龍樹《中論》謂「若不依俗諦，
不得第一義」，〔註47〕此卽寶印所引經語中道之實意，與儒家以誠爲體之中
庸，貌似而實異，孝宗恐未知此。

樓鑰謂：「（孝宗）《圓覺經解》，天下叢林拱稱第一。」〔註48〕雖有過譽
之處，然綜前所述，孝宗此註欲融通儒、釋之意，則甚明顯。

孝宗《御註圓覺經》刊行時，史浩已歸里，其後亦未見史浩對此註有何論
評。淳熙十六年，史浩上呈《尚書講義》，該書義理，雖有取於道家，而實以儒
爲本，其要旨不外闡述君德，反覆於「誠心正意」之規諫，容述於次章。

前述史浩曾上奏自稱與孝宗「情兼父子」，葉適亦謂孝宗與史浩「以師以

〔註45〕見覺岸撰，《釋氏稽古略》（收於《大藏經》，九十八冊），卷四，頁895。
〔註46〕見龍樹撰、印順講、演培記，《中觀論頌講記》（臺北市，印順自印，民國62
　　　年，頁469）。
〔註47〕同前註引書，同卷，頁453。
〔註48〕見《攻媿集》，卷五七，頁531，〈徑山興聖萬壽禪寺記〉。

友」，〔註49〕且史浩與釋氏亦有交涉，故以下再闡述史浩對佛學所抱持之態度。

第三節　史浩與佛門關係

一、史浩與天臺宗之交往

天臺宗爲陳、隋間智者大師（538～597）所創立。唐會昌毀佛，天臺教典淪佚。至宋太祖時，據兩浙地之吳越王，遣使高麗，請回教典。至四明法智知禮大師，始中興天臺宗。〔註50〕

知禮爲明州人，生於宋太祖建隆元年（960），示寂於仁宗天聖六年（1028）。知禮爲天臺宗之十七祖，天禧四年（1020），眞宗賜以「法智」尊號。〔註51〕

史浩曾作贊，稱法智「爲法宇之柱石，教鼎之鹽海」，〔註52〕知禮對天臺宗有承先啓後之功。

《延祐四明志》載，天臺宗「獨盛於四明」，且對明州儒學，亦有影響，其文曰：

> 天臺之學，獨盛於四明，其教以體用爲宗，吾儒言理，獨有取焉，
> 或曰易師嘗言之矣，孰先後焉？〔註53〕

吾人雖不得謂儒者言理，盡取天臺體用之教，然思想上之啓發，方法上之輔佐，殆屬可能。

天臺宗受華嚴宗之影響，本身有「山家」、「山外」之爭。〔註54〕南宋佛教大勢，以禪宗及淨土宗爲主，因之天臺宗於南宋有傾向於淨土者，亦有傾向於禪宗者，而以傾向禪宗者爲要。〔註55〕其中智連覺雲禪師與史浩交往甚密，茲述於後。

智連，號覺雲，亦鄞人。爲知禮之五傳弟子，生年不詳，圓寂於孝宗隆興元年（1163），有「僧中鳳雛」之號，《佛祖統紀》中有傳。

〔註49〕見《水心先生文集》，卷二八，頁318，〈祭史太師文〉。

〔註50〕見慧嶽撰，《天臺教學史》（臺北縣，中華佛教文獻編撰社，民國63年），頁235。

〔註51〕見《佛祖統紀》，卷八，〈十七祖四明法智尊者大法師紀〉，頁192～193。

〔註52〕同前註引書，卷五〇，〈名文光教志〉，〈南湖法智大師像贊〉，頁445。

〔註53〕見《延祐四明志》，卷一六，〈釋道考上〉，頁1。

〔註54〕見《佛性與般若》，頁1123～1133。

〔註55〕見《天臺教學史》，頁281～292。

　　智連思想中有濃厚之禪宗思想，《佛祖統紀》載，智連曾與曹洞宗宏智禪師，同登千佛閣，互鬥禪鋒。〔註56〕

　　本書第二章，述及史浩先世奉佛。史浩亦自稱：「予生賦魚鳥之性，雖服先訓，出從宦游，而江湖山藪之思，未嘗間斷。」〔註57〕及隆興元年史浩罷相返里，每訪智連從遊，以遂其好。《佛祖統紀》載，史浩曾詢問智連對佛教諸宗之看法，其文曰：

> 眞隱（史浩）曰：「師於禪律亦貫通耶？」師曰：「冰泮雪消固一水耳。」又問：「《華嚴》、《般若》似太支離。」師曰：「支離所以爲簡易也。」〔註58〕

則智連之佛學除本於天臺外，恐尚旁涉及禪、律、《華嚴》與《般若》。隆興元年十二月十八日智連示寂後，史浩作贊曰：

> 瞻彼連師色粹而溫，禮義是習，詩書是敦，雖精止觀，實祖儒門。（中略）伊惟臺教，垂裕後昆，前有法智，後有覺雲。〔註59〕

史浩稱智連不僅精於天臺止觀法門，甚且「實祖儒門」、「禮義是習，詩書是敦」。

　　綜上所述，知智連覺雲雖本於天臺，而於佛教之他宗及儒家均有同情之瞭解。史浩則以儒爲宗，對釋、老亦有同情之瞭解。史浩甚且謂：「學佛以佛魔，學儒爲儒縛，胡不朝隱几，嗒焉似南郭，是非風過耳，名利束高閣。」〔註60〕詩中南郭隱几是用《莊子》〈齊物論〉之典故。史浩在〈次韻沈澤夫逍遙歌〉中謂：

> 功夫祇在澄心源，心源澄寂固能應，視彼所寓皆居安，佳哉，蒙莊豈誕妄，所得實自吾孔顏，達則兼善非附勢，窮而獨處非左計，陋巷簞瓢依聖師，何殊禹稷游平世，修仙欲生成大幻，佞佛欲死是乾慧。〔註61〕

由此歌中，知史浩雖兼涉佛老，而實歸本於儒之意益明。

　　智連與史浩的關係，尚有一事須說明。《延祐四明志》〈僧智連傳〉載：「師

〔註56〕見《佛祖統紀》，卷一六，〈智連傳〉，頁231。
〔註57〕見《鄮峯眞隱漫錄》，卷四〇，頁1，〈眞隱園銘〉。
〔註58〕同註56；及《延祐四明志》，卷一六，〈僧智連傳〉，頁3。
〔註59〕同註56。
〔註60〕見《鄮峯眞隱漫錄》，卷二，〈次韻潘德鄜山行〉，頁8。
〔註61〕同前註引書，卷一，頁8。

（智連）隆興元年十二月十八日逝，明年正月太師（史浩）生子彌遠，將就
蓐，見（智）連入堂，因名之曰覺老。」〔註62〕

　　史浩取智連之號，以爲其子史彌遠之小名。此事《三朝野史》等宋人野
史中，亦有記載。〔註63〕《佛祖統紀》〈智連紀〉中，亦論謂：

　　　夫覺雲一代明教之師，其於亡日，如知所歸，出入生死。（中略）然
　　　則託形儒相之家，居相位二十七年，其勳業大矣，而又能大護佛法，
　　　尊敬僧寶，是蓋大權施化，示現宰官者之所爲也。〔註64〕

其事雖涉怪誕，無以取信，唯其間不難窺見史浩與智連關係甚密。

二、史浩與其他佛門大德之交往

1. 德修法師

　　德修撰《釋氏通紀》，淳熙十六年書成，曾求跋於史浩。《釋氏通紀》未
傳於後世，德修之事迹亦晦，唯由史浩所撰之跋中，知德修初習唯識，後改
學禪，該跋曰：

　　　浮屠德修，少從仙林洪濟聽慈恩法，已而更衣學禪，辨道之餘，能
　　　以筆墨誌其祖之始卒。（中略）吾儒學聖人，道貫古今，固不乏人，
　　　其間綴緝章句，第取青紫，問先聖之始卒？後學之傳紹，往往有不
　　　知者，得無愧於斯乎？予非譽修，蓋欲勉吾徒之弗逮。〔註65〕

史浩跋中未評此書之優劣，但嘉其用心勤，並勉勵儒者亦當撰寫可以明先世
傳授、後學紹承之作品。

　　度宗咸淳間，志磐以天臺宗爲主，仿正史本紀、世家、列傳、藝文之體，
作《佛祖統紀》，該書首卷通例，〈修書旁引〉條下，批評《釋氏通紀》謂：

　　　德修，淳熙間居金華，撰《釋氏通紀》，其紀釋迦，則附以慈恩三
　　　時之教，一代化事最爲疏略。（中略）甚失撰述之體，其敍時事，
　　　與琇本（按：祖琇撰《佛運統紀》）互有出入，而徒取乎冗長之辭
　　　也。〔註66〕

由志磐之評，知德修敍事甚疏略，失於考實，而史浩之跋德修《釋氏通紀》

〔註62〕見《延祐四明志》，卷一六，頁3。
〔註63〕不著撰人，《三朝野史》（臺北市，文源書局，影印《學海類編》本），頁1。
〔註64〕見《佛祖統紀》，卷一六，〈智連紀〉，頁231。
〔註65〕見《鄮峯眞隱漫錄》，卷三六，頁19，〈跋修法師釋氏通紀〉。
〔註66〕見《佛祖統紀》，頁132。

之要旨，在勉儒者對儒家之師承傳授有所撰述，勿爲釋氏專美於前。

2. 寒巖道升禪師

周必大於淳熙五年，爲寒巖道升禪師作塔銘謂：

> 故人山陰陸務觀（游），儒釋並通，於世少許。獨與僧道升游，敬愛
> 之如師友，（中略）史丞相帥福，命師主鼓山。〔註67〕

陸游與史浩交遊，詳見前章。史浩出鎮福州時間，是在乾道九年（1173）二月，至淳熙元年（1174）九月。〔註68〕

3. 心聞禪師

樓鑰《攻媿集》〈跋史魏公與心聞禪師帖〉謂：

> 太傅史魏公，得法於心聞賁（原文誤爲「愛」字），其子孫，至今不
> 忘，明書記其從孫，持魏公書偈來，讀之益信二老相得之深，傳播
> 叢林，又爲裴相國與黃蘗禪師添一公案。〔註69〕

黃蘗希運爲唐代禪宗高僧，《景德傳燈錄》卷九有傳。希運與裴休（797～870）相得。希運之《傳法心要》一書，卽裴休聽希運講道所作之原始紀錄。又希運《宛陵錄》一書所載，則爲希運與裴休間之答問。〔註70〕

樓鑰以希運、裴休與心聞、史浩相比，雖嫌不當，然於此亦可知史浩與禪師交往之一斑。

4. 可壽上人

樓鑰《攻媿集》〈跋可壽上人所藏史文惠公帖〉謂：

> 太師史公地位中人，與師爲方外交，此師帖皆其蹟也。二人相得，
> 必別有針鋒相湊處，非外人所知，不然安得相與如此之深耶。〔註71〕

可壽所藏史浩帖，爲一詩帖，然其文意頗晦，二人機鋒所至，固「非外人所知」，然吾人可因而得知，史浩與禪師之交往頗爲密切。

5. 處真法師

《至正四明志》引湖心廣福寺僧曇靈語，稱廣福寺昔有高僧處眞，曾與

〔註67〕見《文忠集》，卷四，頁13～14。
〔註68〕見梁克家撰，《三山志》（中國地志研究會印行，《宋元方志叢書》，影印本），卷二二，〈郡守〉條，頁782。
〔註69〕見《攻媿集》，卷七○，頁638。
〔註70〕見裴休錄，《黃蘗斷際禪師傳心法要》（臺北市，臺灣商務印書館，民國56年9月），〈後記〉，頁81～114。
〔註71〕見《攻媿集》，卷七二，頁661。

史浩遊，其文如下：

> 處眞鄞人，粹律學，主湖心二十年，史忠定王浩，賜第鄉里，與處
> 眞善，迎以結界，其逝也，爲文祭之。〔註72〕

則史浩所同遊者，尚不僅天臺、禪宗之大德，與律宗法師亦有往來。

6. 壽禪師居仁

史浩於光宗紹熙二年（1191），作〈壽居仁序〉，贈壽禪師，唯壽禪師之生平不詳。今錄史浩序於後：

> 君臣父子之道，天性也。（中略）佛之教乃欲去君臣，離父子，是忘
> 情。（中略）彼（釋迦）其投身救虎，割肉餌鷹，哀物之饑，豈忘情
> 乎？付囑此道於後末世，憫物之迷，是故學佛之至者，忘情之中，
> 有眞情存焉，此山壽師，（中略）眞情發露，和氣藹然，是於忘情之
> 中有眞情，眞情之中又無我也，其學佛之至者歟。〔註73〕

釋氏於有情眾生界，行無所得布施；施者、受者、財物三者俱空，〔註74〕而不爲布施所累，故不得謂彼釋氏絕情。

史浩嘗謂：「當起無住相布施，隨生處以莊嚴。」〔註75〕忘情其用，眞情其實，「忘情之中有眞情」，而眞情之中，又無我累，是史浩頗悉釋氏悲慧之旨。

7. 天童英書記

據《百丈清規左觹》，知書記爲禪林之書寫僧，即大慧宗杲亦嘗充過此職。〔註76〕英書記之生平不詳，史浩曾爲文贈英書記謂：

> 學禪見性，本學詩事之餘，二者若異致，其歸豈殊途，方其空洞間
> 寂默一念無感，物賦萬象，儒懸鏡太虛，不將亦不迎，其應常如如，
> 向非悟本性，未免聲律拘。英師箇中人，以詩隱浮圖。〔註77〕

文中「不將亦不迎」一語，出自程顥〈定性書〉，〈定性書〉原文謂：

〔註72〕見王元恭主修、王厚孫纂，《至正四明續志》（中國地志研究會印行，《宋元地方志叢書》，第九冊），卷一〇，頁3。

〔註73〕見《鄮峯眞隱漫錄》，卷三二，頁12。

〔註74〕見龍樹撰、鳩摩羅什譯，《大智度論》（臺北市，新文豐出版公司，民國63年），卷一一，〈釋初品中檀波羅蜜義〉，頁6。

〔註75〕見《鄮峯眞隱漫錄》，卷二三，頁17，〈教忠報國院募觀音殿甂瓦疏〉。

〔註76〕見無著道忠撰，《敕修百丈清規左觹》（日，京都市，中文出版社，1977年8月，影印日本妙心寺藏鈔本），卷一一，〈書記〉條，頁526～527。

〔註77〕見《鄮峯眞隱漫錄》，卷一，頁11。

所謂定者，動亦定，靜亦定，無將迎，無內外。（中略）夫天地之常，以其心普萬物而無心：聖人之常，以其情順萬事而無情。故君子之學，莫若廓然而大公，物來而順應。〔註78〕

前述史浩贈〈壽居仁序〉謂：「忘情之中有眞情，眞情之中又無我」，實與程顥「以其情順萬物而無情」、「物來而順應」之旨相通。以其心無累於物，故能「普萬物」以成其大公。無將迎，無內外，通動靜，泯物我。

近人馮友蘭謂程顥〈定性書〉，「所說底意思，有許多與禪定相同；將禪宗的意思，推至其邏輯底結論，即有明道〈定性書〉的意思。」〔註79〕但程顥僅是方法作用層次與禪相近，〔註80〕牟宗三稱程顥是由「於穆不已」之道體上，判儒佛之異。〔註81〕

方法作用爲學術之共器，儒釋在此層次有其相通之處，於體上儒釋之別，猶如黑白之分明，不容混淆。

8. 其 他

史浩《鄮峯眞隱漫錄》（以下簡稱《漫錄》）中，提及之釋氏人物，除上述者外，尚有多人，唯其事皆不可考，故僅列其名於後：

（1）平元衡禪老：《漫錄》卷二頁16，有〈走筆次韻寄平元衡禪老〉詩，平元衡禪老恐爲禪宗法師。

（2）如大德：《漫錄》卷二三頁15，有〈請如大德住無量壽庵疏〉。

（3）倫老：《漫錄》卷二三頁19，有〈請倫老住觀音能仁禪院〉，由該文中知倫老爲臨濟宗禪師。

（4）倫講師：《漫錄》卷二三頁15，有〈請倫講師住月波水陸院疏〉，疏中謂倫講師，「口角妙談三觀」。天臺宗講空、假、中三觀，故疑倫講師與天臺宗有關。

（5）孜老：《漫錄》卷二三頁17，有〈請孜老住昌國吉祥寺疏〉，疏中謂「孜公禪師苦行孤高，圓機灑落」，則孜老殆屬禪宗。

（6）罙首座：《漫錄》卷二三頁16，有〈請罙首座住上水教忠報國院

〔註78〕見程顥撰，《明道文集》（臺北市，臺灣中華書局，《四部備要》《二程全書》本），卷三，頁1，〈答橫渠先生定性書〉。

〔註79〕見馮友蘭撰，《貞元六書》（香港，龍門書店，1972年），〈六新原理〉，頁164。

〔註80〕見牟宗三撰，《心體與性體》（臺北市，正中書局，民國64年，臺修二版），第二冊，頁235；又見《佛性與般若》，頁993。

〔註81〕見《心體與性體》，第二冊，頁76～79。

疏〉，中謂：「罙公講師，學明止觀法妙」，天臺宗修行止觀，故疑
罙首座爲天臺宗法師。

（7）道監院：《漫錄》卷二三頁 15，有〈請道監院住教忠報國院疏〉，中
謂道監院「旣聞指訣，搬柴運水，莫匪神通」，故疑道監院屬禪宗。

（8）雲講師：《漫錄》卷二三頁 16，有〈請雲講師住上水辯利寺疏〉，中
謂：「雲公講主，六塵休復，三觀淹通」，故疑雲講師爲天臺宗。

（9）瀾大師：《漫錄》卷二三頁 16，有〈請瀾大師住上水教忠報國院
疏〉。

上述九僧中，不知何屬者二人，約莫屬天臺宗者三人，屬禪宗者四人。

第四節　史浩的禪詩

前述史浩贈天童英書記文中，述及史浩對禪與詩之見解。史浩以爲須有
「悟本性」之眞知，始得免聲律之拘。

史浩所作之詩，佛學詞語亦常入其句中，如〈代恩平郡王賦董氏園亭〉
謂：「能向個中參妙旨，卻於忙裡作閒身，朝回試解黃金帶，卽是毗耶彼上人。」
〔註82〕又〈次韻張漢卿夢庵十八詠勤齋〉謂：「默豈交摩詰，談何事阿戎，時
行百物生，不息唯天工。」〔註83〕茲再舉數首史浩所作禪詩，並說明於後。
如〈古風四首〉之一〈頤眞〉：

> 門外長安道，紛紛名利人，誰知方寸許，有地可頤眞，眞能了萬象，
> 亦復冥諸塵，不離虛幻境，舉目見全身。〔註84〕

本詩後四句義理，本於《六祖壇經》：「佛法在世間，不離世間覺，離世覓菩
提，恰如求兔角。」〔註85〕此亦與天臺宗圓教，必卽三千世間法，以成就法
身之義相通。〔註86〕

另外再舉〈次韻張漢卿十八詠〉中之四首，於此四首詩中，不難發現尚
有老莊之痕迹在內：

〔註82〕見《鄮峯眞隱漫錄》，卷五，頁 4。
〔註83〕同前註引書，卷二，頁 16。
〔註84〕同前註引書，卷二，頁 1。
〔註85〕見慧能述、丁福保箋註，《六祖壇經箋註》（臺北市，觀世音雜誌社佛經善書
　　　　印送會，影印本），卷二，〈般若品〉，頁 36。
〔註86〕參《佛性與般若》，頁 645～671。

〈夢庵〉:

　　茲庵路何許,雲深不知處,夢覺兩俱忘,始可驀直去。

〈妙用寮〉:

　　空中一物無,無焉生萬有,向此求神通,杯捲即非柳。

〈宴默庵〉:

　　法門建章富,法幢空處成,於此下一則,浮雲涴太清。

〈禪窟〉:

　　胸中炯明月,一照萬緣空,蟬蛻雲霄表,墮地爲儒宗。〔註87〕

詩中「空中一物無,無焉生萬有」、「法幢空處成」諸語,義理本於《中論》〈觀四諦品〉:「以有空義故,一切法得成,若無空義者,一切則不成。」〔註88〕而「空中一物無,無焉生萬有」一句,復有脫於《老子》「天下萬物,生於有,有生於無」之迹。〔註89〕而「浮雲涴太清」、「蟬蛻雲霄表」二句,亦有道家氣味。

第五節　小　結

　　南宋學者受佛學影響甚深,如二程再傳弟子張九成,《續傳燈錄》中有小傳,該傳中視張九成爲大慧宗杲之法嗣。〔註90〕又如孝宗亦主「學佛然後知儒」,〔註91〕至淳熙十六年禪位後,乃召若訥法師入內殿,注《金剛》、《般若經》,書成,孝宗「積日披覽,益有省發」。〔註92〕張浚嘗爲大慧宗杲作塔銘,甚贊其人。〔註93〕葉適謂:「淳熙初,都下禪講尙多宿舊名人。」〔註94〕凡此可見其時學風之一斑。

　　天臺宗於明州根深蒂固,南宋時「天臺禪」尤盛,明州人樓鑰曾作一些統計,由此皆可彰顯佛教之盛,樓氏謂:

〔註87〕見《鄮峯眞隱漫錄》,卷二,頁16。
〔註88〕見《中觀論頌講記》,頁463。
〔註89〕見王弼注,《老子道德經》(臺北市,藝文印書館,《無求有備齋老子集成新編》,第二函),下篇,第四十章,頁6。
〔註90〕見《續傳燈錄》,卷三二,頁693,〈侍郎張九成傳〉。
〔註91〕參見本章第二節。
〔註92〕見《佛祖統紀》,卷四七,頁430。
〔註93〕見《宋代蜀文輯存》,卷四五,頁16。
〔註94〕見《水心先生文集》,卷二,頁331,〈題端信師帖〉。

> 老與佛之學行於世尚矣，未知孰爲輕重，然以吾鄉一境計之，僧籍
> 至八千人，而道流不能以百。〔註95〕

史浩生長於明州，自亦不能免除佛學之影響。惟尚能意識儒佛之分別，以糾
正孝宗「以佛修心、以道養生、以儒治世」雜混儒釋道之說。

朱熹身處孝宗朝，目睹一時君臣將相大皆有取於釋氏，而其時學風亦失
於立論太高，蓋與佛學心性之說有關。〔註96〕朱熹因此力排作用下學層次之
援佛入儒，朱熹謂：

> 近年以來，乃有假佛釋之似，以亂孔孟之實者。其法首以讀書窮理
> 爲大禁，常欲注其心於茫昧不可知之地，以僥倖一日恍然獨見，然
> 後爲得。〔註97〕

朱熹因此重《大學》，重讀書訓詁，復由下學功夫判儒釋，而不僅於道體上
達層次上判儒釋。〔註98〕朱熹譏陸九淵近禪，蓋陸九淵於方法作用層次上有
近禪之處。

朱熹之學術，既對其所處環境，有所反響，因而重立道統，此道統於隆
興元年朱熹完成《論語要義》時，卽已形成。

然朱子學之發展，於南宋時尚未深及權力中心。寧宗時有道學之禁；〔註99〕
理宗時史彌遠掌權，理宗陽尊理學，一度以專主朱子學之眞德秀爲輔相，故廟
號爲「理宗」，〔註100〕而實際上仍好佛；〔註101〕度宗時賈似道掌權。故終南宋
朝，朱子學派始終未進入南宋權力中心。

兩浙路於南宋時，地處「畿內」，宋人吳潛（1196～1262）嘗奏謂：「今
東南號爲腹心根本，所當固結者，不過兩浙、福建、江湖數路」，故「兩浙爲
畿內，福建江東爲近畿。」〔註102〕史浩故鄉明州，地處畿內，對南宋政局有

〔註95〕見《攻媿集》，卷五七，頁 527。
〔註96〕見《朱文公文集》，卷三〇，頁 466，〈答汪尚書〉；又參錢穆撰，《朱子新學案》
　　　　（臺北市，撰者印行，民國 69 年），第三冊，頁 229～274。
〔註97〕見《朱文公文集》，卷六〇，頁 1091，〈答許生中應書〉。
〔註98〕見《心體與性體》，第一冊，頁 77 謂：「明道自於穆不已之體上判儒佛，而自
　　　　朱子開始則漸轉而自下學上判儒佛。」
〔註99〕參《宋元學案》，卷二四，〈慶元黨禁〉；及黃俊彥撰，〈韓侂胄與南宋中期的
　　　　政局變動〉（臺北市，國立臺灣師範大學歷史研究所碩士論文，民國 65 年 7
　　　　月），頁 101～128。
〔註100〕參《宋史》，卷四五，〈理宗本紀〉，頁 889。
〔註101〕關於南宋理宗對佛教的崇奉，見《佛祖統紀》，卷四八，頁 431～433。
〔註102〕見吳潛撰，《許國公奏議》（臺北市，藝文印書館，《百部叢書集成》之七六，

至深之影響力，〔註103〕而其地於南宋爲象山學之重要據點。〔註104〕

朱熹重立新道統，對儒家及中國學術有至深遠之影響，前文曾引錢穆先生語，謂朱熹對中國學術思想貢獻最大者，即爲其對儒家新道統之組成。然而直至南宋末年，此一新道統，始得主導之地位。其間不難想見，朱熹及其門人的卓立奮鬥。

《十萬卷樓叢書》第六函），卷一，頁33；並參見劉子健撰，〈背海立國與半壁山河的長期穩定〉，《中國學人》，第四期，（民國 61 年），頁 1～14。

〔註103〕據《宋史》，卷三七，《寧宗本紀》，頁 713，謂宋寧宗未登基時，曾於淳熙五年，出鎮明州。另由卷一，〈理宗本紀〉，知理宗之繼位與孝宗相仿，其與濟王竑並育宮中，後因史彌遠之擁立，始得登基。

〔註104〕見《宋元學案》，卷八七，〈靜清學案〉，頁 50。

第八章　史浩之交遊與學術

史浩《鄮峯眞隱漫錄》中，有史浩與時人往返之書牘，以及酬唱之詩文。唯此與史浩之治學，大皆無甚關涉，故本章捨而不論。本章僅就史浩之交遊與著作，略窺史浩之學術及思想。

關於史浩之學術，樓鑰所撰〈史浩碑銘〉，稱史浩「少孤自力于學，貫穿經史，理致超詣，措詞持論出人意表。」〔註1〕本書第二章，曾提及史浩幼時嘗從叔父史木學，故史浩之學術，自有得於其家學者。此外，《寶慶四明志》〈史浩傳〉，亦稱史浩「自經史百家至浮屠老子之書，靡不通貫」。〔註2〕

史浩爲學不泥一說，雖本於儒，仍旁涉釋老之學。然樓鑰稱史浩「貫穿經史」，則恐爲過譽之辭。史浩於史學，似未見有何撰述，雖然據《南宋館閣錄》載，史浩於隆興元年初相時，曾提舉三朝國史。〔註3〕另據《宋會要輯稿》，史浩於淳熙五年再相時，曾提舉國史院編修國朝會要所。〔註4〕樓鑰「貫穿經史」之語，恐或有因史浩曾兼史職而發者。然南宋以宰執提舉史職爲慣例，未可因此卽稱史浩精於史學。

第一節　史浩之交遊

明州於道教爲第九洞天，於佛教有普陀聖迹，而天臺宗復滋衍於明州，

〔註1〕見《攻媿集》，卷九三，頁 875。
〔註2〕見《寶慶四明志》，卷九，頁 3。
〔註3〕陳騤，《南宋館閣錄》（臺北市，臺灣商務印書館，《四庫珍本》別輯），卷七，頁 2。
〔註4〕見《宋會要輯稿》，七八冊，〈職官〉，總頁 2773。

史浩與其徒之交往，已述於前，於此不再贅述。史浩之學術實與張九成及陸九淵門人關係最深，茲闡述於次。

一、史浩與張九成

張九成字子韶，自號「橫浦居士」，亦稱「無垢居士」。生於哲宗元祐六年（1091），卒於高宗紹興二十九年（1159）六月四日，享年六十八歲。〔註5〕

張九成祖爲開封人，後遷居錢塘。九成爲楊時弟子，紹興二年中進士，廷對第一。其與大慧宗杲往來談理，秦檜恐其議己，令司諫詹大方劾張九成與宗杲謗訕朝廷，因謫居南安軍。紹興二十五年秦檜死，張九成始起知溫州。〔註6〕

史浩自稱「予平生受無垢先生張公之知，至今寢飯不忘」。〔註7〕紹興年間史浩任溫州州學教授時，與張九成爲忘年之交，史浩〈祭無垢先生張公侍郎文〉謂：「某掌郡庠時，適相值傾，蓋忘年雅同聲氣。」〔註8〕

張九成爲學有取於釋氏，黃宗羲《宋元學案》謂：「朱子言張公始學於龜山（楊時）之門，而逃儒以歸于釋。」〔註9〕晚宋大儒黃震雖亦以張九成與宗杲交遊爲惜，痛其學術爲佛學所染，然尚尊九成曰：「橫浦先生憂深懇切，堅苦特立，近世傑然之士也。」〔註10〕

前述黃宗羲引朱熹語，出自於朱熹〈辯張無垢中庸解〉一文。張九成曾作《中庸解》，其中有以佛解儒者，朱熹以爲其說「陽儒而陰釋」，故作皇皇萬餘言以辯之。〔註11〕《中庸》一書與釋氏中道空慧，有其相似處，故往往爲欲融通儒佛者所注意。

其後，朱熹又作《中庸章句》，其目的卽在辨明儒釋之分，以明釋氏無預於道統。《中庸章句》謂：

> 《中庸》爲何而作也？子思子憂道學之失其傳而作也。蓋自上古聖神繼天立極而道學之傳，有自來矣。（中略）至於老佛之徒出，則彌近理而大亂眞矣。（中略）此書（《中庸章句》）之旨，支分節解，脉絡

〔註5〕見《宋元學案》，卷四〇，〈橫浦學案〉，頁87。
〔註6〕見《宋史》，卷三七四，〈張九成傳〉，頁11577。
〔註7〕《鄮峰眞隱漫錄》，卷三六，〈跋楊廷秀秘監張魏公配享議〉，頁19。
〔註8〕同前註引書，卷四三，〈祭無垢先生張公侍郎文〉，頁13。
〔註9〕見《宋元學案》，第十冊，卷四〇，〈橫浦學案〉，頁100。
〔註10〕見《黃氏日抄》，卷四二，頁6。
〔註11〕見《朱文公文集》，卷七二，〈辯張無垢中庸解〉，頁1323。

貫通，詳略相因，巨細畢舉。而凡諸說之同異得失，亦得以曲暢旁通，

而各極其趣，雖於道統之傳不敢妄議，然初學之士或有取焉。〔註12〕

朱子學斥佛最力，恐導因於其時學風深受佛學之影響。

　　前述史浩與釋氏相交深切，思想亦深受佛門影響，吾人由史浩《鄮峯眞隱漫錄》中，釋氏所佔之份量，卽易知之。前引《寶慶四明志》〈史浩傳〉，稱史浩「自經史百家至浮屠老子之書，靡不通貫」，其語容有誇大之處，然史浩爲學，旁涉老釋，則爲實情。史浩晚年有眞隱園之築，其園爲「清涼境界」，以殺生爲戒。且史浩所作《童丱須知》，亦反覆以釋氏緣起義，告誡子弟勤儉勿放逸。

　　史浩之學雖歸本於儒，然於釋氏義理，亦有相應之瞭解，此與張九成相似。張九成與史浩忘年相交，及史浩受知於張九成之故，蓋與史浩思想不局限於儒有關。《宋元學案》將史浩置於〈橫浦學案〉中，視史浩爲張九成之「同調」，或卽因於此。

二、眞隱園中木鐸聲

　　全祖望嘗云：「宋乾淳以後，學派分而爲三：朱學也，呂學也，陸學也。」又云：「吾鄉前輩於三家之學並有傳者，而陸學最先。」〔註13〕鄞縣最先以陸學爲盛，而陸九淵門人中，以楊簡、袁燮、舒璘與沈煥四人，得陸九淵之學統，號稱「甬上四先生」。〔註14〕

　　淳熙九年至十四年，呂祖儉任官於鄞縣，〔註15〕與沈煥、沈炳兄弟相講唱於史浩之眞隱園中，全祖望〈竹洲三先生書院記〉述其事曰：

　　　三先生，沈端憲公（煥）暨其弟微君季文（炳），參之以金華呂忠公（祖儉）也。史忠定王（浩）歸老，御賜竹洲一曲，壽皇爲書四明洞天之關以題之，卽所稱眞隱觀者也。忠定最與端憲厚，故割宅以居之，而微君亦授徒於忠定觀中，於是端憲兄弟並居湖上。其時忠公方爲吾鄉倉監，昕夕與端憲兄弟晤。〔註16〕

〔註12〕見《朱文公文集》，卷七六，〈中庸章句序〉，頁140。
〔註13〕見《鮚埼亭集》，外編，卷一六，〈同谷三先生書院〉，頁871。
〔註14〕見《鮚埼亭集》，外編，卷一四，〈四先生祠堂碑陰文〉，頁841。
〔註15〕見《鮚埼亭集》，外編，卷二三，〈大愚呂忠公祠堂碑文〉，頁286。
〔註16〕見《鮚埼亭集》，外編，卷一六，〈竹洲三先生書院記〉，頁868；又參《宋元學案》，十冊，卷七六，〈廣平定川學案〉，頁136。

呂祖儉既與沈煥兄弟講唱於眞隱園中，時舒璘仕宦出遊，甬上學者，遂以呂祖儉代舒璘，亦稱「甬上四先生」。〔註17〕

　　淳熙甬上四先生，鄞縣得其三，卽沈煥、楊簡、袁燮三人。沈煥自其父沈銖時卽已遷鄞；楊簡則生於鄞，講學於鄞，後遷至慈溪；袁燮則生老於鄞。〔註18〕三人均曾至眞隱園講唱，全祖望〈碧沚楊文元公書院記〉謂：

> 文元公（楊簡）之講學於碧沚，以史氏也。先是史忠定王館端憲於竹洲，又延文元於碧沚，袁正獻公（燮）時亦來預，湖上四橋，遊人如雲，而木鐸之聲相聞。忠定既逝，端憲、正獻亦下世，忠定之孫子仁（守之），不滿其叔彌遠所爲，退居湖上，復請文元講學，故其居碧沚也久。〔註19〕

是史浩眞隱園雖以隱爲名，實則園中甬上諸先生木鐸之聲相聞，卽使史浩沒世，講習之聲仍傳唱於碧沚不絕。黃宗羲嘗評楊、袁等人之學謂：

> 楊簡、舒璘、袁燮、沈煥所謂明州四先生也。慈湖（簡）每提「心之精神謂之聖」一語，而絜齋（燮）之告君（煥），（中略）一言以蔽之，此心之精神而已，可以觀四先生學術之同矣。（中略）一時師友聚於東浙，嗚呼盛哉。〔註20〕

四先生盛聚甬上，若以後世之傳衍而言，楊簡、袁燮二人尤屬大宗。

三、楊簡、袁燮與史氏

　　陸九淵爲江西金谿人，然傳承其學者，不在江西，而在浙東，其家鄉諸子之聲光，不如浙東甬上諸先生。《宋元學案》謂：「象山之門，必以甬士（上）四先生爲首。」〔註21〕

　　前述往來眞隱園中之四先生，卽袁燮、楊簡、沈煥及呂祖儉四先生。其中袁燮講學於城南樓氏精舍，〔註22〕然常至竹洲、碧沚與沈煥等切磋。呂祖儉雖非明州人，然在鄞爲官六年，亦預其盛。

　　史浩眞隱園之築，既有助於象山學於浙東之傳衍，而史氏後人亦多宗象

〔註17〕同註15；又參《宋元學案》，十三冊，卷五一，頁71。

〔註18〕見《鮚埼亭集》，外編，卷一六，〈碧沚楊文元公書院記〉，頁870。

〔註19〕同前註。

〔註20〕見《宋元學案》，十九冊，卷七六，頁133。

〔註21〕見《宋元學案》，十九冊，卷七四，〈慈湖學案〉，頁57。

〔註22〕同註15。

山之學。全祖望謂：「史文惠（浩）教諸子孫從遊於楊、袁二先生之門，又延沈先生之弟季文於家。」〔註23〕《宋元學案》載史氏並從學袁燮、楊簡者，有史彌忠、史彌堅、史彌鞏、史彌林、史守之、史定之，〔註24〕而史彌遠亦嘗從學於楊簡。〔註25〕四明之學，祖陸氏而宗楊、袁，至史蒙卿始漸改宗朱子學。〔註26〕

四、史浩與沈煥

沈煥字叔晦，學者稱「定川先生」，《宋元學案》為沈煥與舒璘立〈廣平定川學案〉。沈煥著有《定川集》五卷，全祖望深惜其集之不傳。〔註27〕

沈煥居於竹洲，史浩嘗命史安之從學，〔註28〕但沈煥居竹洲不久即生病。〔註29〕史浩亦曾延沈煥弟沈炳於家學，然史浩子弟多非成學於沈煥兄弟，《宋元學案》將史氏之受業，多繫於楊簡、袁燮門下。

沈煥父沈銖，史浩任經筵時，亦曾薦及，其薦詞謂：「鄉行可推，士夫信服，其與人交，面箴其失，退後無言。」〔註30〕沈銖字公權，曾從學焦瑗門下，以傳程氏之學，全祖望稱，沈煥雖師事陸九淵，然其學亦有得自家學者。〔註31〕

明州四先生中，史浩與沈煥尤厚，〔註32〕史浩之延沈煥弟沈炳於家學，恐即因沈煥之故。前述史浩之置義田，沈煥亦預其事。

沈煥逝世，史浩撰祭文，甚稱讚沈煥之學識為人。〔註33〕《寶慶四明志》〈沈煥傳〉載，沈煥逝時，年方五十三歲，而一時名士（如周必大等）及沈煥之子弟，均為文往祭，其中以史浩「悼之尤切」。〔註34〕

〔註23〕見《鮚埼亭集》，外編，卷四五，〈答九沙先生問史學士諸公遺事帖子〉，頁1355。
〔註24〕見《宋元學案》，十九冊，卷七五，〈絜齋學案〉，頁117；及卷七四，〈慈湖學案〉，頁72～74、頁77～78。
〔註25〕同前註引書，卷七四，頁58。
〔註26〕見《宋元學案》，二二冊，卷八七，〈靜清學案〉，頁51。
〔註27〕同註20。
〔註28〕見《鄮峰真隱漫錄》，卷三，〈送安之往依沈叔晦師席〉，頁6。
〔註29〕同註20。
〔註30〕見《鄮峰真隱漫錄》，卷八，〈經筵薦石憝等箚子〉，頁9。
〔註31〕見《宋元學案》，九冊，卷三〇，〈劉李諸儒學案〉，頁35；又《鮚埼亭集》，外編，卷一四，〈四先生祠堂碑陰文〉，頁841。
〔註32〕同註16。
〔註33〕見《鄮峰真隱漫錄》，卷四三，〈祭沈叔晦國錄文〉，頁14。
〔註34〕見《寶慶四明志》，卷九，〈沈煥傳〉，頁24。

五、史浩與孫應時

孫應時（1154～1206），字季如，父介胡，人稱「雪齋先生」。孫應時師事陸九淵，《宋元學案》〈槐堂諸儒學案〉中有傳，人稱「燭湖先生」，著有《燭湖集》。〔註35〕

孫應時與楊簡、沈煥等人均有交往，〔註36〕而與沈煥交往尤其密切。〔註37〕史浩與孫應時，亦有交往。紹熙二年（1191）孫應時為官於遂安，史浩曾作〈送孫季如赴遂安序〉以勉之。〔註38〕

於《燭湖集》之前，有門人司馬述於寶慶三年（1227）所作之序，述及史浩延請孫應時，其序曰：

> 淳熙甲辰（一一年）史忠定王（浩）延致先生講道東湖，今丞相魯
> 國公（彌遠）昆弟，實從之遊。〔註39〕

孫應時既嘗為史浩所延，而《燭湖集》中，有孫應時與史浩子史彌遠往來之書札數件，皆為深切相互規誡之言。〔註40〕

復次，《燭湖集》中有孫應時與史浩往來之書牘，因與史浩所著《尚書講義》有關，容述於次節。

綜前所述，史浩為學，所涉甚廣，而與張九成最相知，二人均有援釋入儒之傾向，然此為孝宗乾淳間之學術風氣，而為朱熹所不苟同者。甬上諸先生之講唱於真隱園中，傳衍陸氏之學，與史浩薦舉朱、陸、葉諸儒，並為史浩對學界之貢獻。

第二節　史浩之著作

一、史浩著作概述

史浩一族既盛於南宋，全祖望謂：「（史氏）當時以三宰相二執政，重圭

〔註35〕見《宋元學案》，二十冊，卷七七，〈槐堂諸儒學案〉，頁14。
〔註36〕見孫應時撰，《燭湖集》（臺北市，臺灣商務印書館，《四庫珍本》四集），附編下，楊簡撰，〈孫燭湖壙志〉，頁11。
〔註37〕同前註引書，附編下，沈煥撰，〈承奉郎孫君行狀〉，頁5。
〔註38〕見《鄮峯真隱漫錄》，卷三二，頁11。
〔註39〕見《燭湖集》，〈原序〉，頁1。
〔註40〕見《燭湖集》，卷八，〈與史同叔書〉，頁4～5。

累衰之勢，而各肆力於撰述，亦正有不可及者。」史氏家門著作極多，經全祖望考知者不下五十餘種，唯其書多不傳於世，祖望嘗搜求史氏文獻謂：

> 史氏家門，著作極盛。（中略）大半爲經籍志之所未載者，予搜求前輩文獻，於《永樂大典》中，鈔得文惠《周禮》、《論語》二種，彌大〈朴語〉二篇，於天一閣范氏得文惠《漫錄》，其餘，則偶或遇其奇零篇幅。〔註41〕

史氏一門學術著作，見於今者，僅十之一、二，而以史浩之著作稍全。

全祖望謂史浩「深於經學」，〔註42〕《宋史》〈藝文志〉載史浩經學著作有《尚書講義》二十二卷、〔註43〕《周官講義》十四卷、〔註44〕《論語口義》二十卷，〔註45〕其他著作有《童丱須知》三卷、〔註46〕《鄮峯眞隱漫錄》五十卷。〔註47〕樓鑰謂史浩另有《直翁外集》。〔註48〕

其中《童丱須知》，亦見於《四庫全書》本《鄮峯眞隱漫錄》中，爲史浩訓示子孫之家訓，《宋史》〈藝文志〉則將之置於經部小學類。黃震嘗評之曰：「《童丱須知》切切然訓迪其子孫，若飲食衣服，莫不有戒，殆無愧《顏氏家訓》之意。」〔註49〕

史浩經學著作以《尚書講義》較完整，今見者有《四明叢書》張約園氏雕本、《四庫全書》本。《周官講義》、《論語口義》二書，全祖望雖輯自《永樂大典》中，然全祖望時已「惜其不全」。〔註50〕

二、《論語口義》與《周官講義》

《論語口義》今雖未見其書，然史浩所作之〈進論語口義表〉，則猶存於《鄮峯眞隱漫錄》中，其序曰：

> 此歸休於故里，獲畢志於遺編，念二十篇藏壁之餘，皆七十子傳心

〔註41〕見《鮚埼亭集》，外編，卷三一，〈題史秦州友林集〉，頁1100。
〔註42〕見《鮚埼亭集》，外編，卷二四，〈鄮峯眞隱漫錄題詞〉，頁978。
〔註43〕見《宋史》，卷二○二，頁5042。
〔註44〕見《宋史》，卷二○二，頁5050。
〔註45〕見《宋史》，卷二○二，頁5068。
〔註46〕見《宋史》，卷二○二，頁5078。
〔註47〕見《宋史》，卷二○八，頁5375。唯無「鄮峯」二字。
〔註48〕見《攻媿集》，卷九三，頁883。
〔註49〕見《黃氏日抄》，卷三六，〈寶善堂記〉，頁39。
〔註50〕同註42。

之妙。雖迫桑榆之暮，未忘鉛槧之勤，再閱歲時，粗終卷帙。〔註51〕
由其序中可知，此書爲史浩「歸休故里」時所作。

史浩有《周官講義》之作，而「講義之作，莫盛於南宋」，〔註52〕馬端臨《文獻通考》引《中興藝文志》文，稱《周禮（官）講義》爲孝宗藩處建王時，史浩任講筵所講，對孝宗多所啓發，孝宗稱之，然該書僅止於地官司關。〔註53〕

全祖望作〈史衛王周禮講義〉序言，稱史浩《周禮講義》爲鄞縣經學開先之作，其言曰：

> 吾鄉經學先師，陳文介公於諸經，均有論說。此外《易》則王處士茂剛；《春秋》則高侍郎閌、高處士元之；《詩》則曹通守粹中、舒通守璘、楊教授揀銖；《尚書》則袁學士燮；《周禮》則史丞相浩、鄭教授鍔。〔註54〕

然全祖望稱此書「宋時有雕本，今則無矣，明文淵閣書目有之；康熙中，崑山徐尚書，請權發閣中書付志局，則皆殘本」。〔註55〕則全祖望亦未及目睹此書之全貌，其稱譽史浩爲「鼻祖」，蓋僅就史浩爲鄞人之首先鑽研《周禮》而言之。

史浩此書於宋寧宗時曾刊行，在臺北國家圖書館藏有寧宗時所刻之殘本，唯其書名爲《周官講義》，刻工甚精，爲蝴蝶裝裱，所殘存之卷數爲：卷五、六、七、八、十、十二、十三、十四等，唯所殘存之各卷亦不全。

史浩另一經學著作《尚書講義》，容專述於次節。

三、《鄮峯眞隱漫錄》

據《四庫全書簡明目錄》載，史浩文集《鄮峯眞隱漫錄》，爲周鑄所輯，〔註56〕《宋史》〈藝文志〉載周鑄嘗作《史越王言行錄》十二卷。〔註57〕

〔註51〕見《鄮峯眞隱漫錄》，卷一七，〈進論語口義表〉，頁11。
〔註52〕見《四庫全書總目提要》（臺北市，臺灣商務印書館，《國學基本叢書》本），頁1942，〈御覽經史講義提要〉。
〔註53〕見馬端臨撰，《文獻通考》（臺北市，新興書局，影印本），卷一八一，〈經籍考〉，頁1558。
〔註54〕見《鮚埼亭集》，外編，卷二三，〈史衛王周禮講義序〉，頁967。
〔註55〕同前註。
〔註56〕見《四庫全書簡明目錄》（收於《四庫全書概述》，臺北市，中國辭典館復館籌備處，民國60年七版），卷一六，頁664。
〔註57〕見《宋史》，卷二〇三，頁5119。

　　《鄮峯眞隱漫錄》五十卷之流傳，全祖望有鈔傳之功，全祖望推崇史浩《鄮峯眞隱漫錄》爲鄞縣宋人文集之首座，其言曰：

　　　史忠定王《鄮峯眞隱漫錄》五十卷，天一閣范氏藏本也。是在諸儲藏家，俱未之有，至予始鈔而傳之。吾鄉宋人之集，由忠定以前，亦皆無傳，當以是集爲首座矣。〔註58〕

除《鄮峯眞隱漫錄》外，史浩復有《直翁外集》，全祖望謂《直翁外集》已不可得。〔註59〕

　　《鄮峯眞隱漫錄》中，詩五卷、雜文奏疏等三十九卷、詞曲四卷、《童丱須知》二卷。其中奏疏等爲研究南宋孝宗朝政局，所須參考者；詞曲四卷爲研究唐宋大曲之直接資料，王國維所撰《唐宋大曲考》一文，其中即有徵引自《鄮峯眞隱漫錄》所錄之大曲者。復次，《童丱須知》二卷三十章，則爲史浩規誡子孫之訓語，亦爲研究史氏家族之重要資料。錢大昕修《鄞縣志》時，於《鄮峯眞隱漫錄》中，亦有所取，如《鄞縣志》〈陳瓘傳〉、〈汪義端傳〉等等皆是。〔註60〕

第三節　《尙書講義》

一、《尙書講義》之流傳

　　史浩經學著作中，以《尙書講義》較完整，《宋史》〈藝文志〉著錄二十二卷。《宋會要輯稿》載：淳熙十六年（1189）正月二十三日，「太傅史浩進《尙書講義》二十二卷，詔付秘書省」。〔註61〕該書之初本有二十二卷無疑，唯《四庫全書》及《四明叢書》本僅有二十卷，且二十卷之中亦有闕佚之處，然其大體尚存，不失爲史浩著作中，留存較完整者之一。

　　朱彝尊撰《經義考》，未見史浩所撰之《尙書講義》，是清時此書已佚。《四庫全書》〈尙書講義提要〉，敘明於《永樂大典》中，「尚全錄其文，僅依經文考次排訂，釐爲二十卷」。〔註62〕故《尙書講義》二十卷之得見於今日，《永

〔註58〕見《鮚埼亭集》，外編，卷二五，〈鄮峯眞隱漫錄題詞〉，頁979。
〔註59〕同前註。
〔註60〕見《鄞縣志》，卷一八，頁37、42。
〔註61〕見《宋會要輯稿》，五六冊，〈崇儒生〉，頁2267。
〔註62〕見史浩撰，《尙書講義》（臺北市，臺灣商務印書館，《四庫珍本》二集），〈尙

樂大典》實有保存之功。

《尚書》於漢時，有今古文之爭，至東晉梅頤獻書，都爲五十八篇，唐時孔穎達奉敕撰《五經正義》，《尚書》部分，即用梅本，自此梅本地位確定，即今《十三經注疏》亦用之。

南宋時朱熹始疑《尚書》之僞，至清閻若璩《古文尚書疏證》一書出，梅頤《尚書》之僞，始成定論。〔註63〕然南宋時注解尚書者，仍用梅本，史浩之《尚書講義》之篇目，即據梅本。

史浩《尚書講義》輯自《永樂大典》，已非全貌，其全缺者有〈伊訓〉、〈秦誓〉兩篇，而〈禹貢〉、〈湯誥〉、〈盤庚上〉、〈盤庚中〉、〈說命下〉、〈洪範〉、〈召誥〉、〈洛誥〉、〈尹奭〉、〈顧命〉、〈呂刑〉諸篇，亦稍有闕者，然大體尚存。

二、《尚書講義》之體裁及其旨義

《四庫全書》〈尚書講義提要〉，稱史浩《尚書講義》之作，「皆順文演繹，頗近經帷講章之體，其說大抵以注疏爲主，參考諸儒，而以己意融貫之」。〔註64〕「順文演繹」一語，蓋得其情，然「其說大抵以注疏爲主」之語，則與《尚書講義》之內容，有不甚相應之處。

通觀《尚書講義》全書，「皆順文演繹」，採邊講邊演繹之體，對難字疑義，雖亦釋其疑，而主要旨趣，仍在義理之闡述。如於〈洪範篇〉即發揮中庸、皇極之義理。另外全書隨處有君德與臣道之闡述，此亦爲全書之要點，孫應時稱此書「多所發明帝王君臣精微正大之蘊」。〔註65〕因此，此書若僅以「注疏爲主」一語概之，實未盡其全貌。

《四庫提要》所謂「參考諸儒，而以己意融貫之」一語，倘若按核《尚書講義》一書，其中所引有漢儒舊說，及周敦頤、王安石、老子、莊子等語；又援引老、莊之說，以輔證《易傳》、《中庸》之談天道，凡此或即提要所謂史浩「以己意融貫之」者。

史浩《尚書講義》之要旨，在講求帝學，雖融會《老子》及周敦頤等學說以闡天道，然歸結於〈大禹謨〉「道心惟微，人心惟危，惟精惟一，允執厥中」，

書講義提要〉。
〔註63〕參魏應麒撰，〈尚書篇目異同考〉（原載於《國立中山大學語史週刊》，一○四期，民國18年1月；轉刊於《尚書論文集》，木鐸出版社），頁41～57。
〔註64〕同註62。
〔註65〕《燭湖集》，卷六，〈上史越王書〉，頁1。

所謂堯舜禹十六字心傳。反覆致意於「正心誠意」之學，闡述以誠爲道體之「中庸」義。〔註66〕

　　此外，史浩《尚書講義》對從諫改過、〔註67〕親賢任善、〔註68〕盡孝、〔註69〕儉德、〔註70〕慈以養勇、〔註71〕周家忠厚，〔註72〕以及無爲守正等〔註73〕君德之闡述亦多，凡此皆爲史浩意欲皇帝體道而施之於政事者。

三、《尚書講義》與王安石學說

　　史浩《尚書講義》中，曾引王安石語以演繹〈洛誥〉「周公拜手稽首曰：朕復子明辟」句之義，其文曰：

> 復子明辟，自孔氏以爲周公居攝而還位於成王之辭，其後諸儒無有異論。惟王安石以爲復者告也，明辟，君也。周公以定洛告成王，非攝位而還之也。（中略）以事理考之，當以王說爲然也。〔註74〕

後儒解〈洛誥〉亦有與王安石之說相合者，如王國維之〈洛誥解〉，卽解釋「復」字爲「白」（告）之義。〔註75〕

　　北宋亡國，後世雖有諉過於王安石者，然高宗時秦檜、趙鼎爲相，趙鼎主程頤、秦檜主王安石，高宗乃詔毋拘程頤、王安石一家之說。〔註76〕陸九淵於淳熙十五年撰〈荊國王文公祠堂記〉，贊王安石潔白冰霜之質。〔註77〕錢穆先生謂：「朱、陸意見不同，亦尚隱有一袒伊川，一護荊公之迹。」〔註78〕

〔註66〕參史浩撰，《尚書講義》（臺北市，國防研究院中華大典編印會，民國55年，《四明叢書》第三集本），卷三，頁1～14；卷四，頁1～16；卷九，頁1～12；卷一二，頁2～31。

〔註67〕同前註引書，卷一〇，頁6、8。

〔註68〕同前註引書，卷二，頁17、19；卷一〇，頁4、7。

〔註69〕同前註引書，卷一〇，頁2。

〔註70〕同前註引書，卷八，頁4。

〔註71〕同前註引書，卷七，頁8～10。

〔註72〕同前註引書，卷一七，頁9。

〔註73〕同前註引書，卷一三，頁3。

〔註74〕同前註引書，卷一五，頁9～10。

〔註75〕參王國維，《觀堂集林》（收於《海寧王靜安先生遺書》，臺北市，臺灣商務印書館），卷一，頁19。

〔註76〕見錢穆撰，《國史大綱》（臺北市，臺灣商務印書館，民國60年，五版），頁422。

〔註77〕見《象山先生全集》，卷一九，〈荊國王文公祠堂記〉，頁227。

〔註78〕見《國史大綱》，頁423。

慶曆七年（1047）王安石二十七歲，曾知史浩故鄉鄞縣，治績卓著，鄞人頗感戴。〔註79〕史浩爲鄞人，且其交友，又多爲象山學者，史浩以此因緣，於《尚書講義》中，引王安石說，或有其緣由。復次，王安石有《周官新義》，史浩則有《周官講義》，唯史浩書已殘，不足以考訂是否有取於安石者。

梁啓超嘗稱王安石「以佛老二氏之學，皆有所得，而其要歸於用世」，又謂「荊公之學，不聞其所師授，蓋身體力行，深造而自得之」。〔註80〕梁啓超之稱評王安石語，以之度史浩，亦頗相似。史浩雖有承自其家學者，然實有得於釋老，而歸本於儒者之用世。

四、《尚書講義》中對用兵之看法

前文曾述及史浩力主先內治而後圖恢復，其於《尚書講義》中，亦言及此。史浩於《尚書講義》〈舜典〉中，釋「蠻夷率服」句曰：

> 無貪功喜殺之心，敵人亦必知我國有人，而不敢犯。至於任人（小人）則狃於時論，不知上策在於自治。逞一人之私意，掠忠義之美名，動干戈，興徭役，誓不與賊俱生。不知彼己者，往往從而和之，以爲當然，及其敗事，憂在國家，吾奉身而退，官者猶昔也。〔註81〕

史浩於此，重申先內治而後服異族之舊說。然解釋「蠻夷率服」四字，原不必費辭如此，史浩所謂掠美名、敗事憂國、官職猶昔數語，或即影射張浚等人。

又《尚書講義》〈甘誓篇〉謂：「王者用兵，誠非得已也。」〔註82〕史浩分析說：

> 兵法曰：先爲不可勝，以待敵之可勝。啓於是時，豈有服亂之心哉。
> 先爲不可勝，以俟夫天命而已矣。〔註83〕

此與史浩於隆興初年，力主「堅壁力禦攻衝，謹俟機會以圖恢復」相合。此外，《四庫全書》〈尚書講義提要〉亦謂：

> 論者責其（史浩）沮恢復之謀，今觀其解〈文侯之命〉一篇，亦極美宣王之勤政復讎，而傷平王之無志恢復。則其意，原不以用兵爲

〔註79〕見《寶慶四明志》，卷一二，《鄞縣志》，頁3〜4。

〔註80〕見梁啓超撰，《王荊公》（臺北市，臺灣中華書局，民國67年），頁25、193。

〔註81〕同註66引書，卷三，頁11。

〔註82〕同前註引書，卷五，頁25。

〔註83〕同前註引書，卷五，頁27。

非，殆以浚未能度力量時故，不欲僥倖嘗試耶。〔註84〕
蓋爲持平之論。

五、《朱子語類》對《尙書講義》之批評

　　宋人對史浩《尙書講義》批評者不多，今於《朱子語類》中，發現數則
對此書之評論，茲述於後。《朱子語類》卷七八謂：

> 先生（朱熹）云：「曾見史丞相（浩）書否？」劉云：「見了，看他
> 說『昔在』二字，其說甚乖。」曰：「亦有好處。」〔註85〕

文中「昔在」二字，爲《尙書》〈無逸篇〉「周公曰：嗚呼！我聞曰，昔在殷
王中宗」之省文。其意乃在周公闡述中宗、高宗與祖甲之治道。文中對中宗
之治道，僅言「治民祗懼，不敢荒寧」一語，而史浩《尙書講義》，則對中宗
治道有所發揮曰：

> 中宗天亶聰明於深宮之中，灼知小人之勞，不待目見身親，而自知
> 艱難，是其爲至難得。〔註86〕

史浩所發揮者，蓋以其勉帝，雖居深宮，猶須探知民情。史浩雖借經文以勉
帝德，然實有增經文原意者，恐因此招致「甚乖」之評。

　　史浩《尙書講義》解經，復有曲折壅塞之處，茲再舉《朱子語類》之評
語於下：

> 先生（朱熹）笑曰：「今人說經，多是恁地回互說去，如史丞相（浩）
> 說《書》多如此，說祖伊恐奔告於受（疑「王」字之誤）處，亦以
> 紂爲好人而不殺祖伊，若他人則殺之矣。」先生乃云：「讀書且虛
> 心去看，未要自去取捨，且依古人書，恁地讀去，久後自然見得義
> 理。」〔註87〕

文中「祖伊恐奔告於王」句，爲《尙書》〈西伯戡黎篇〉之省文。所述乃武王
克黎國，紂臣祖伊至紂廷諫紂之經過。

　　史浩〈讀西伯戡黎篇〉云：「祖伊反者歸其國也」，「祖伊之諫（紂），猶使
反國」，「然（紂）猶愈於後世之君，不用其臣之言，至於滅亡，乃反懟其人，

〔註84〕同註62。
〔註85〕見《朱子語類》，卷七八，頁1084。
〔註86〕同註66引書，卷一六，頁11。
〔註87〕見《朱子語類》，卷八一，頁2。

因而殺之者多矣，此不及紂遠甚」。〔註88〕向來對「反」字的解釋，有解作「返」者，〔註89〕亦有解作「對答」者。〔註90〕然謂帝王若不能從諫，致敗事滅亡，而反以此殺諫者，卽猶不及紂，此乃史浩發揮帝學處，亦正爲《朱子語類》評史浩「回互」之處。

然《朱子語類》對《尚書講義》，亦有好評，茲再引《朱子語類》之語如下：

> 劉云：「見了，看他（史浩）說『昔在』二字，其說甚乖。」（朱熹）曰：「亦有好處。」劉問：「好在甚處？」曰：「如命公後，眾說皆云命伯禽爲周公之後。史云：成王旣歸，命周公在後，看公定予往矣，一言便見得，是周公且在後之意。」〔註91〕

「命公後」出於《尚書》〈洛誥篇〉，該篇原經文爲：「公！予小子其退卽辟于周，命公後。」周公經營洛邑旣成，成王至洛邑行禮畢，命周公留守洛邑。〔註92〕史浩解此謂：「命公後者，使公且住洛，緩其歸周之期也。四方雖順，治未定於宗禮，故亦未及鎬」。乃命公「居洛以監視刑獄百工之事」。〔註93〕此外，史浩對「命公後」，作立伯禽爲周公後之解者，亦有辯及，其言曰：

> 說者以命公後，爲立伯禽於魯，其說自非。古者諸侯，入爲王卿士，未有卽命其世子嗣位者，周公身存，而伯禽自立可乎？解書者徒見建爾元子，俾侯於魯之詩，遂遷就而爲之說，使成王果越舊章而爲之，周公亦豈肯乎？〔註94〕

史浩之解「命公後」，不僅正面提出自己見解，復破舊說立伯禽爲周公後之非。《四庫全書》〈尚書講義提要〉，因而謂朱熹「其後命蔡沈訂正書傳，實從浩說，則朱子固於此書有所取。」〔註95〕

綜前所述，史浩《尚書講義》之要旨，在規諫帝德，故往往有捨經原意、專務發揮之處。《朱子語類》於此雖有評及，然是書亦有獨到之處，亦爲朱熹

〔註88〕同註66引書，卷十，頁15。

〔註89〕見孫星衍注，《尚書今古文注疏》（臺北市，臺灣商務印書館，民國65年，二版），卷八，頁185。

〔註90〕見屈萬里注，《尚書今註今釋》（臺北市，臺灣商務印書館，民國62年，五版），頁67。

〔註91〕見《朱子語類》，卷七八，頁10。

〔註92〕參《觀堂集林》，卷一，〈洛誥解〉，頁19～28；《尚書今註今釋》亦主此說。

〔註93〕同註66引書，卷一五，頁16。

〔註94〕同前註。

〔註95〕同註62引書，〈尚書講義提要〉，頁2。

所肯定。

六、孫應時與《尙書講義》

　　孫應時《燭湖集》中，有與史浩往來信函，其中嘗提及《尙書講義》。《四庫全書》〈尙書講義提要〉，因據之謂「浩此書實與應時商榷之」。〔註96〕然細閱孫應時致史浩諸函，僅知史浩於是書完成後，曾贈予孫應時全帙，而孫應時遲遲未「專一伏讀」，未見有「商榷」之處，但孫應時有評語謂：

> 多所發明帝王君臣精微正大之蘊，剖決古今異說偏見，開悟後學心
> 目，使人沛然飽滿，無慮數十百條。〔註97〕

孫應時與史浩關係頗深，故孫應時之評語，恐爲溢美應酬之辭；然謂史浩此書之要旨，在帝德、君道與臣道之闡述，則爲實情。孫應時《燭湖集》中，有孫應時致史浩書謂：

> 竊惟師相此行繫天下之望，尤重其於陳戒君德，（中略）惟是「道學」
> 二字，年來上下公共疾之，無能爲明主別白言者。（中略）原其始，
> 特越中輕薄子立，自乙未歲（淳熙二年），流入太學，已而嚮布中外，
> 方十五、六年耳。〔註98〕

乙未歲後十五、六年，正當淳熙十六年前後，其時道學之名卽已嚮布中外，前述史浩於淳熙十六年上呈《尙書講義》，正在此時。《尙書講義》之作，卽規諫帝學，而孫應時於此函中囑「師相」史浩陳戒君德之重外，復有因於「道學」者。

　　前引孫應時致史浩之同一書函復謂：

> 今天下場屋議論，通共竊用程、張諸儒之說，有司不非之，至於平
> 居，稍稍見諸言行，輒曰詭世盜名，此甚不可曉。恐後世之史，書
> 朝廷諱惡道學，實創起於今日，永以爲笑。欲望師相特救此事，遂
> 消此名，用賢獎善，付諸公論，天下幸甚。〔註99〕

孫應時此函指出「道學」一詞，起於浙江，流入太學，嚮布中外，而爲朝廷所諱惡，因欲史浩「救此事」。淳熙十六年之十年後，卽慶元四年（1198），韓

〔註96〕同前註。
〔註97〕見《燭湖集》，卷六，〈上史越王書〉，頁1。
〔註98〕同前註引書，同卷，頁4。
〔註99〕同前註。

佞胥當政有道學之禁，〔註100〕然由孫應時致史浩之函牘，宋廷早於淳熙十六年左右，卽諱惡「道學」，只是尚未到禁錮之程度。

全祖望因史浩薦舉朱熹、陸九淵與葉適等，而稱許史浩昌明理學，「實爲南宋培國脈」，全祖望或有爲鄉賢吹噓之嫌，但史浩以八十高齡作《尚書講義》，以闡君德，孫應時企望史浩救朝廷諱惡道學之偏，則全祖望之贊，亦值三思，或非過譽耳。

〔註100〕見《宋元學案》，二四冊，卷九七，〈慶元黨案〉，頁 10。

第九章　結　論

綜前所述，四明史氏於南宋史上，頗具重要地位。史氏一族中，顯赫最早者，當推史浩爲第一人。史浩以一介寒士，榮顯於南宋孝宗朝，究其關鍵蓋在史浩受知於高宗之故。

高宗於明受太子卒後，因無子嗣，又慮金人之立異姓爲帝，故於紹興二年，選太祖後嗣伯琮（即後之孝宗）等入宮，時孝宗年僅六歲。十二年，封爲「普安郡王」。二十九年，顯仁太后崩，次年孝宗始嗣爲皇子，封「建王」，距其入宮幾三十年矣。

史浩於紹興二十九年，並兼普安與恩平二王府教授。三十一年，金帝完顏亮敗盟，孝宗曾激憤請爲前驅，終因史浩從中調護，爲孝宗草奏分上高宗及皇后，始釋高宗唐肅宗即位靈武之疑，史浩亦因此得高宗「史浩眞王府官」之贊。

其後，完顏亮被弒，予南宋一改善宋金關係之機。高宗雖虛張聲勢，起用主戰之張浚，然料定「此事終歸於和」，故主以談判方式，建立宋金新關係。

紹興三十二年，高宗視師建康，二月駕返臨安，五月即有傳位孝宗之意，六月行禪讓禮，高宗此舉疑係對金之策略。孝宗繼位後，宋金關係有待重新建立，而史浩即於此際爲輔相。雖然王十朋嘗奏「太上皇（高宗）授陛下（孝宗）以大寶位，又以一相遣之（指陳康伯），虛右揆以待陛下自擇」。〔註1〕然史浩之任相，雖因史浩出身於孝宗藩邸學官，或亦有出於高宗之深意。

孝宗繼位後，朝廷爭議最烈者，其一爲對金和戰問題。周密《齊東野語》

〔註1〕見《梅溪王先生文集》，奏議，卷三，頁25。

以爲高宗「察知東南地勢財力，與一時人物，未可與（金）爭中原，意欲休養生聚，而後爲萬全之計」。〔註2〕葉紹翁《四朝聞見錄》則以爲史浩「相時之宜，審天下之勢，而不苟同銳於功名者之扼腕用兵」。〔註3〕高宗、史浩均主持重，不輕言恢復。史浩衡量孝宗朝之國勢，對與金和戰問題，始終主張和戰僅「一時之權宜」、「未爲定論」，主要關鍵仍在宋之量力而爲。是故戰與和，僅爲權宜策略，根本之計仍在安內，培養國力。

其時，宋廷主戰大臣中，與史浩爭議最烈者，應爲張浚。張浚於孝宗即位後封「魏國公」，陸游等稱張浚之封魏國公，出自史浩的建議，張浚封魏國公制文爲史浩所撰，制文中稱張浚有「殊方震懾，聞姓字以膽寒」之威，然亦欲張浚「以安集爲先」，勿與金浪戰。〔註4〕爾後以孝宗宸斷，張浚倉卒出兵，終致符離兵敗。事後，孝宗欲用「視師」之故計，其時史浩雖去相不在中樞，但以與孝宗「義則君臣，情兼父子」，乃急切上奏，請孝宗號召勤王之師，然僅「大駕聲言進發」，使敵知畏，而實則「未可便行」。凡此主張，與高宗於紹興三十二年虛張聲勢於金人，實有相通之處。

至於完顏亮被弒，南宋之欲改善昔日地位，其因應措施是否得當，在此不予置評。唯符離一役，宋勉強出兵，恐屬不爭之實。葉適曾評此役曰：

> 符離之戰，是妄進也。雖使得宿、得亳、得徐，遂至汴郊，將何爲乎。〔註5〕

葉適此論與史浩、張浚爭議中，史浩認爲宋出兵山東，卽使得其地，亦無害金疆之議相似。

葉適又曾論及張浚，「專以恢復之說自任，號召天下」，而其聚兵淮上目的有二：

一、祖述范仲淹之舊說，欲以虜師往返以定和議，爲兩國生靈請命。
二、欲結合北方大姓故家、契丹遺種，相率響應以謀大功。〔註6〕

葉適所論駐兵淮上目的中第一點，恐與高宗、史浩之謀較近，蓋范仲淹之對趙元昊，雖亦主「以恩信招來之」，然實以「屯兵營田，爲持久計」爲上策。

〔註2〕見《齊東野語》，頁26。
〔註3〕見《四朝聞見錄》，丙集，頁14。
〔註4〕參本書第四章。
〔註5〕見《水心先生文集》，卷五，〈終論六〉，頁66。
〔註6〕同前註引書，同卷，〈終論五〉，頁66。

〔註7〕張浚主結合北方諸勢力，以謀大功，史浩則以爲此非萬全之策。

　　史浩因隆興時，不主出兵，最受主戰者之評議，其中尤以王十朋彈劾最爲激切（其所以如此激切之因，本書尚未考知）。爾後之述史者，往往見張浚與史浩出兵與否之異議，籠統地將史浩劃入主和一派，實未審及史浩主張戰和僅權宜之計，而非主張固執其一卽能立國者。

　　復次，宋人對和戰之爭議，是否有因地域關係使然者，因個人學力不逮，尚有待於來日探究。

　　史浩於孝宗朝，曾兩度爲相，然均不久於相位。隆興元年正月史浩初相，同年五月卽去相位。淳熙五年三月史浩再次任相，同年十一月，又去相位。而史浩初相去位原因，論者以爲乃因張浚出兵符離，三省樞密不預知其事有關。然李心傳別具史識，以爲史浩之去位，復有因於孝宗近臣者。甚且史浩再相之去位，亦有因於近臣者。

　　於權相充斥之南宋朝，幾僅孝宗一朝無權相，孝宗「勤於論相，數置而亟免」，〔註8〕似爲孝宗朝無權相之因。然孝宗朝雖無權相，但孝宗卻信用近臣。孝宗朝臣論斥近臣之舉，則與和戰之爭同爲孝宗朝之大事。

　　由君權之擴張觀之，南宋權相僅爲君權表達之另一方式。孝宗無權相，然對近臣之信用，致有「宰執反出近臣之門」，信用近臣同樣爲君權表達之方式。因此若由君權之擴張而言，親近臣與任權相，均爲君權擴大的方式。

　　雖然孝宗時，舉朝上諫孝宗之任用近臣，實暗責孝宗親小人、遠賢者。本書論述孝宗之任用近臣，重點僅在舖述歷史眞相，而未作道德價值判斷。

　　孝宗任相，多不久其位，淳熙以前，任相滿二年者僅虞允文（任相三年餘）與陳康伯（任相四年餘）二人而已。淳熙以後，尤其是淳熙五年史浩去位後之諸相，如趙雄、王淮、梁克家、周必大等，在相位則超過二年。而淳熙五年以後，諸相與近臣之衝突，亦漸不顯著。

　　在學術思想方面，兩宋時儒門已非淡薄景象，孝宗朝諸儒連茹並起，義理講求益精。然孝宗朝之諸儒，佛學仍具不同形式之影響。孝宗與史浩均有得於佛學，孝宗〈原道辨〉之作，在辨明儒、釋、道三者之迹異本同，孝宗主「以佛修心，以道養生，以儒治世」，是於三者「本同」之處，尚未究其竟，復生三教之別如故。史浩則據此，糾正孝宗之失，孝宗因此將〈原道辨〉易

〔註7〕見《宋史》，卷三一四，〈范仲淹傳〉，頁10270。
〔註8〕見《歷代名臣奏議》，卷一四四，頁5，虞允文奏語。

名爲〈三教論〉。此外，孝宗於淳熙十年刊行之《御註圓覺經》，仍持融會儒、釋之故說。史浩於淳熙十六年，上呈《尙書講義》，反覆以儒家學說，誘導帝學。

史浩之學術，除承自家學外，未見其他師承，蓋史浩躬履自得之。史浩爲學甚廣，旁涉釋、老，而歸本於儒。《宋元學案》以史浩與張九成，二人爲學最近，故將史浩置於〈橫浦（九成）學案〉中。

史浩對學界最可稱述者，應爲舉薦朱熹、陸九淵與葉適等學者。史浩晚年築眞隱園，延請陸九淵弟子沈煥居於園中，袁燮、楊簡與呂祖儉等象山派學者，亦往來於眞隱園中。陸九淵爲江西人，然傳其學者，實以明州爲主。《宋元學案》謂：「槐堂（象山）之學，莫盛於吾甬上，而江西反不逮。」〔註9〕

史浩晚年與象山學派，關係最深，史浩於致仕陛辭中所薦之士，亦以象山學派居多。史浩並遣子姪從學於楊簡、袁燮門下，史氏一族，自此幾以象山學爲其「家學」。明州一地直至史蒙卿、黃震後，始改宗朱子學。

史浩晚年嘗作《尙書講義》一書，於堯舜禹十六字心傳，致力尤多，蓋爲規諫君德之故。史浩是書於淳熙十六年進呈，未進呈前，史浩曾就教於陸九淵門人孫應時。

雖然《朱子語類》對史浩《尙書講義》一書評價並不甚高，然該書非全爲解經而作。孫應時謂此書之精華，在「多所發明帝王君臣精微正大之蘊」，〔註10〕唯書中亦有借經發揮史浩早年對和戰看法之處。

南宋乾、淳諸儒，肆其智力，發揮義理之學。寧宗時有道學之禁。淳熙十六年前後，孫應時卽因史浩赴京，請史浩救朝廷「諱惡道學」之弊，如此則於淳熙十六年前後，道學之禁，已有山雨欲來風滿樓之勢。清人全祖望嘗稱許史浩曰：

> 至其有昌明理學之功，實爲南宋培國脈，而惜乎舊史不能闡也。（中
> 略）乾、淳諸老，其連茹而起者，皆忠定（史浩）力也。〔註11〕

全祖望亦鄞人，所言皆舊史所未發之論。至於以史浩之舉薦陸九淵、朱熹、楊簡與葉適等人，卽稱史浩「爲南宋培國脈」，恐有爲鄉賢溢美之嫌。蓋諸儒其時均已成學，聲望已隆，史浩僅因時就勢，薦之朝廷而已。

〔註9〕見《宋元學案》，二十冊，卷七七，〈槐堂諸儒學案〉，頁7。
〔註10〕見《燭湖集》，卷六，頁1。
〔註11〕見《鮚埼亭集》，外編，卷二四，〈鄮峯眞隱漫錄題詞〉，頁979。

　　史浩薦士之多，範圍之廣，爲其時士林之美談。眞德秀嘗推崇史浩之薦士，曰：

　　　　方其柄國時，護公道如命脈，惜人材如體膚。在廷諸賢，持議間有
　　　　不同，而包涵容養，亡秋毫忿疾意，異時復還宰路，所薦進皆海內
　　　　第一流，不以同異爲用舍。〔註12〕

在政治方面，南宋宰輔之能下士者，史浩實開其首。〔註13〕史浩一生可稱述者，尚不止於此。全祖望更稱許史浩謂：

　　　　今讀忠定（史浩）之集，其資善堂諸文字，所以啓沃孝宗於潛藩者
　　　　也；其兩府文字，則即吹噓諸老不遺餘力者也；其歸田以後文字，
　　　　所以優游林下，擧行鄉飲酒禮，建置義田者也。中興宰輔如忠定者，
　　　　蓋亦完人也。〔註14〕

寧宗時樓鑰奉命敕撰史浩之碑，即命名爲〈純誠德厚元老之碑〉。黃震於咸淳四年（1268），作〈寶善堂記〉，亦盛贊史浩之以善爲寶。〔註15〕而全祖望所謂「中興宰輔如忠定者，蓋亦完人也」，以完人稱許史浩，可謂推崇備至。

　　復次，史浩起自寒士，榮顯後仍能以儉持家，晚年眞隱園之築，孝宗曾斥白金萬兩，以助其成。其眞隱園至南宋晚期，猶爲明州一遊覽勝地，然史浩之眞隱園仍爲「清涼境界」，園中以殺生爲戒。黃震即稱史浩「壽登九袠，朝夕會賓朋，而未嘗殺一生物，此何止黃花飼雀之心」。〔註16〕

　　史浩並作《童𫇥須知》一書，以訓誡子孫，於飲食衣物，皆規誡持之以儉。黃震認爲《童𫇥須知》一書，「無愧《顏氏家訓》」。史浩既以儉持家，史浩之諸孫「幼孤寓京」，亦能「不豢於膏粱，不眩於繁華，刻苦自立，閉戶讀書」。〔註17〕然則史浩之子孫，得持家譽，實亦有得於史浩之規誡耳。

〔註12〕見《西山先生眞文忠公文集》，卷三五，〈跋史太師與通奉帖〉，頁630。
〔註13〕同註11。
〔註14〕同前註。
〔註15〕見《黃氏日抄》，卷八六，頁39。
〔註16〕同前註。
〔註17〕見《黃氏日抄》，卷八六，頁38。

參考書目

壹、中　文

一、史　料

1. 丁傳靖（民國）輯，《宋人軼事彙編》，二〇卷，臺北市，臺灣商務印書館，民國 55 年。

2. 王十朋（宋）撰，《梅溪王先生文集》，奏議五卷、詩文前集二〇卷、後集二九卷，臺北市，臺灣商務印書館，四部叢刊初編本。

3. 王元恭（元）主修、王厚孫撰，《正至四明續志》，一二卷，中國地志研究會印行，宋元地方志叢書本。

4. 王亨彥（民國）修，《普陀洛迦新志》，一二卷、首一卷，臺北市，明文書局，民國 69 年 1 月，據民國 13 年排印本影印，中國佛寺史志彙刊本。

5. 王明清（宋）撰，《揮麈錄》，前錄一四卷、後錄一一卷、餘話二卷，臺北市，臺灣商務印書館，四部叢刊續編本。

6. 王洋（宋）撰，《東牟集》，一四卷，臺北市，臺灣商務印書館，四庫珍本初集。

7. 王質（宋）撰，《雪山集》，一六卷，臺北市，藝文印書館，百部叢書集成之二七聚珍版叢書本。

8. 王應麟（宋）編，《玉海》，二〇四卷，日・京都市，中文出版社，1977年 12 月，影印本。

9. 王應麟撰，《翁注困學紀聞》，二〇卷，臺北市，臺灣商務印書館，民國 57 年 3 月，國學基本叢書本。

10. 王應麟撰，《四明文獻集》，五卷，臺北市，中國文化學院出版部，民國 53 年，四明叢書本。

11. 王應麟撰、葉熊輯，《深寧先生文鈔摭餘篇》，三卷，臺北市，中國文化學院出版部，民國 53 年，四明叢書本。

12. 不著撰人，《中興禦侮錄》，二卷，臺北市，藝文印書館，百部叢書集成之六四粵雅堂叢書本。

13. 不著撰人，《宋史全文續資治通鑑》，三六卷，臺北縣，文海出版社，民國 58 年 5 月，影印本。

14. 不著撰人，《朝野遺記》，一卷，臺北市，臺灣商務印書館，歷代小史本。

15. 不著撰人，《三朝野史》，一卷，臺北市，文源書局，學海類編本。

16. 不著撰人，《皇宋中興兩朝聖政》，六四卷，臺北縣，文海出版社，民國 56 年 1 月，據宛委別藏影宋鈔本影印。

17. 不著撰人，《京口耆舊傳》，九卷，臺北市，藝文印書館，百部叢書集成之六四粵雅堂叢書本。

18. 史浩（宋）撰，《周官講義》，一四卷殘存八卷，臺北國家圖書館藏宋寧宗時刊本。

19. 史浩撰，《尚書講義》，二〇卷，臺北市，國防研究院中華大典編印會，民國 55 年，四明叢書本；又臺北市，臺灣商務印書館，四庫珍本二集。

20. 史浩撰，《鄮峯眞隱漫錄》，五〇卷，臺北市，臺灣商務印書館，四庫珍本二集。

21. 史彌寧（宋）撰，《友林乙稿》，一卷，臺北市，臺灣商務印書館，四庫珍本四集。

22. 江少虞（宋）撰，《皇朝類苑》，七八卷，日・京都市，中文出版社，1977 年 11 月，影印本。

23. 朱國禎（明）撰，《湧幢小品》，三二卷，臺北市，新興書局，筆記小說大觀本。

24. 朱熹（宋）撰，《朱文公文集》，一〇〇卷、續集一一卷、別集一〇卷，臺北市，臺灣商務印書館，四部叢刊初編本。

25. 全祖望（清）撰，《鮚埼亭集》，三八卷、外編五〇卷，臺北市，華世出版社，民國 66 年 2 月，影印本。

26. 李心傳（宋）撰，《建炎以來朝野雜記》，甲集二〇卷、乙集二〇卷、逸文一卷，臺北縣，文海出版社，民國 56 年 1 月，影印本。

27. 李心傳撰，《建炎以來繫年要錄》，二〇〇卷，臺北縣，文海出版社，民國 57 年 1 月，影印本。

28. 宋孝宗撰，《御註圓覺經》，二卷，臺北市，中國佛教會，民國 60 年，卍續藏本。

29. 宋奎元（明）修，《徑山志》，一四卷，臺北市，明文書局，民國 69 年 1

月，中國佛寺史志彙刊，據明天啟四年原刊本影印。

30. 佛國惟白（宋）撰，《續傳燈錄》，三六卷，臺北市，中華佛教文化館，民國 46 年 10 月。

31. 志磐（宋）撰，《佛祖統紀》，五四卷，臺北市，中華佛教文化館，民國 46 年 10 月。

32. 吳泳（宋）撰，《鶴林集》，四〇卷，臺北市，臺灣商務印書館，四庫珍本初集。

33. 吳潛（宋）主修、梅應發、劉錫撰，《開慶四明續志》，一二卷，中國地志研究會，宋元地方志叢書本。

34. 吳潛（宋）撰，《許國公奏議》，四卷，臺北市，藝文印書館，百部叢書集成之七六十萬卷樓叢書本。

35. 汪應辰（宋）撰，《文定集》，二四卷，臺北市，藝文印書館，百部叢書集成之二七聚珍版叢書本。

36. 周必大（宋）撰，《二老堂雜記》，五卷，臺北市，文源書局，學海類編本。

37. 周必大撰，《玉堂雜記》，一卷，臺北市，臺灣商務印書館，歷代小史本。

38. 周必大撰，《文忠集》，二〇〇卷，臺北市，臺灣商務印書館，四庫珍本二集。

39. 周密（宋）撰，《癸辛雜識》，前集一卷、後集一卷、續集二卷、別集二卷，臺北市，藝文印書館，百部叢書集成之四六學津討原本。

40. 周密撰，《齊東野語》，一卷，臺北市，臺灣商務印書館，歷代小史本。

41. 周密撰，《武林舊事》，一〇卷，臺北市，興中書局，知不足齋叢書本。

42. 周應賓（明）修，《重修普陀山志》，六卷，臺北市，明文書局，民國 69 年 9 月，中國佛寺史志彙刊，據明萬曆三十五年張隨刊本影印。

43. 周麟之（宋）撰，《海陵集》，二三卷，臺北市，臺灣商務印書館，四庫珍本七集。

44. 明成祖敕撰，《永樂大典》，一〇〇冊，臺北市，世界書局，民國 51 年 2 月，影印本。

45. 岳珂（宋）撰，《桯史》，一卷，臺北市，臺灣商務印書館，歷代小史本。

46. 韋居安（宋）撰，《梅磵詩話》，三卷，臺北市，藝文印書館，百部叢書集成之三九讀畫齋叢書本。

47. 施宿（宋）纂，《嘉泰會稽志》，二〇卷，中國地志研究會，宋元地方志叢書本。

48. 胡榘（宋）主修、羅濬、方萬里撰，《寶慶四明志》，二一卷，中國地志研究會，宋元地方志叢書本。

49. 洪邁（宋）撰，《容齋隨筆》，隨筆一六卷、續筆一六卷、三筆一六卷、四筆一六卷、五筆一〇卷，臺北市，臺灣商務印書館，民國 68 年 6 月。

50. 洪邁撰，《夷堅志》，二三六卷，日・京都市，中文出版社，民國 64 年 6 月，影印涵芬樓藏本。

51. 馬端臨（宋）撰，《文獻通考》，三四八卷，臺北市，新興書局，影印本。

52. 馬澤（元）主修、袁桷、王厚孫撰，《延祐四明志》，二〇卷，中國地志研究會，宋元地方志叢書本。

53. 袁甫（宋）撰，《蒙齋集》，二〇卷，臺北市，臺灣商務印書館，四庫珍本別輯。

54. 袁桷（元）撰，《清容居士集》，五〇卷，臺北市，臺灣商務印書館，四部叢刊初編本。

55. 袁燮（宋）撰，《絜齋集》，二四卷，臺北市，臺灣商務印書館，四庫珍本別輯。

56. 徐松（清）撰，《宋會要輯稿》，十六冊，臺北市，世界書局，民國 53 年 6 月，影印本。

57. 徐時棟（清）撰，《宋元四明六志校勘記》，九卷，中國地志研究會，宋元地方志叢書本。

58. 徐時棟輯，《四明舊志詩文鈔》，臺北縣，文海出版社，影印手抄本。

59. 徐經孫（宋）撰，《矩山存稿》，五卷，臺北市，臺灣商務印書館，四庫珍本六集。

60. 徐夢莘（宋）撰，《三朝北盟會編》，二五〇卷，臺北縣，文海出版社，民國 59 年。

61. 眞德秀（宋）撰，《西山先生眞文忠公文集》，五一卷，臺北市，臺灣商務印書館，國學基本叢書本。

62. 孫應時（宋）撰，《燭湖集》，三〇卷，臺北市，臺灣商務印書館，四庫珍本四集。

63. 郭子章（明）修，《明州阿育王山志》，一卷，臺北市，明文書局，民國 69 年 1 月，中國佛寺史志彙刊，據清乾隆廿二年正續合刊本影印。

64. 張九成（宋）撰，《橫浦集》，二〇卷，臺北市，臺灣商務印書館，四庫珍本四集。

65. 張仲文（宋）撰，《白獺髓》，一卷，臺北市，臺灣商務印書館，歷代小史本。

66. 張津（宋）纂，《乾道四明圖經》，一二卷，中國地志研究會，宋元地方志叢書本。

67. 張浚（宋）撰，《中興備覽》，三卷，臺北市，藝文印書館，百部叢書集

成之六三涉聞梓舊本。

68. 張淏（宋）修，《寶慶會稽續志》，七卷，中國地志研究會，宋元地方志叢書本。

69. 張端義（宋）撰，《貴耳集》，三卷，臺北市，藝文印書館，百部叢書集成之二二津逮秘書本。

70. 陸九淵（宋）撰，《象山先生全集》，三六卷，臺北市，臺灣商務印書館，民國 68 年 1 月。

71. 陸游（宋）撰，《老學庵筆記》，一○卷，臺北市，世界書局，民國 59 年再版，收於《陸放翁全集》中。

72. 陸游撰，《渭南文集》，五○卷，臺北市，世界書局，民國 59 年再版，收於《陸放翁全集》中。

73. 陸游撰，《劍南詩稿》，八五卷，臺北市，世界書局，民國 50 年，收於《陸放翁全集》中。

74. 曹秉仁（清）纂，《寧波府志》，三六卷，臺北市，成文出版社，民國 63 年，影印清雍正十一年重修乾隆六年補刊本。

75. 陳騤（宋）撰，《南宋館閣錄》，一○卷、續錄一○卷，臺北市，臺灣商務印書館，四庫珍本別輯。

76. 陳傅良（宋）撰，《止齋先生文集》，五二卷，臺北市，臺灣商務印書館，四部叢刊本。

77. 崔敦詩（宋）撰，《崔舍人玉堂類稿》，一九卷，臺北市，藝文印書館，百部叢書集成之八○佚存叢書本。

78. 脫脫（元）等修，《宋史》，四九六卷，臺北市，鼎文書局，民國 69 年，影印新校本。

79. 脫脫等修，《金史》，一三四卷，臺北市，國防研究院出版部，民國 59 年 2 月，新校本。

80. 馮時可（明）撰，《雨航雜錄》，二卷，臺北市，藝文印書館，百部叢書集成之一八寶顏堂秘笈本。

81. 馮福京主修、郭薦撰，《大德昌國州圖志》，七卷，中國地志研究會印行，宋元地方志叢書本。

82. 彭元瑞撰，《宋四六話》，一二卷，臺北市，臺灣商務印書館，民國 55 年，叢書集成簡編。

83. 黃宗義（清）撰，《四明山志》，九卷，臺北市，中華叢書委員會，影印本。

84. 黃震（宋）撰，《黃氏日抄》，九四卷，臺北市，臺灣商務印書館，四庫珍本二集。

85. 黃潤玉（明）撰，《寧波府簡要志》，五卷，臺北市，華岡書局，民國 55 年 10 月，四明叢書本。

86. 葉紹翁（宋）撰，《四朝聞見錄》，四集，臺北市，臺灣商務印書館，民國 55 年 3 月，叢書集成簡編本。

87. 葉適（宋）撰，《水心先生文集》，二九卷，臺北市，臺灣商務印書館，四部叢刊初編本。

88. 傅增湘（民國）輯，《宋代蜀文輯存》，一〇〇卷，臺北市，新文豐出版公司，民國 63 年，影印本。

89. 程顥（宋）撰，《明道文集》，五卷，臺北市，臺灣中華書局，四部備要，二程全書本。

90. 楊士奇（明）等編，《歷代名臣奏議》，三五〇卷，臺北市，臺灣學生書局，民國 53 年 12 月，影印本。

91. 楊士奇編，《文淵閣書目》，二〇卷，臺北市，藝文印書館，百部叢書集成之三九讀畫齋叢書本。

92. 楊仲良（宋）撰，《資治通鑑長編紀事本末》，一五〇卷，臺北縣，文海出版社，民國 58 年。

93. 楊萬里（宋）撰，《誠齋集》，一三三卷，臺北市，臺灣商務印書館，四部叢刊初編本。

94. 聞性道（清）修，《天童寺志》，一卷、首一卷，臺北市，明文書局，民國 69 年 1 月，中國佛寺史志彙刊，據清嘉慶重刊本影印。

95. 趙昇（宋）撰，《朝野類要》，五卷，臺北市，藝文印書館，百部叢書集成之二七聚珍版叢書本。

96. 趙善括（宋）撰，《應齋雜著》，六卷，臺北市，臺灣商務印書館，四庫珍本別輯。

97. 樓鑰（宋）撰，《攻媿集》，一一二卷，臺北市，臺灣商務印書館，四部叢刊初編本。

98. 劉克莊（宋）撰，《後村先生大全集》，一九六卷，臺北市，臺灣商務印書館，四部叢刊初編本。

99. 劉克莊撰，《後村詩話》，前集二卷、後集二卷、新集六卷、續集四卷，臺北市，藝文印書館，叢書集成續編之六適園叢書本。

100. 衛涇（宋）撰，《後樂集》，二〇卷，臺北市，臺灣商務印書館，四庫珍本初集。

101. 贊寧（宋）等撰，《宋高僧傳》，三〇卷，臺北市，中華佛教文化館。

102. 蔣學鏞（清）撰，《鄞志稿》，二〇卷，臺北市，華岡書局，民國 55 年 10 月，四明叢書本。

103. 潘永因（清）輯，《宋稗類鈔》，八卷，臺北市，廣文書局，民國 56 年 12 月，影印本。

104. 蔡戡（宋）撰，《定齋集》，二〇卷，臺北市，藝文印書館，叢書集成三編之二七常州先哲遺書本。

105. 黎靖德（宋）編輯，《朱子語類》，一四〇卷，日・京都市，中文出版社，民國 68 年 2 月，影印本。

106. 錢維喬（清）修、錢大昕纂，《鄞縣志》，三〇卷、首一卷，臺北國立故宮博物院藏清乾隆五十三年刊本。

107. 戴栩（宋）撰，《浣川集》，一〇卷，臺北市，臺灣商務印書館，四庫珍本別輯本。

108. 潛說友（宋）纂，《咸淳臨安志》，一〇〇卷，中國地志研究會，宋元地方志叢書本。

109. 謝維新（宋）編、虞載（宋）續編，《古今合璧事類備要》，九四卷、續編六六卷，臺北市，新興書局，民國 58 年 10 月，據明嘉靖本影印。

110. 羅大經（宋）撰，《鶴林玉露》，一八卷，臺北市，正中書局，民國 58 年 12 月，影印本。

111. 覺岸（元）撰，《釋氏稽古略》，四卷，臺北市，中華佛教文化館。

二、專　著

（一）清以前專著

1. 王夫之（清）撰，《宋論》，一五卷，臺北市，三人行出版社，民國 63 年 3 月，鉛印本。

2. 王洙（明）撰，《宋史質》，一〇〇卷，臺北市，大化書店，民國 66 年 5 月，影印本。

3. 王梓材（清）、馮雲濠輯、張壽鏞校補，《宋元學案補遺》，一〇〇卷，臺北市，世界書局，民國 51 年，影印四明叢書本。

4. 王弼注，《老子道德經》，二卷，臺北市，藝文印書館，無求有備齋老子集成新編本。

5. 王懋竑纂，《朱子年譜》，四卷、考異四卷，臺北市，臺灣商務印書館，民國 60 年，影印鉛排本。

6. 《四庫全書總目提要》，二〇〇卷，臺北市，臺灣商務印書館，國學基本叢書本。

7. 《四庫全書簡明目錄》，二〇卷，臺北市，鼎文書局，民國 64 年 9 月八版，四庫全書概述本。

8. 朱熹注，《四書集註》，臺北市，世界書局，民國 62 年，影印本。

9. 朱衡（明）撰，《道南委源》，六卷，臺北市，藝文印書館，百部叢書集成之二六正誼堂全書。

10. 朱彝尊（清）撰，《經義考》，三○○卷，臺北市，臺灣中華書局，四部備要本。

11. 吳廷燮撰，《南宋制撫年表》，臺北市，臺灣開明書店，民國 48 年，廿五史補編本，頁 7927～7988。

12. 宗密（唐）述，《圓覺經道場修證義》，一八卷，臺北市，中國佛教會，民國 60 年，卍續藏本。

13. 何維駟（明）撰，《宋史新編》，二○○卷，臺北市，新文豐出版公司，民國 63 年，影印本。

14. 孫星衍（清）注，《尚書今古文注疏》，三○卷，臺北市，臺灣商務印書館，民國 65 年二版。

15. 畢沅（清）編，《續資治通鑑》，二二○卷，臺北市，宏業書局，民國 63 年 9 月，影印新校本。

16. 陸心源（清）纂，《宋史翼》，四○卷，臺北縣，文海出版社，民國 56 年 1 月，影印本。

17. 莊仲方（清）編，《南宋文範》，七○卷、補編四卷，臺北市，鼎文書局，民國 64 年，影印本。

18. 陳振孫（宋）撰，《直齋書錄解題》，二二卷，臺北市，臺灣商務印書館，民國 57 年，國學基本叢書本。

19. 章學誠（清）撰，《文史通義》，〈方志略例〉三卷，臺北市，國史研究室，民國 62 年 11 月三版。

20. 馮琦等編，《宋史紀事本末》，一○九卷，臺北市，三民書局，民國 52 年 2 月再版。

21. 黃宗羲（明）等撰，《宋元學案》，一○○卷，臺北市，河洛圖書公司，民國 64 年 3 月，影印本。

22. 曾堅撰，《四明洞天丹山圖詠集》，一卷，臺北市，藝文印書館，正統道藏本。

23. 無著道忠（清）撰，《敕修百丈清規左觿》，二○卷，日·京都市，中文出版社，1977 年 8 月，影印日本妙心寺藏鈔本。

24. 褚家軒（清）撰，《堅瓠集》，六六卷，臺北市，新興書局，筆記小說大觀本。

25. 裴休（唐）錄，《黃檗斷際傳心法要》，臺北市，臺灣商務印書館，民國 56 年 9 月。

26. 趙翼（清）撰，《廿二史劄記》，一四卷，臺北市，華世出版社，民國 66 年 9 月。

27. 蔡元鳳（清）撰，《王荊公年譜》，臺北市，洪氏出版社，民國 64 年 4 月。

28. 慧能（唐）述、丁福保注，《六祖壇經》，一○卷，臺北市，觀世音雜誌社，影印本。

29. 盧文（清）輯，《宋史孝宗紀補脫》，一卷，臺北市，臺灣商務印書館，叢書集成簡編之六四群書拾補本。

30. 錢士升（明）編，《南宋書》，六八卷，臺北中央研究院傅斯年圖書館藏掃葉山房本。

31. 錢大昕（清）撰，《十駕齋養新錄》，二○卷，臺北市，臺灣商務印書館，民國 57 年 3 月。

32. 錢大昕撰，《潛研堂文集》，五○卷，臺北市，臺灣商務印書館，民國 57 年，國學基本叢書本。

33. 龍樹撰、鳩摩羅什譯，《大智度論》，一○○卷，臺北市，新文豐出版公司，民國 63 年。

34. 龍樹撰、印順講、演培記，《大觀論頌講記》，臺北市，講者自印本，民國 62 年。

（二）近人專著

1. 王國維，《觀堂集林》，二四卷，臺北市，臺灣商務印書館，海寧王靜安先生遺書本。

2. 王國維，《唐宋大曲考》，一卷，臺北市，臺灣商務印書館，海寧王靜安先生遺書本。

3. 王德毅，《宋史研究論集》，臺北市，臺灣商務印書館，民國 57 年 11 月。

4. 王德毅，《宋史研究論集》，第二輯，臺北市，鼎文書局，民國 61 年 5 月。

5. 牟宗三，《佛性與般若》，臺北市，臺灣學生書局，民國 66 年 6 月。

6. 牟宗三，《從陸象山到劉蕺山》，臺北市，臺灣學生書局，民國 68 年 8 月。

7. 牟宗三，《心體與性體》，臺北市，正中書局，民國 62 年二版，三冊。

8. 宋晞，《宋史研究論叢》，第一輯，臺北市，中國文化研究所，民國 51 年 6 月。

9. 宋晞，《宋史研究論叢》，第二輯，中國文化學院出版部，民國 69 年 2 月。

10. 屈萬里註，《尚書今註今釋》，臺北市，臺灣商務印書館，民國 62 年五版。

11. 姚從吾，《姚從吾先生全書》（三）——《金朝史》，臺北市，正中書局，民國 62 年 5 月。

12. 唐一玄，《圓覺經自課》，高雄縣，佛教文化服務處，民國 62 年 1 月。

13. 李震等，《中國歷代戰爭史》，第五編第十冊，臺北市，三軍聯合參謀大學，民國 57 年。

14. 唐君毅，《中國哲學原論原教篇》，臺北市，臺灣學生書局，民國 66 年再版。

15. 梁庚堯，《南宋的農地利用政策》，臺北市，國立臺灣大學文學院，民國 66 年 2 月。

16. 陶晉生，《金海陵帝的伐宋與采石戰役的考實》，臺北市，國立臺灣大學文學院，民國 52 年 5 月。

17. 馮友蘭，《貞元六書》，香港，龍門書店，1972 年，二冊。

18. 馮友蘭，《中國哲學史》，北京，中華書局，民國 50 年。

19. 張君勱，《新儒家思想史》，臺北市，張君勱先生獎學金基金會，民國 68 年 8 月。

20. 梁啓超，《王荊公》，臺北市，臺灣中華書局，民國 67 年三版。

21. 陳登原，《國史舊聞》，臺北市，臺灣大通書局，民國 60 年 11 月，二冊。

22. 陳新會，《中國佛教史籍概論》，臺北市，三人行出版社，民國 63 年 7 月。

23. 陳鐘凡，《兩宋思想述評》，臺北市，民國 66 年，華世出版社。

24. 張國淦，《中國古方志考》，臺北市，鼎文書局，民國 63 年。

25. 傅振倫，《中國方志學通論》，臺北市，臺灣商務印書館，民國 59 年 5 月二版。

26. 黃寬重，《晚宋朝臣對國是的爭議——理宗時代的和戰邊防與流民》，臺北市，國立臺灣大學文學院，民國 67 年 2 月。

27. 黃彰健，《經學理學文存》，臺北市，臺灣商務印書館，民國 65 年 1 月。

28. 楊立誠、金步瀛編，《中國藏書家考略》，臺北縣，文海出版社，民國 60 年 10 月。

29. 劉道元，《兩宋田賦制度》，臺北市，食貨出版社，民國 67 年 12 月再版。

30. 慧嶽，《天臺教學史》，臺北縣，中華佛教文獻編撰社，民國 63 年。

31. 錢穆，《朱子新學案》，臺北市，三民書局，民國 60 年 9 月，五冊。

32. 錢穆，《國史大綱》，臺北市，臺灣商務印書館，民國 60 年 10 月。

33. 錢穆，《宋明理學概述》，臺北市，臺灣學生書局，民國 64 年修訂版。

34. 錢穆，《中國學術通義》，臺北市，臺灣學生書局，民國 64 年。

三、論 文

1. 王德毅，〈李秀巖先生年譜〉，附於《建炎以來繫年要錄》（臺北縣，文海出版社，民國 57 年 1 月影印本），頁 6695～6770。

2. 王德毅，〈李心傳著述考〉，附於《建炎以來繫年要錄》（臺北縣，文海出版社，民國 57 年 1 月影印本），頁 6771～6788。

3. 王德毅，〈宋孝宗及其時代〉，《宋史研究集》第十輯（臺北市，國立編譯

館中華叢書編審委員會，民國 67 年 3 月），頁 245～302。

4. 王德毅，〈兩宋十三朝會要纂修考〉，《宋史研究集》第十一輯（臺北市，國立編譯館中華叢書編審委員會，民國 68 年 7 月），頁 465～488。

5. 曲守約，〈宋史宰輔表評議〉，《大陸雜誌》，二〇卷一〇期，民國 60 年 5 月，頁 3、7、26。

6. 阮芝生，〈學案題裁源流初探〉，《中國史學史論文集》第一集（杜維運、黃進興編，臺北市，華世出版社，民國 65 年 9 月），頁 574～596。

7. 谷霽光，〈宋代繼承問題商榷〉，《清華學報》，一三卷一期，民國 41 年 1 月，頁 115～162。

8. 林天蔚，〈宋代權相形成之分析〉，《宋史研究集》第八輯（臺北市，國立編譯館中華叢書編審委員會，民國 65 年），頁 141～170。

9. 林瑞翰，〈建炎明州之戰及紹興宋與偽齊之戰〉，《大陸雜誌》，一一卷一二期，民國 44 年 12 月，頁 18～23。

10. 孫克寬，〈南宋金元間的山東忠義軍與李全〉，《蒙古漢軍與漢文化研究》（臺中市，東海大學，民國 59 年），頁 11～43。

11. 浦薛鳳，〈皇位繼承與危機禍亂——由五因素着眼之分析統計與歸納〉，《清華學報》，新八卷一、二期合刊，民國 59 年 8 月，頁 84～150。

12. 張其昀，〈宋代四明之學風〉，《宋史研究集》第三輯（臺北市，國立編譯館中華叢書編審委員會，民國 55 年），頁 33～71。

13. 陳樂素，〈讀宋史魏杞傳〉，《浙江學報》，二卷一期，民國 37 年 3 月，頁 9～16。

14. 湯次了榮，〈圓覺經之研究〉，《經典研究集》（張曼濤主編，《現代佛教學術叢刊》，臺北市，大乘文化出版社），頁 251～332。

15. 程光裕，〈鮚埼亭集宋史史料考釋舉例〉，《大陸雜誌》，二一卷五期，民國 49 年 9 月，頁 184～187。

16. 黃俊彥，〈韓侂冑與南宋中期的政局變動〉，國立臺灣師範大學歷史研究所，民國 65 年碩士論文。

17. 黃寬重，〈略論南宋時代的歸正人〉，《食貨月刊》，復刊七卷三、四期，民國 66 年 6 月，頁 15～24；頁 22～33。

18. 趙鐵寒，〈由宋史之取材論私家傳記的史料價值〉，《中國史學史論文集》第一集（杜維運、黃進興編，臺北市，華世出版社，民國 65 年 9 月），頁 480～514。

19. 劉子健，〈試論宋代行政難題〉，《大陸雜誌》，二八卷七期，民國 53 年 4 月，頁 1～3。

20. 劉子健，〈南宋的君主與言官〉，《清華學報》，新八卷一、二期合刊，民國 59 年，頁 340～344。

21. 劉子健，〈岳飛——從史學史和思想史來看〉，《中國學人》，第二期，1970年9月，頁43～58。

22. 劉子健，〈背海立國與半壁山河的長期穩定〉，《中國學人》，第四期，1972年7月，頁1～14。

23. 劉子健，〈包容政治的特點〉，《中國學人》，第五期，1973年7月，頁1～28。

24. 錢穆，〈論宋代相權〉（原刊於《中國文化研究彙刊》，第二卷，民國31年；轉刊於《宋史研究集》，第一輯，民國47年），頁455～462。

25. 魏應麒，〈尚書篇目異同考〉，《尚書論文集》（陳新雄、于大成主編，木鐸出版社，民國64年），頁41～57。

貳、西文論著

1. McKnight, Brian E., *Villiage and Bureaucracy in Southern Sung China*, Chicago: The University of Chicago Press, 1971.

2. Schirokauer, Conrad, "Neo-Confucians Under Attack; The Condemnation of Wei-hsueh," in Haeger, John W. ed., *Crisis and Prosperity in Sung China*, Tucson: The University of Arizona Press, 1975, pp.163～198.

附錄一：史浩家族簡表

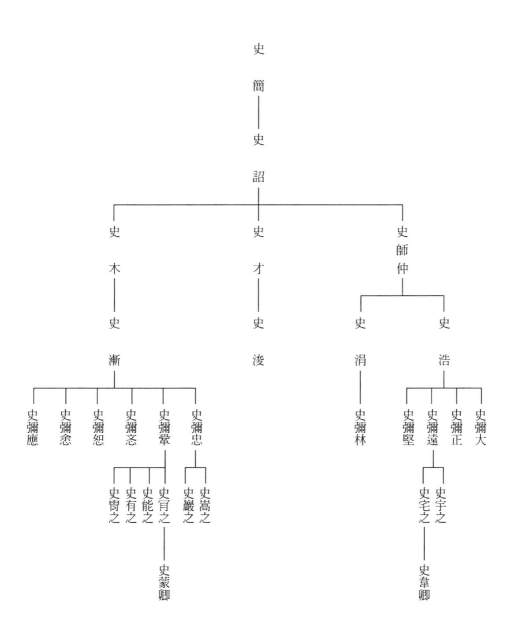

附錄二：史浩生平大事年表

時　　　間	重　　要　　大　　事
徽宗崇寧五年（1106）	史浩生。
政和八年（1118）	史浩曾祖母葉氏卒。
高宗紹興十五年（1145）	史浩中進士，爲餘姚尉，時浩年四十。
紹興十八年（1148）	史浩爲昌國州正監鹽官。
紹興二十三年（1153）	史才（史浩叔父）任簽書樞密院事兼權參知政事。
紹興二十四年（1154）	史才罷執政。
紹興二十五年（1155）	秦檜卒。
紹興二十六年（1156）	中書舍人吳秉信薦史浩爲太學正。
紹興二十九年（1159）	史浩任秘書郎兼普安、恩平郡王府教授。是年六月張九成卒。
紹興三十年（1160）	普安郡王進封爲建王。史浩遷司封員外郎、兼直講。
紹興三十一年（1161）	史浩遷宗正少卿。十二月，孝宗扈蹕建康，史浩隨行。
紹興三十二年（1162）	五月孝宗立爲皇太子，六月受禪。史浩遷中書舍人。八月史浩除參知政事。十月史浩提舉編類聖政所，兼權知樞密院事；薦尹穡、陸游等。十一月史浩免權知樞密院事。
孝宗隆興元年（1163）	正月史浩進爲尚書右僕射同中書門下平章事，兼樞密使。張浚進爲樞密使、都督江淮東西路軍馬，開府建康。三月張栻以論龍大淵、曾覿罷參知政事。四月張浚議出師渡淮，三省樞密院不預其事。五月史浩罷相，授觀文殿大學士知紹興府，史浩力辭，授提舉臨安府洞霄宮以歸。

時　　　間	重　要　大　事
乾道四年（1168）	二月除史浩四川制置使，浩辭不就。三月改除知紹興府、兩浙東路安撫使。
乾道六年（1170）	史浩丁母憂。
乾道八年（1172）	十一月史浩出知福州。次年始赴任。
淳熙四年（1177）	正月史浩除少保觀文殿大學士、醴泉觀使兼侍讀。五月史浩封永國公。
淳熙五年（1178）	三月史浩爲右丞相。七月史浩等與孝宗論朋黨。九月史浩提舉國史日歷所。十月史浩等上《三祖第六世下宗藩慶系》、《仁宗玉牒》。十一月賜史浩後洋街宅一區；本月史浩罷政，兼侍讀。
淳熙八年（1181）	史浩乞歸里，辭陛猶進八事，並薦陸九淵、楊簡、葉適等十五人。
淳熙十年（1183）	二月孝宗《御註圓覺經》賜徑山能仁禪寺僧寶印刊行。八月史浩以太保魏國公致仕。
淳熙十六年（1189）	正月史浩進《尙書講義》，詔付秘書省。
光宗紹熙元年（1190）	光宗卽位，史浩進位太師。
紹熙五年（1194）	史浩薨，享年九十，葬於鄞縣。
寧宗嘉定十四年（1221）	八月追封史浩爲「越王」，諡「忠定」，配享孝宗廟。

附錄三：朱熹的經史觀

蔣義斌

一、前　言

　　朱熹在中國思想史上有重要的地位，不只因他對儒學傳統的重塑有深遠的貢獻，同時也因他在史學上有具影響力的作品傳世。周予同先生將朱熹所作的史書，分爲以下諸類：1. 編年類；2. 傳記類；3. 政書類；4. 地志類。共十二部，〔註1〕這十二部史書，現今大多失佚。周先生也指出，基本上朱熹並不是位史學家，而朱熹的經學作品雖亦多，但他也不是嚴格意義的經學家，他應是位哲學家。〔註2〕周先生的見解，不能說沒見地，但哲學家是西方學術的分科，以此角度，無法說明朱熹在中國學術發展的地位。事實上，朱熹創新了經學傳統，以四書取代五經。朱熹及其弟子所撰著的史書，對宋以後一般學子有深遠的影響。

　　在中國學術發展過程中，經史關係一直是一個重要的問題。漢代今、古文經學之爭，與二者對經、史態度不同有關；〔註3〕朱熹與呂祖謙、陳亮的論

〔註1〕編年類有：《資治通鑑綱目》、《資治通鑑綱目提要》；傳記類有：《伊洛淵源錄》、《名臣言行錄》、《曾子固年譜》、《婺源茶院朱氏世譜》；政書類有：《紹熙州縣釋奠儀圖》、《四家禮範》、《二十家古今家祭禮》、《祭禮》、《三先生論事錄》；地志類有：《台寓錄》。上述諸書大多已失佚。參見周予同，《朱熹》第七章，該書收入朱維錚編，《周予同經學史論著選集》（上海人民出版社，1983 年）。

〔註2〕見前註引書，頁 169～170。

〔註3〕蔣義斌，〈荀悅家學與漢末晉初史學〉，《史學彙刊》，第十五期，頁 1～9；周予同，〈經今古文學〉，收於《周予同經學史論著選集》，頁 25～26。

辯，其實是環繞著對史的看法不同；日後，章學誠建立其「六經皆史」的體系時，亦須論及朱陸，以及浙東、浙西學術，而其間的爭議，實即對經史關係看法的歧異。〔註4〕因此，經史關係與中國學術發展，有密切的關連。若能對朱熹的經史觀，作進一步的瞭解，則可能對朱熹的思想，有較全面的瞭解，並有助於理解學術的發展。

二、朱熹早年讀史及其返儒

朱熹十一歲時，父朱松曾經教朱熹讀史書，並爲朱熹「說古今成敗興亡大致」。〔註5〕朱松又好《左傳》，朱熹自幼承庭訓，耳濡目染，於史亦有所接觸，但朱熹對史並無自信，他曾自稱：

> 熹之先君子，好《左氏書》，每夕讀之，必盡一卷，乃就寢。故熹自幼未受學時，已耳熟焉。及長，稍從諸先生長者問春秋義例，時亦窺其一二大者，而終不能有以自信於其心。〔註6〕

文中「諸先生長者」，可能即指劉子翬（屏山）、劉勉之（白水）、胡憲（籍溪），蓋朱熹十四歲時，父朱松卒，朱熹承父遺命，受學於諸先生。其中，朱熹師事胡憲最久，〔註7〕胡憲爲《春秋》大家胡安國之從父兄子，朱熹早年得知春秋義例，蓋多由胡憲。然而上述諸先生均深染於佛學，〔註8〕朱熹早年亦用心於佛學。

朱熹自稱：「某自十五、六時，至二十歲，史書都不要看。但覺得閑是閑非沒要緊，不難理會。」〔註9〕朱熹十五、六歲不看史書時，正是他究心於釋、

〔註4〕 章學誠，〈浙東學術〉謂：浙東之學「通經服古」，「絕不空言德性」，「史學所以經世，固非空言著述」。章學誠的「六經皆史」論，是與戴震「經學即理學」相抗的兩種不同路數。

〔註5〕 朱熹，《朱文公文集》（臺北，臺灣商務印書館，《四部叢刊》本），續集卷八，頁11a，〈跋韋齋書昆陽賦〉謂：「紹興庚申熹年十一歲，先君罷官，行朝來寓建陽，……暇日手書此賦以授熹，爲說古今成敗興亡大致。」朱松所書昆陽賦之〈題詞〉謂：「爲兒甥讀〈光武紀〉至昆陽之戰，熹問何以能若是，爲道梗概，欣然領解，故書蘇子瞻昆陽賦畀之。」

〔註6〕 《朱文公文集》，卷八二，〈書臨漳所刊四經後〉，頁22a。

〔註7〕 王懋竑，《朱子年譜》（臺北，臺灣商務印書館，1971年），頁4。

〔註8〕 黃宗羲，《宋元學案》（臺北，河洛圖書出版社，1974年），卷四三，〈劉胡諸儒學案〉，頁48，謂：「白水、籍溪、屏山三先生，晦翁所嘗師事，（略）三家之學略同，然似皆不可不雜於禪。」

〔註9〕 黎靖德輯，《朱子語類》（京都，中文出版社，1979年），卷一〇四，頁5。

老學說之際。《朱子語類》謂：

> 某十五、六時，亦嘗留心於此（指禪），一日在病翁（劉子翬）所，
> 會一僧與之語，其僧只相應和了，說也不說是不是，卻與劉說，某
> 也理會得個昭昭靈靈底禪。（略）及去赴試時，便用他意思去胡說，
> 是時文字不似而今細密，由人粗說，試官爲某說動了，遂得舉。（原
> 注：時年十九）。〔註10〕

朱熹年輕時，雖接觸史書，但對史書不甚留意，其注意的焦點爲佛學。甚至
在應試時，亦參用佛學觀點。朱熹雖讀過不少佛書，但他的佛學訓練，主要
是大慧宗杲的看話禪。

　　錢賓四先生考訂紹興二十五年（公元 1155）朱熹二十六歲時，始有歸儒
之迹，〔註11〕亦在這年，朱熹於同安縣建「經史閣」，〔註12〕但朱熹眞正「自
安」於儒，是紹興三十二年（三十一歲），第三次進謁李侗後。朱熹於李侗處
的收穫，錢賓四先生曾考訂有下列三點：1. 須於人生日用上融會；2. 須看古
聖經義；3. 理一分殊，難在分殊處。〔註13〕日後朱熹之排佛，並建立其「格
物致知」的新體系，均與此三點有密切關係。〔註14〕

　　朱熹建立新體系的經過，幾經波折，至乾道五年（1169），四十歲時「中
和新說」諸書完成後，才完成了一套在日常生活中，格物致知的體系，而此
體系既可顯露出禪學的不足，而又是不雜於禪的純儒體系。

三、朱熹格物致知的架構與讀史

　　程頤主張「涵養須用敬，進學則在致知」，〔註15〕朱熹深受此思惟方式的
影響，在其格物致知的架構中，致知的內容，包括讀經史，並在平常日用間
體驗操存，朱熹〈答陳師德書〉中謂：

〔註10〕同前註引書，卷一○四，頁 8。
〔註11〕錢穆，《朱子新學案》第三冊（臺北，三民書局總經銷，1971 年），頁 17。
〔註12〕朱熹一面向帥府請書，以擴充圖書的藏量，共九百八十五卷，見《朱文公文
　　　　集》，卷七七，〈同安縣學官書後記〉；一面整理舊有的藏書，並理出書目，見
　　　　卷七五，〈同安縣故書目序〉。另外，又撰〈同安縣經史閣上梁文〉，勉勵學子
　　　　用功於儒學。
〔註13〕錢穆，《朱子新學案》第三冊，頁 35。
〔註14〕蔣義斌，〈朱熹排佛與參悟中和的經過〉，《史學彙刊》，第十四期，頁 92～94。
〔註15〕程頤，《河南程氏遺書》，收於《二程集》（臺北，里仁書局，新校本），卷十
　　　　八，頁 188。

> 程夫子之言曰：涵養須是敬，進學則在致知。此二言者，實學者立
> 身進步之要，而二者之功，蓋未嘗不交相發也。然夫子教人，持敬
> 不過以整衣冠，齊容貌爲先；而所謂致知者，又不過讀書史應事物
> 之間，求其理之所在而已。

> 示喻格物持敬之方，足見向道不忘之意，甚善！甚善！持敬正當自
> 此而入。至於格物，則伊川夫子所謂窮經應事，尚（上）論古人之
> 屬，無非用力之地。若舍此平易顯明之功，而必搜索窺伺於無形無
> 迹之境，竊恐陷於思而不學之病。〔註16〕

前述朱熹二十六歲有意歸儒時，於同安縣任內，便建「經史閣」。至朱熹建立
其體系時，仍認爲應在經史中致知。

程頤亦主讀史，在《河南程氏遺書》中有不少處，是程頤與弟子們，討
論史書或史實的紀錄，如程頤弟子們追述謂：

> 先生始看史傳，及半，則掩卷而深思之，度其後之成敗，爲之規劃，
> 然後復取觀焉，然成敗有幸不幸，不可以一概看。

> 看史必觀治亂之由，及聖賢修己處事之美。〔註17〕

顧子敦亦欲與程頤相約在山中，讀《通典》十年。〔註18〕因此，朱熹之讀史，
並不違背伊洛之學的傳統。

宋儒在山中讀史，欲由史書中，得悉治亂成敗之理，進而企有助於教化，
並不止顧子敦一人。《通志》的作者鄭樵，亦與堂兄讀史於山中。〔註19〕另一
位與朱熹同時的學者張仲隆，亦在山中築「通鑑室」，專心讀《資治通鑑》，
朱熹並爲他作〈通鑑室記〉，其記曰：

> 張侯仲隆慷慨有氣節，常以古人功名事業自期，（略）蓋將酌古揆今，
> 益求所以盡夫處事之方者而施之，非如世之學士大夫兀兀陳編，掇
> 拾華靡以爲談聽之資。（略）嘗客崇安之光化精舍，暇日新一室於門
> 右，不置餘物，獨取《資治通鑑》數十帙列其中，焚香對之，日盡

〔註16〕《朱文公文集》，卷五六，〈答陳師德〉第一、二書，頁24。
〔註17〕《河南程氏遺書》，卷二四，頁313。
〔註18〕顧子敦喜讀《通典》，在當時以治《通典》聞名，見《朱文公文集》，卷三五，
〈答劉子澄〉第二書，頁14a。又〈三先生論事錄〉：「昔顧子敦嘗爲人言，欲
就山間與程正叔讀《通典》十年。」見《朱文公文集》，卷七六，頁35b。
〔註19〕廈門大學歷史系鄭樵研究小組，〈鄭樵史學初探〉，收於吳澤編，《中國史學史
論集》（上海人民出版社，1980年），頁315～316。

數卷。蓋上下若干年之間，安危治亂之機，情僞吉凶之變，大者綱提領挈，細者縷析毫分，心目瞭然，無適而非吾處事之方者，如是蓋三年矣，而其起居飲食宴娛談笑，亦無一日而不在是也。室之前軒，俯視眾山，下臨清流邑屋基觀園林陂澤之勝，月星雨露風煙雲物之奇，反若有以開滌靈襟助發神觀者，尤於讀是書也爲宜。於是直以「通鑑」榜之，而屬予記。〔註20〕

宋儒的山水觀中，有宗教含義，〔註21〕儒者的宗教情操極致，是使「宇內」聖化，而張仲隆「焚香」讀史於山林中，朱熹肯定他之「非如世之學士大夫兀兀陳編，掇拾華靡以爲談聽之資」。讀史不但可以達「無適而非吾處事之方」，進而可以理亂存治，使「域內」聖化。朱熹在〈通鑑室記〉中，又陳述他自己對史及司馬光的看法：

予聞之古今者，時也；得失者，事也；傳之者，書也；讀之者，人也；以人讀書而能有以貫古今定得失者，仁也。蓋人誠能即吾一念之覺者，默識而固存之，則目見耳聞無非至理，而況是書先正溫公之志，其爲典型，總會簡牘淵林，有如神祖聖詔所襃者，是亦豈不足以盡其心乎。〔註22〕

於此文中，朱熹不但肯定讀史貫古今，由斷定「事」之得失，可達「仁」之境，而且對司馬光有甚高的崇敬之意。

朱熹於乾道三年（1167）七月作〈通鑑室記〉，時年三十八歲，此時朱熹尚未往訪張栻，仍維持返儒之初，與大慧宗杲「看話禪」對立的思想。「看話禪」主頓悟、不思議，而朱熹則主「口講心思」、「學問思辨」、格物致知。「看話禪」以參話頭於平時日用間作功夫，而朱熹則主張以格物致知於日用間作功夫。〔註23〕讀史，亦有助處事平常日用作功夫，以至於仁。

朱熹最初的體系，是與「看話禪」對立的體系，但「看話禪」以不思議的態度，在平常日用作功夫，不會被煩忙的事所牽亂。然而朱熹的新體系，反而有「事物交來，應接不暇，念念遷革」，爲大化所牽、無法貞定的大問

〔註20〕《朱文公文集》，卷七七，〈通鑑室記〉，頁11。
〔註21〕參蔣義斌，〈山水與范仲淹的宗教情操〉，收於《紀念范仲淹一千年誕辰國際學術研討會論文集》。
〔註22〕《朱文公文集》，卷七七，〈通鑑室記〉，頁11。
〔註23〕蔣義斌，〈朱熹排佛與參悟中和的經過〉，《史學彙刊》，第十四期，頁92～94。

題，〔註24〕故朱熹急於與張栻（1074～1138）論學，解決此問題，在作〈通鑑室記〉後的一個月，他便去湖南訪問張栻。往後數年，與張栻討論成為朱熹論學的重點，而他幾經曲折地，於乾道五年完成「中和新說」。

四、《通鑑綱目》撰述的動機

乾道八年（1172）朱熹完成《論語要義》、《孟子要義》，此二書是朱熹於儒學「自得」後的力作。同年的四月，朱熹撰〈資治通鑑綱目序〉，此時朱熹仍維持著他二十六歲建「經史閣」時，採經史均是致知範圍的態度。在撰〈資治通鑑綱目序〉時，他還特別強調「凡為致知格物之學者，亦將慨然有感於斯」，此序中，說明了他對《通鑑》仍有相當的尊重，並述及《通鑑綱目》的撰述目的：

> 先正溫國司馬文正公受詔編集《資治通鑑》，既成，又撮其精要之語，別為《目錄》三十卷，并上之。晚病本書太詳，《目錄》太簡，更著《舉要歷》八十卷，以適厥中，而未成也。至紹興初，故侍讀南陽胡文定公，始復因公遺稿，修成《舉要補遺》若干卷，則其文愈約而事愈備矣。然往者得於其家，而伏讀之，猶竊自病記識之弗彊，不能有以領其要而及其詳也。故嘗過不自料，輒與同志，因兩公四書，別為義例，增損概括，以就此編。

> 蓋表以首年，而因年以著統，大書以提要，而分注以備言，使夫歲年之久近，國統之離合，辭事之詳略，議論之同異，通貫曉析如指諸掌名曰《資治通鑑綱目》，凡若干卷，藏之巾笥，姑以私便檢閱，自備遺忘而已。

> 若兩公述作之本意，則有非區區所敢及者。雖然歲周於上，而天道明矣；統正於下，而人道定矣；大綱概舉，而鑑戒昭矣；眾目畢張，而幾微著矣。是則凡為致知格物之學者，亦將慨然有感於斯，而兩公之志，或庶乎其可以默識矣。〔註25〕

文中所提的胡文定公，即胡安國，除著《通鑑舉要補遺》外，亦撰《春秋傳》，宋高宗曾將其書置於座右。其子胡寅（1098～1156），著《讀史管見》，且曾批

〔註24〕蔣義斌，〈朱熹排佛與參悟中和的經過〉，《史學彙刊》，第十四期，頁95～97。
〔註25〕《朱文公文集》，卷七五，頁23。

評王安石之「絕滅史學」。〔註26〕蓋伊洛學者中，亦有主張經史合參者，而朱熹此時亦甚推崇司馬光，甚至認爲「凡爲致知格物之學者」，應繼承司馬光之志。

近代學者認爲，朱熹早期的道統傳承譜系中，包括了司馬光。〔註27〕朱熹曾撰〈六先生畫像贊〉，其「六先生」爲：周敦頤、程顥、程頤、邵雍、張載、司馬光，在此贊文中，對司馬光的贊詞如下：

> 篤學力行，清修苦節。有德有言，有功有烈。深衣大帶，張拱徐趨。
>
> 遺像凜然，可肅薄夫。〔註28〕

於該文中，朱熹認爲司馬光德、言、功具足。

朱熹撰《綱目》的計畫，可能在五年前（即乾道三年）寫〈通鑑室記〉時，即已醞釀。張仲隆在山中讀《通鑑》，「大者綱提領挈，細者縷析毫分，心目瞭然，無適而非吾處事之方」。〈綱目序〉謂：「大綱概舉而鑑戒昭矣，眾目畢張而幾微著矣。」由〈通鑑室記〉，至〈綱目序〉，仍可見其發展之迹。〔註29〕另外，錢賓四先生據朱熹與袁樞詩，考訂《綱目》之初步計畫，當始於乾道三年，而袁樞的《通鑑紀事本末》，亦始於此年開始編纂。〔註30〕

〈綱目序〉「因年以著統」下，注謂：「凡正統之年歲，下大書；非正統者，兩行分注」，編年體史書，最易有正統之爭，學者多已言之。〔註31〕又

〔註26〕 蔣義斌，《宋代儒釋調和論及排佛論之演進—王安石之融通儒釋及程朱學派之排佛反王》（臺北，臺灣商務印書館，1988年），頁102。

〔註27〕 侯外廬，《中國思想通史》第四卷上冊（北京，新華書店，1959年），頁496。

〔註28〕 《朱文公文集》，卷八五，〈六先生畫像贊〉，頁10a。

〔註29〕 趙翼認爲《綱目》之體，創於蕭穎士，但朱熹是否能看到蕭穎士的作品，是值得懷疑的，而且《綱目》的綱是仿《春秋》，目則仿《左傳》，和趙翼的說法亦不全合。茲將趙翼的看法，錄之於下：「《通鑑》仿《左氏》編年體，雖創於溫公，然溫公以前已有爲之者。晉時習鑿齒已著《漢晉春秋》，劉宋時劉允濟採魯哀公後十二世接戰國爲《魯後春秋》，元魏時張始均改陳壽《魏志》爲編年三十卷。唐時裴光庭引李融、張琪、司馬利賓等直弘文館撰《續春秋經傳》，自戰國訖隋，表請天子修經，光庭等作傳。又太子詹事姚康撰《統史》三百卷，上自開闢，下訖隋朝，皆編年爲之。柳仲郢之子璞，著《天祚長歷》一書，斷自漢武紀元爲編年，閏位者附於左。蕭穎士謂仲尼《春秋》爲百王不易之法，而司馬遷作本紀、世家、列傳，不足以訓。乃起漢元年，訖隋義寧，編年依《春秋》義類，爲傳百篇。書魏高貴鄉公之崩，則曰：司馬昭弒帝於南闕；書梁敬帝之遜位，則曰：陳霸先反。此皆溫公之前。則《通鑑》一書，亦有所本。觀穎士書法，則并開朱子《綱目》之體例矣。」見趙翼，《陔餘叢考》（臺北，華世出版社，1975年），卷十五，〈通鑑綱目〉，頁1。

〔註30〕 《朱子新學案》，第五冊，頁122。

〔註31〕 饒宗頤，《中國史學上之正統論》（臺北，宗青圖書出版公司，1979年），頁1，

〈綱目序〉「因年以著統」下，注謂：「凡大書有變例，正例如始終、興廢、災祥、沿革，及號令、征伐、殺生、除拜之大者，變例如不在此例，而善可爲法，惡可爲戒者，皆特書之也。」《春秋》之有正例、變例，爲公羊學所特重，〔註32〕但朱熹並不是公羊學者，前述朱熹早年由其父處，接觸《左傳》，而對春秋義例之說，雖有所得，卻不敢「自信」於心。錢賓四先生認爲朱熹之史學，啓自胡安國、胡憲，〔註33〕則尚可商榷，因爲朱熹父朱松嘗「取六經諸史與夫近世宗公大儒之文，反復研覈，盡廢人事，夜以繼日者十餘年」，〔註34〕則其父不可謂不讀史，而朱熹又自稱其父爲其講《左傳》，則朱熹之史學，不必盡啓自於胡氏。

朱熹編《綱目》主要動機，仍是有益於致知格物。仁是儒家的核心根本，而朱熹三十四歲後，對仁的討論，更是他論學的重點。乾道三年，朱熹撰〈通鑑室記〉，肯定貫古今，判定事之得失，亦可至仁。於乾道七年，朱熹作〈仁說〉，〔註35〕謂：

> 天地以生物爲心者也，（略）蓋天地之心，其德有四，曰元、亨、利、貞，而元無不統，其運行焉，則爲春、夏、秋、冬之序。（略）蓋仁之爲道，乃天地生物之心，即物而在，（略）此孔門之教，所以必使學者汲汲於求仁也。〔註36〕

朱熹認爲天在時序中創生，在〈綱目序〉中，則謂：「因年以著統」，「歲周於上，而天道明矣，統正於下，而人道定矣」，《春秋》天人以經世，是儒者的共識。朱熹之編《綱目》，是希望能接續《春秋》，而《資治通鑑》是《春秋》之後，最偉大的編年體史書。朱熹編《綱目》的最初動機，並不全是出於對《通鑑》的正統觀不滿，〔註37〕雖然朱熹日後不滿司馬光以曹魏的年號，排

謂：「正統之確定，爲編年之先務，故正統之義，與編年之書，息息相關。」

〔註32〕阮芝生，《從公羊學論春秋的性質》（臺北，國立臺灣大學，《文史叢刊》），頁159～168。

〔註33〕《朱子新學案》，第五冊，頁121。

〔註34〕朱松，《韋齋集》（臺北，臺灣商務印書館，影文淵閣《四庫全書》本），卷九，頁24a。

〔註35〕陳榮捷，〈論朱子之仁說〉，收於氏撰《朱學論集》（臺北，臺灣學生書局，1982年），頁41。

〔註36〕《朱文公文集》，卷六七，〈仁說〉，頁21b～22a。

〔註37〕《朱子新學案》，第五冊，頁129，即主張朱熹《綱目》的撰述目的，出於對司馬光正統觀的不滿。

比三國的史事，但此爲朱熹後來的見解。若由朱熹〈讀（袁）機仲（樞）景仁別後詩語因及詩傳綱目復用前韻〉詩，及〈通鑑室記〉，則可知，其《綱目》撰述之初意，並非爲糾正司馬光而作。朱熹與袁樞詩，賓四先生考訂，爲乾道三年，且在訪張栻之前，〔註38〕亦即與〈通鑑室記〉爲同時之作，該詩謂：

> 道有默識無言傳，向來誤矣空談天。
>
> 只今斷簡窺蠹蝕，似向追蠡看蟲旋。
>
> 始知古人有妙處，未遽秦谷隨飛煙。（略）
>
> 解頤果値得水井（自注：謂《詩傳》），鑒古亦會朝宗川（注：謂《綱目》）。
>
> 兩公知我不罪我，便可築室分林泉。
>
> 十年燈下一夜語，閑日共賦春容篇。〔註39〕

首句頗悔早年之空談，而「解頤果値得水井，鑒古亦會朝宗川」，則與朱熹此時經史合參的致知態度相合，而他與袁樞的約定，和〈通鑑室記〉的內容、精神，亦完全相符。

五、朱熹〈齋居感興詩〉中之經史觀

（一）〈感興詩〉概述

前述朱熹在〈六先生畫像贊〉中，認爲司馬光德、言、功具足。但在乾道九年（1173），朱熹撰成《伊洛淵源錄》，書中其道統譜系，則改爲「北宋五子」，刪除了司馬光。〈六先生畫像贊〉不知作於何年，但由朱熹對司馬光的態度改變來研判，此文應是乾道八、九年前的作品。

朱熹對司馬光的改變，除了在《伊洛淵源錄》中，可明白地看出外，另外，在〈齋居感興詩〉中亦可看出。王栢謂〈感興詩〉作於「壬辰（乾道八年）、癸巳（乾道九年）」，〔註40〕亦即作於朱熹四十三、四歲時。

〈齋居感興詩〉朱門弟子視爲「自然之奇寶」，因爲該詩「所述皆道之大

〔註38〕《朱子新學案》，第五冊，頁121。

〔註39〕《朱文公文集》，卷四，〈讀（袁）機仲（樞）景仁別後詩語因及詩傳綱目復用前韻〉，頁12b。

〔註40〕王栢，《魯齋王文憲公文集》，卷十三，〈朱子詩選跋〉，頁8b。又申美子，《朱子詩中的思想研究》（臺灣大學，中文研究所，民國七十四年博士論文），則認爲該詩作於四十四歲前後。

原，事之大義」，〔註41〕朱門弟子亦視此詩爲入道之門，甚至有人諷詠之餘，「不覺手舞足蹈」。〔註42〕歷來註解此詩者甚多，如程時登、潘柄、楊庸成、蔡模、眞德秀、詹景辰、徐幾、黃伯暘、余伯符、胡次焱、胡炳文、黃幹、何基、劉履、熊剛大等。爲了方便流傳，亦有單行本流行，甚至朝鮮亦有註本。〔註43〕此詩爲朱熹「自得」於儒學後，對自己的學術作整體描述。該詩共分爲二十首，蔡模（1188～1246）認爲此二十首，「篇章離析之中，實有脈絡融貫之妙」。其中第一至第四首討論「造化之原」；第五至第七首則「探治化之原」；第八至十三首爲「探陰陽淑慝之原」；第十四至十七首則「探道德性命之原」；第十八至二十首「所以探學問用功之原」。〔註44〕

朱熹此詩的撰述目的，並非如一般文士，以詩爲詩，而是「以理入詩」，以詩陳述其「自得」之儒學新體系，其自序謂：

> 余讀陳子昂〈感遇詩〉，愛其詞旨幽邃，音節豪宕非當世詞人所及，（略）
> 欲效其體，作十數篇，顧以思致平凡，筆力萎弱，竟不能就，然亦恨
> 其不精於理，而自託於仙佛之間，以爲高也。齋居無事，偶書所得二
> 十篇，雖不能探索微眇，追迹前言，然皆切於日用之實。〔註45〕

於此詩序中，不難看出，朱熹除了自述其所得外，亦批評「自託於仙佛之間」之異端。

蔡模謂〈感興詩〉第十四至十七首，爲「探道德性命之原」而作，其實此組詩是批評佛、道與道德性命無關，其中第十五、十六首，則專爲排佛、道而作，該詩謂：

> 飄飄學仙侶，遺世在雲山。盜啓命玄祕，竊當生死關。金鼎蟠龍虎，
> 三年養神丹。刀圭一入口，白日生羽翰。我欲往從之，脫屣諒非難。
> 但恐逆天道，偷生詎能安。
>
> 西方論緣業，卑卑喻群愚。流傳世代久，梯接凌空虛。顧盼指心性，
> 名言超有無。捷徑一以開，靡然世爭趨。號空不踐實，躓彼榛棘塗。
> 誰哉繼三聖，爲我焚其書。〔註46〕

〔註41〕王栢，《魯齋王文憲公文集》，卷十三，頁8～9。
〔註42〕蔡模，《文公先生感興詩》（臺北，新文豐出版公司），頁23。
〔註43〕同前註引書，〈書感興詩注後〉。
〔註44〕同前註引書，頁23。
〔註45〕《朱文公文集》，卷四，〈齋居感興詩〉，頁7a。
〔註46〕同前註引書，頁9a。

詩中謂佛學「梯接凌空虛」、「號空不踐實」，蔡模注謂：「西方之學，以直指人，明心見性成佛」，「此徑一開，舉世靡然」，「去不曾腳踏實地，以由夫日用當然之實」。〔註47〕朱熹〈感興詩〉自序，亦明白地說出，其學「皆切於日用之實」。則朱熹此詩中所述，仍是以格物致知施之於平常日用的架構，他仍以此架構，與「看話禪」在平常日用中參話頭相對抗。

前引詩中所謂「三聖」，蔡模注謂：「即孟子所謂承三聖，禹、周公、孔子也。」於〈感興詩〉第十七首：「聖人司教化，橫序育群材。因心有明訓，善端得深培。天敘既昭陳，人文亦襄開。」詩中之「橫序」，蔡模注謂：「學舍也。」儒家的聖化，是由學開始，孔子即強調思、學互動的重要性，由凡入聖，超凡入聖，是由此身之修，而非天啓。《荀子》〈勸學篇〉：「君子之學也，以美其身。」《禮記》〈學記〉：「古之王者建國君民，教學爲先。」宋儒、理學家之廣設書院教學，有其宗教情操上的動力。

朱熹〈學校貢舉私議〉謂：「古者學校，選舉之法，始於鄉黨，而達於國都，教之以德行道藝。」於該文中，朱熹認爲學校要達到教學之目的，除了授經外，尚須教授史書，該文說：

> 至於諸史則該古今興亡、治亂得失之變，時務之大者，如禮樂制度、天文、地理、兵謀、刑法之屬，亦皆當世所須，而不可闕，皆不可以不之習也。

朱熹認爲學校之策試史書，應分爲以下諸科：

> 諸史則《左傳》、《國語》、《史記》、《兩漢》爲一科；《三國》、《晉書》、《南北史》爲一科；《新舊唐書》、《五代史》爲一科；《通鑑》爲一科。
>
> 時務則律曆、地理爲一科；《通禮新儀》爲一科；兵法、刑統、敕令爲一科；《通典》爲一科。以次分年，如經子之法、策各二道。〔註48〕

朱熹的教育目標是：「士無不通之經，無不習之史，皆可爲當世之用。」〔註49〕朱熹固主張聖化由「學」開始，而學校教育，須包括經史，則正是他格物致知架構的精神。朱熹排佛的架構，始終由經史禮樂之「實」，以斥佛之「空虛」。

〔註47〕蔡模，《文公先生感興詩》，頁 17。
〔註48〕《朱文公文集》，卷六九，〈學校貢舉私議〉，頁 23b、24a 注。
〔註49〕同前註引文，頁 24a。

（二）〈感興詩〉之論人心

儒家認爲禮樂之實出於天，前引〈感興詩〉第十七首中，所說的「天敘」，朱熹引自《尚書》〈陶謨〉：「天敘有典。」《朱子語類》解釋「天敘」謂：

> 天敘便是自然底次序，君便教他居君之位，臣便教他居臣之位，父便教他居父之位，子便教他居子之位。

> 天敘有典，敕我敘五典、五惇哉；天秩有禮，自我五禮有庸哉。許多典禮都是天敘、天秩下了，聖人只是因而勒正之，因而用出去而已。

> 凡其所謂冠婚、喪祭之禮，與夫典章、制度、文物、禮樂、車輿、衣服，無一件是聖人自做底，都是天做下了，聖人只是依他、傍他天理，行將去，如推箇車子本自轉將去，我這裏只是略扶助之而已。〔註50〕

在〈感興詩〉中，第一首至第四首，是討論天之造化。其中第二首謂：

> 吾觀陰陽化，升降八紘中。前瞻既無始，後際那有終。至理諒斯存，萬世與今同。誰言混沌死，幻語驚盲聾。

此首詩朱門弟子中，有太極之爭論，〔註51〕本文暫不欲涉入此爭論。但由此首詩所述，朱熹認爲天道的創化，在時間的序列中，是無始無終的，天道雖是無終始地創化，但有個不變的「至理」，「萬世與今同」。因此，他要批評《莊子》〈應帝王〉的說法，該文寓言「混沌」經人爲的鑿穿而死的看法，朱熹評爲是「幻語」；而信道家之語者，則爲「盲聾」之人。黃榦解此首詩亦謂：「上自開闢以來，下至千萬世之後，只是這個物事流行不息。」〔註52〕

宋儒有所謂十六字心傳，此心傳出自於《尚書》〈大禹謨〉：「人心惟危，道心惟微。惟精惟一，允執厥中。」朱熹〈感興詩〉第三、四首，均在談人心，其第三首謂：

> 人心妙不測，出入乘氣機。凝冰亦焦火，淵淪復天飛。至人秉元化，動靜體無違。珠藏澤自媚，玉蘊山含輝。神光燭九垓，玄思徹萬微。塵編今寥落，歎息將安歸。

何北山以氣爲馬，心爲君，解釋詩中「心」與「氣」的關係謂：

〔註50〕《朱子語類》，卷七八，頁 35。

〔註51〕如蔡模謂此篇言太極，謂：「從陰陽處看，則所謂太極者，便只在陰陽裏，而今人說陰陽，上而別有一箇無形無影底物是太極，非也。見蔡模，《文公朱先生感興詩》，頁 4。

〔註52〕何北山，《何北山遺集》（臺北，新文豐出版公司），卷三，頁 16。

氣爲馬，心爲君。心之出入，蓋隨氣之動靜，如乘馬然，故曰「乘
氣機」。惟心君則能爲之主宰、政事，此之謂「動靜體無違」。此體
字如以身體道之體，蓋其一動一靜，此心無不醒定，不曾離這腔子
內，此之謂「體」。曰「無違」者，謂雖動靜萬變，而當能體之。故
神完思清明無不達，而能燭九垓，徹萬微也。如此，豈復有前二者
之患。〔註53〕

儒家的聖化，是由修此俗身起，修身即正（政）事。朱熹認爲「心」爲此身
之君、主宰。此俗身之聖化，即可體道。「體」道之體即此身體，亦即何北山
所謂「不曾離這腔子內」，而此俗身體之主宰，則爲心君。因此，此俗身體之
可以與宇宙之體（道體）相合，須此心之貞定，動靜體無違，方能乘氣，否
則心（君）爲氣（馬）役，則此心猶馬之狂奔，時而凝冰，時而焦火。

　　第四首中，朱熹評論周穆王肆意御馬出遊。周穆王在傳說中，得良馬後，
令造父御馬遨遊，幾至亡國。朱熹詩謂：

> 靜觀靈臺妙，萬化從此出。云胡自蕪穢，反受眾形役。厚味紛朵頤，
> 研姿坐傾國。崩奔不自悟，馳騖靡終畢。君看穆天子，萬里窮轍迹。
> 不有祈招詩，徐方御宸極。

詩中「轍迹」取自《左傳》昭公十二年：「昔穆王欲肆其心，周行天下，將皆必
有車轍馬跡焉。」朱熹詩中提到的〈祈招詩〉，是指祭公謀父所作的〈祈招詩〉，
用以勸止穆王。該詩曰：「祈招之愔愔，式昭德音。思我王度，式如玉，式如金。
形民之力，而無醉飽之心。」〔註54〕穆王因受其諫，故未致亡國。

　　朱熹於詩中，以人心如馬之乘氣，若放其心，則如穆王之轍馬跡，有亡
國失身之危，但若能止之，則尙可正（政）身。此首詩之後，朱熹轉而論述
歷史王朝之興亡。

（三）〈感興詩〉之論史

　　〈感興詩〉由第五首至第七首，論述歷史發展之跡。第五首由周朝之衰
敗，述及孔子之作《春秋》，其詩云：

> 涇舟膠楚澤，周綱已陵夷。況復王風降，故宮黍離離。玄聖作春秋，
> 哀傷實在茲。祥麟一以踣，反袂空漣洏。漂淪又百年，僭侯荷爵珪。
> 王章久已喪，何復嗟歎爲。馬公述孔業，託始有餘悲。拳拳信忠厚，

〔註53〕同前註。
〔註54〕見楊伯峻，《春秋左傳注》（臺北，源流出版社，1982年），頁1341。

無乃迷先幾。

首句蔡模注：「或謂昭王南征，濟漢、船人惡之，以膠船進至中流，膠液而溺死也。」次句「故宮黍離離」，蔡模注謂：「幽王爲犬戎所滅，平王東遷，而故都鞠爲禾黍。」〔註55〕蓋即《孟子》所謂詩亡之際。

「玄聖」則指孔子，《孟子》謂：「王者之迹熄而詩亡，詩亡而《春秋》作。」《春秋》止於魯哀公十四年西狩獲麟，後有司馬光《資治通鑑》之作，朱熹相當程度上認爲《通鑑》，是爲接續《春秋》而作。胡三省亦謂：「孔子定《書》，而作《春秋》；《通鑑》之作，實接《春秋左氏》後也」。〔註56〕以《資治通鑑》接續《春秋》，應是不少學者的共見。

〈感興詩〉第六首則述漢至魏晉歷史的發展，並討論三國時代的正統，而《資治通鑑》以魏年號繫三國之事，朱熹頗有感慨、不滿。其詩曰：

> 東京失其御，刑臣弄天綱。西園植姦穢，五族沉忠良。青青千里草，
> 乘時起陸梁。當塗轉凶悖，炎精遂無光。桓桓左將軍，仗鉞西南疆。
> 伏龍一奮躍，鳳雛亦飛翔。祀漢配彼天，出師驚四方。天意竟莫回，
> 王圖不偏昌。晉史自帝魏，後賢合更張。世無魯連子，千載徒悲傷。

「東京」指東漢，其朝政爲宦官所把持。「青青千里草」則指董卓，控制朝政。在三國時，「左將軍」劉備，有「伏龍」諸葛亮、「鳳雛」龐統之輔佐，雖未能一匡漢室，但朱熹認爲蜀漢應爲正統。在〈答蔡季通〉書中，朱熹謂：「三國竟須以蜀漢爲正統，方得心安耳。」〔註57〕

〈感興詩〉第七首則論唐史，詩中並批評了歐陽修《新唐書》之書例，而對范祖禹的《唐鑑》大加讚賞，其詩曰：

> 晉陽啓唐祚，王明紹巢封。垂統已如此，繼體宜昏風。牝聚瀆天倫，
> 牝晨司禍凶。乾綱一以墜，天樞遂崇崇。淫毒穢宸極，虐焰燔蒼穹。
> 向非狄張徒，誰辨取日功。云何歐陽子，秉筆迷至公。唐經亂周紀，
> 凡例孰此容。侃侃范太史，受說伊川翁。春秋二三策，萬古開群蒙。

在朱熹看來，唐代並非盛世，李世民殺元吉（巢王），而納其妃，生子明，封爲曹王。唐室宮廷之亂倫，尚不止此。武后原爲太宗才人，後爲高宗后，歐

〔註55〕同註51引書，頁6。
〔註56〕胡三省，〈新註資治通鑑序〉，收於《資治通鑑》（臺北，宏業書局，新校本），頁28。
〔註57〕《朱文公文集》，續集卷二，頁24b。

陽修《新唐書》為立〈武后紀〉，故朱熹批評歐陽修「迷至公」。協助司馬光修《資治通鑑》的范祖禹，後別作《唐鑑》。蔡模謂：「（祖禹）盡用伊川先生平日之說，每歲必書中宗所在，曰：帝在房州，以合於春秋書公在乾侯之法，開明萬古之群蒙也。」〔註58〕

朱熹並不認為現有的史書，可以達到「至公」之境，甚至早年推崇的司馬光，亦不能無瑕疵；北宋宏儒歐陽修參與修撰的《新唐書》，亦「迷至公」。因此對朱熹而言，一部可以匡正人心的「至公」史書完成，是刻不容緩的事。為達此目的，他積極地推動《綱目》的修撰。

〈感興詩〉的撰述，和〈通鑑綱目序〉的思想相同。〈綱目序〉是乾道八年朱熹四十三歲時的作品，而〈感興詩〉應為乾道八年前後所作，當可確定。前賢王栢亦謂〈感興詩〉是朱熹四十三、四歲之作。

（四）對司馬光評價的轉變

前述朱熹原始的道統傳承中，司馬光亦在其中，但在〈感興詩〉中，他說司馬光「迷先機」。朱熹原先認為司馬光的《資治通鑑》，是繼孔子《春秋》的鉅著，在〈感興詩〉中，他仍肯定司馬光是「述孔業」，但又認為《資治通鑑》，始自周威烈王二十三年，而未能接續《春秋》之終於魯哀公十四年（周敬王三十九年）。因此，朱熹認為司馬光，雖悲周道之衰微，不失為忠厚；但司馬光未能「託始」於續麟，而始於周威烈王二十三年三家分晉，是「迷先機」之舉。

關於《資治通鑑》始於三家分晉，朱門弟子論之頗多。《資治通鑑》為何始於三家分晉，司馬光有所說明：

> 嗚呼！君臣之禮既壞，則天下以智力相雄長，遂使聖賢之後為諸侯者，社稷無不泯絕，生民之類糜滅幾盡，豈不哀哉！

〈感興詩〉中，所說的「託始有餘悲」，或即指此。王栢〈通鑑託始論〉論曰：

> 我朝治平初司馬溫公奉旨論次歷代君臣事蹟，錫命曰《資治通鑑》，正託始於三晉之侯，蓋公不敢上續《春秋》，而乃下承《左氏傳》，《傳》以趙喪智伯終，《通鑑》以智伯立後始。然智伯之事陋矣，不足以為一千三百六十二年之綱，於是提三侯之命而追原智伯於其下，復著其述作造端之意，傷周室名分之大壞，而以哀哉二字殿于後。有典

〔註58〕蔡模，《文公朱先生感興詩》，頁10。

有則，正大激昂，所以扶天倫，奠民極，示萬世帝王之軌範。

後之儒者以公言誠忠厚矣，猶慮其闊於事情也。故致堂胡氏追論晉悼公病於一惰，使大夫主諸侯之盟會，於三晉強盛之幾，以補司馬公謹微之說，此特言其晉之幾，而未及乎周之幾也。是以朱文公〈感興（詩）〉，以昭王南下而不返，歷春秋二百四十二年，王章久已淪散，何獨至是而可論也。此又補致堂之所未及。〔註59〕

王栢認為朱熹於〈感興詩〉中，補充了司馬光未述及周衰亡之幾的不足。

另外，朱門弟子亦認為，朱熹於此詩中，批評司馬光，未能始於上接獲麟，而始於三家分晉。蔡模認為此詩託始之意，呂祖謙最能瞭解朱熹之意，蔡模說：

此詩託始之意，東萊呂先生得之，故《大事記》之作，實接於獲麟，而託始於周敬王三十九年，竊意二先生相與講論之際，必有及於此。故朱子於蔡文忠，所以深哀事記，將誰使之續也。然朱子於《通鑑綱目》之作，曷為而不繼《春秋》也耶？果齋李氏曰：東萊先生《事記》之書，用馬遷之法者也，故續獲麟而無嫌；朱子《綱目》之書本《春秋》之者也，故續獲麟而不可，是固然矣。抑亦《綱目》之書，特因《通鑑》而作也歟？〔註60〕

呂祖謙《大事記》作於淳熙七年（1180），「起春秋後，迄於五代」。且該書另有《通釋》三卷，《解題》十二卷，其《通釋》如說經之有綱領，「專錄經典中要義格言，以及歷代名儒議論」，而《解題》則如經之有傳。〔註61〕呂祖謙編撰之《大事記》，始於周敬王三十九年。

不過，朱熹對司馬光的批評，主要之處，並非《資治通鑑》未始於周敬王三十九年，因為朱熹的《綱目》，和《資治通鑑》一樣，是始於周威烈王二十三年。朱熹常與呂祖謙討論《資治通鑑》，但似乎託始上接獲麟，亦並非重點。二人討論的重點和正統有關，如朱熹曾與呂祖謙書謂：

近稍得暇，整頓得《通鑑》數卷頗可觀，欲寄，未有別本，俟來春持去求是正也。聞老兄亦為此功夫，不知規摹次第如何？此間頗苦，難得人商量，正唯條例體式，亦自難得合宜也。如溫公舊例年號，

〔註59〕《魯齋王文憲公文集》，卷九，〈通鑑託始論〉，頁6。
〔註60〕蔡模，《文公朱先生感興詩》，頁7。
〔註61〕見《四庫全書總目提要》。

皆以後改者爲正，此殊未安；如建安二十五年之初，漢尚未亡，今
便作魏黃初元年，奪漢太速，與魏太遽，大非春秋存陳之意，恐不
可以爲法。此類尚一二條，不知前賢之意，果如何爾，所欲言者甚
衆，此便又遽不及究一二。〔註62〕

《感興詩》中，有「晉史自帝魏，後賢合更張。世無魯連子，千載徒悲傷」
之句。其中「晉史」指陳壽《三國志》，「帝魏」指陳壽以魏爲正統。「後賢」
則指司馬光，朱熹認爲司馬光未能效魯仲連不帝秦之義，仍以魏之年號紀年，
而有「千載徒悲傷」之嘆。

朱熹對史書曾下功夫研讀、考證，對《資治通鑑》的考證，亦有所指責，
如《答曹子野》書謂：

示及史疑數條，熹向曾考證來了，〈功臣表〉與漢史〈功臣表〉其戶
數先後及姓名，多有不同。二史各有是非，當以傳實證之，不當全
以《史記》所傳爲非眞也。（略）《通鑑》先後之不同者，郤不必疑，
史家敘事或因時而記之，或因事而見之。田和遷康公，《通鑑》載於
安王十一年，是因時而紀之也；《史記》載於安王十六年，是因事而
見之。何疑之有？只有伐燕一節，《史記》以爲湣王，《通鑑》以
爲宣王。《史記》郤是考他源流來，《通鑑》只是憑信孟子。溫公平
日不喜孟子，到此又郤信之，不知其意如何？張敬夫說《通鑑》有
未盡處，似此一節亦是可疑。但二說今皆無所證，未所知孰是孰非，
更可反覆詳究。如有所見，郤幸垂教。〔註63〕

朱熹與友朋、弟子間，常論及史，而且不是一般浮泛的談史，彼等均下過功
夫，認眞地研討史實。對《資治通鑑》的批評，亦非浪詞浮說。朱熹認爲《通
鑑》的不盡理想處，不只是「正統」不明，而且敘事亦有小疵。

（五）〈感興詩〉之論道統與經

朱熹〈感興詩〉第八首至第十四首，則討論天道、經及道統的成立。其
中第八首、第九首，均由陰陽論天道人心，何北山謂：「（此）兩篇皆說陰陽，
亦皆是爲在上之君子言之。」也就是說，何北山認爲，此詩是討論君德，其
實此詩，未必盡如北山所說，是爲在上位者說，它亦可泛指人心之須有主宰。
但朱熹在此詩中，的確是討論了聖王之體天道。其詩謂：

〔註62〕《朱文公文集》，卷三三，〈答呂伯恭〉第三七書，頁 26b～27b。
〔註63〕《朱文公文集》，卷四四，頁 54。

朱光偏炎宇，微陰眇重淵。寒威閉九野，陽德昭窮原。文明昧謹獨，
昏迷有開先。幾微諒難忽，善端本綿綿。掩身事齋戒，及此防未然。
閉關息商旅，絕彼柔道牽。

微月墮西嶺，爛然眾星光。明河斜未落，斗柄低復昂。感此南北極，
樞軸遙相當。太一有常居，仰瞻獨煌煌。中天照四國，三辰環侍旁。
人心要如此，寂感無邊方。

何北山謂第八首言「人身與天地同運」，君子於陰陽初動之時，隨時省察，以
養善防惡；第九首則論「人心與辰極同體，而常欲以靜制動。」〔註64〕

　　第十、十一首，則述堯、舜、禹、湯、文、武、周公、孔子等聖人道統
之傳，其詩謂：

放勛始欽明，南面亦恭己。大哉精一傳，萬世立人紀。狩豰歎日躋，
穆穆歌敬止。戒毚光武烈，待旦起周禮。恭惟千載心，秋月照寒水。
魯叟何常師，刪述存聖軌。

吾聞包犧氏，爰初闢乾坤。乾行配天德，坤布協地文。仰觀玄渾周，
一息萬里奔。俯察方儀靜，隤然千古存。悟彼立象意，契此入德門。
勖行當不息，敬守思彌敦。

「放勛」指堯。「南面亦恭己」，蔡注：「即孔子稱舜恭己，正南面也。」「精一
傳」即前文所述舜傳禹之十六字心傳。「日躋」，蔡注：「即詩所稱湯聖敬日躋也。」
「穆穆」，指《詩經》稱文王之德，於穆不已。「戒毚光武烈」，則指召公作書，
戒武王受西戎所獻之毚犬，以光顯武王之德。「待旦起周禮」，指周公之作《周
禮》。「魯叟」指孔子，孔子學無常師，集古聖之大成，進而刪述六經。

　　第十一首自「吾聞包犧氏」始，至「敬守思彌敦」，蔡模注：「此詩實承
前篇刪定立義，蓋六經莫先於《易》，故首以《易》言之。」〔註65〕但此詩
更精確地說，應是指周敦頤之《太極圖》，而「太極」一詞原出於《易經》〈大
傳〉。〈感興詩〉首句，謂「珍重無極翁，為我重指掌」，因此，第十一首疑
為朱熹自述，他受到周敦頤的影響，而重新以其「自得」，建立起的儒學新
體系。

　　第十二首至十四首，則述六經與孔子之後道統的傳承，而其中未述及司
馬光，將司馬光排除道統系譜之意已甚明。其中，第十二首則述六經之殘缺，

〔註64〕《何北山遺集》，卷三，頁19。
〔註65〕蔡模，《文公朱先生感興詩》，頁13。

及二程之得六經遺意，其詩曰：

> 大易圖象隱，詩書簡編訛。禮樂初交喪，春秋魚魯多。瑤琴空寶匣，
> 絃絕將如何。興言理餘韻，龍門有遺歌。

六經雖爲孔子所述，但世傳之六經已多有不足，如《易經》「圖象隱」，錢賓四先生《朱子新學案》中，有〈朱子之易學〉章，謂朱熹治《易》，「多創闢深通之見」，且有「精確細密之論證」，對《易經》的版本源流，多所考訂。基本上朱熹不主張，由難讀的《易經》下手，〔註66〕亦即〈感興詩〉所說「大易圖象隱」之意。至於《詩》、《書》則「簡編訛」，《禮》、《樂》則已「交喪」，《春秋》更有「魚魯」之訛。朱熹由李侗處的收穫之一，是須看古聖經義，而朱熹一生對五經着力亦甚多，賓四先生於《朱子新學案》，有專章討論。

依朱熹看來，理論上可由六經中，瞭解聖意，但世傳之六經（五經），多有殘缺。故朱熹曾說：「經之所以爲教者，已不能備而治之者，類皆舍其所難，而就其所易，僅窺其一，而不及其餘，則於天下之事，宜有不能盡通其理者矣。」〔註67〕由五經中已難體聖意，直至世居於龍門的二程，才再體聖意。詩中以琴喻「道」，這不止是文字措詞上的隱喻，其中尚有深刻的符號意義，而琴在宋儒的生活中，並不只是「玩藝」之學。事實上，琴與山水，在宋儒的宗教情操中，有重要地位。〔註68〕朱熹之樂論，本文中暫不討論，日後當專文論之。

〈感興詩〉第十二首論顏回、曾參、子思、孟子之接孔子之緒。其詩曰：

> 顏生躬四勿，曾子日三省。《中庸》首謹獨，衣錦思尚絅。偉哉鄒孟
> 氏，雄辯極馳騁。操存一言要，爲爾挈裘領。丹青著明法，今古垂
> 煥炳。何事千載餘，無人踐斯境。

詩中列述孔子後，顏回、曾參、子思、孟子之接續心傳，而後「千載餘」，道統幾絕，至「無人踐斯境」。五經多殘缺，而思、孟之書猶在，因此，朱熹多勸學子由四書下手，體聖人之意，也因此朱熹創新了經學傳統，而使四書取代了五經。

〈感興詩〉第十四首則由太極論道統之再續，但此首詩，蔡模等注有誤，茲先述朱熹之詩於下，再論述此詩之旨，其詩曰：

〔註66〕《朱子新學案》，第四冊，頁1～16。
〔註67〕《朱文公文集》，卷六九，〈學校貢舉私議〉，頁23b。
〔註68〕參蔣義斌，〈山水與范仲淹的宗教情操〉，第四節〈琴、山水與憂〉。

> 元亨播群品，利貞固靈根。非誠諒無有，五性實斯存。世人逞私見，
> 鑿智道彌昏。豈若林居子，幽探萬化原。

此首詩前二句，何北山注謂：「此章大旨，只是《太極圖說》，定之以中正仁義，而主靜之意，然其主意，是爲鑿智而發。」〔註69〕蔡模注後二句謂：

> 林居子，謂隱居山林之士也，言世人徒逞其私見，恣爲穿鑿，而不
> 順乎實理之自然，則道彌昏而不可見矣。豈若隱居山林之士，探索
> 幽隱，而有以見萬化之原哉。〔註70〕

蔡注解「林居子」爲隱居山林之士，是望文之見。此「林居子」實指周敦頤，宋儒頗喜於山林中卜居讀書，嘉祐六年（1061）周敦頤四十五歲時，卜居於廬山，其年譜謂：

> 道出江州，愛廬山之勝，有卜居之志，因築書堂於其麓。堂前有溪，
> 發源蓮花峰下，潔清紺寒，下合於溢江，先生濯纓而樂之，遂寓名
> 以濂溪。謂友人潘興嗣曰：「此濂溪者，異時與子相依其上，歌詠先
> 王之道足矣。」〔註71〕

山水、琴是宋儒生活中，不可或缺的，年譜中雖未明說周敦頤卜居山林，有琴相伴，但其與潘興嗣相約，「歌詠先王之道」，是以樂的形式，描寫先王之道，前述朱熹亦以「琴」形容先王之道，則樂的節奏（道），實是儒學中的核心問題。此節奏又與儒者的時間觀、歷史意識有密切關係。事實上，朱熹認爲經有此節奏，史中亦有此節奏。

（六）〈感興詩〉中之排佛道

〈感興詩〉論述史、經之後，即討論佛、道之學。朱熹強烈的感受到，來自佛道之學的威脅，因此在詩中，他並提出應對之道，〈感興詩〉第十五、六首對佛道批評曰：

> 飄颻學仙侶，遺世在雲山。盜啓命玄祕，竊當生死關。金鼎蟠龍虎，
> 三年養神丹。刀圭一入口，白日生羽翰。我欲往從之，脱屣諒非難。
> 但恐逆天道，偷生詎能安。
> 西方論緣業，卑卑喻群愚。流傳世代久，梯接凌空虛。顧眄指心性，
> 名言超有無。捷徑一以開，靡然世爭趨。號空不踐實，躓彼榛棘塗。

〔註69〕《何北山遺集》，卷三，頁20。
〔註70〕蔡模，《文公朱先生感興詩》，頁15。
〔註71〕周敦頤，《周子全書》（臺北，臺灣商務印書館，1978年），卷二十，頁391。

　　誰哉繼三聖，爲我焚其書。

宋儒嚴於排拂而輕於斥道，是普徧的現象。朱熹於詩中，對道家措詞較緩，僅謂「我欲往從之」，「但恐逆天道」；而對佛教則不然，不只批評佛學是卑之又卑，只能「愚」群庶，甚至要「焚其書」。

　　朱熹原即由經史合參的體系來排佛，程門弟子中，以湖南胡氏家族，最擅史學，胡宏（五峰）曾撰《皇王大紀》，宋儒對該書頗爲推崇，朱熹亦讀此書。朱熹讀書，甚具批評精神，雖然他對此書的評價頗高，但對胡宏的考證，有時會提出批評的意見，〔註72〕但他對《皇王大紀》，基本上是肯定的。《皇王大紀》以編年體上述盤古，下迄周末。胡宏在自序中，論述太極升降，陰陽二氣成，天地人三才立。〔註73〕朱熹〈讀大紀〉一文，先承胡宏之緒，論天地人綱紀之形成，接著即由此批評佛學之非，而其批評的內容，大體上和〈感興詩〉相同。初讀朱熹〈讀大紀〉一文，頗不得其解。《皇王大紀》爲編年體的史書，朱熹爲何在讀史書後，有大篇文字排佛，其字數之多，幾佔全篇文字五分之四，簡直就是一篇排佛的專著，和〈讀大紀〉的篇題，相去太遠，幾乎讓人覺得是篇離題的作品，但若由上文所述，則此惑當可解。因爲，朱熹與禪宗相對立的格物致知架構，原本即是經史合參的，史亦是他排佛的利器。

　　儒學的基礎，是建立在禮樂教化，使此身之「俗」（欲），〔註74〕經過教化的「聖化」過程，達到「聖」的境界。儒家聖與俗的設計，是一雙向式的設計，此俗身亦即成聖之質，聖俗之間是一發展的過程。也正因此，儒家的聖化，是由修身開始，而修身的過程，亦即教化普遍化、推展的過程。「學」是修身之手段，而「禮樂」則爲教化的內容。其中，樂尤其是儒家的核心，但儒家所說的樂，並不僅是現代人所說的音樂。在〈樂記〉中，聲、音、樂，

〔註72〕如《朱文公文集》，卷五十，頁 21a，〈答潘恭叔書〉謂：「胡氏《大紀》所論井田之屬，亦多出臆斷，不及注疏之精密。」

〔註73〕胡宏，《皇王大紀》（臺北，臺灣商務印書館，《四庫全書》本）〈序〉謂：「天道保合而太極立，氤氳升降，而二氣分，天成位乎上，地成位乎下，而人生於其中。故人也者，父乾母坤，保茲天命，生生不窮者也。天始萬物，日月星辰施其性；地生萬物，水火金木運其氣；人主萬物，仁義禮智行其道。君長陪貳由道，以紀綱人生，而理其性，然後庶績熙萬物遂，地平天成，而人道立。」

〔註74〕白川靜著，加地伸行、范月嬌譯，《中國古代文化》（臺北，文津出版社，1983年），頁 90 謂：「欲」，金文書作「俗」，「欲」是添加了對神氣開口訴說之「欠」，向神訴說，謂之欲。雖是訴說所希望之欲，然如此人之欲望，對於聖而言便是俗。

有不同的含義。﹝註75﹞樂即「節奏」，聖之「時」的孔子，孟子以「金聲玉振」來形容孔子之「集大成」，「成」即樂曲之終，﹝註76﹞此節奏與儒家的時間觀也有密切關係。

朱熹在有歸儒之意時，對《孟子》曾刻意下過功夫。﹝註77﹞《孟子》〈萬章下〉：「孔子之謂集大成，集大成也者，金聲而玉振也。金聲也者，始條理也；玉振之也者，終條理也。始條理者，智之事也；終條理者，聖之事也。」朱熹《孟子集註》謂：「條理，猶言脈絡。」朱熹常用「理」字，來分辨儒釋，如《朱子語類》謂：

> 陸子靜從初亦學佛，嘗言儒佛差處是義利之間。某應曰：此猶是第二著，只它根本處便不是。當初釋迦為太子時，出遊見生老病死苦，遂厭惡之，入雪山修行。從上一念便一切作空看，惟恐割棄之不猛，屏除之不盡。吾儒卻不然，蓋見得無一物，不具此理，無一理可違於物。佛說萬理俱空，吾儒說萬理俱實。從此一差，方有公私義利之不同。今學佛者云：識心見性，不知是識何心，是見何性。﹝註78﹞

前引文中，朱熹甚至認為，陸九淵以義利分辨儒釋，並未辨至根本處。朱熹認為儒、釋之根本不同，在「理」之有無。下文所述，〈讀大紀〉中，朱熹亦有類似的的見解。

首先須說明的是，朱熹在〈讀大紀〉之排佛，並非對佛教毫無肯定。如謂：「然以其立心之堅苦，用力之精專，亦有以大過人者，故能卒如所欲而實有見焉。」同時他也批評一般儒者濫以「幻見空說」詆佛，而不能「正之以天理全體之大」。﹝註79﹞

﹝註75﹞ 《禮記》〈樂記〉：「凡音之起，由人心生也，人心之動，物使之然也。感於物而動，故形於聲；聲相應，故生變，變成方謂之音；比音而樂之，及干戚羽旄謂之樂。」

﹝註76﹞ 見《孟子》〈萬章下〉。

﹝註77﹞ 《朱子年譜》，頁12載朱熹二十七歲時，到泉州候批書，於旅次中，「借得一冊《孟子》，將來仔細讀，方尋得本意見」。

﹝註78﹞ 《朱子語類》，卷十二，頁9a。

﹝註79﹞ 《朱文公文集》，卷七十，〈讀大紀〉，頁6，謂：「然以其立心之堅苦，用力之精專，亦有以大過人者」，「幸而一有間世之傑，乃能不為屈，而有聲罪致討之焉。然又不能究其實見之差，而詆以為幻見空說，不能正之以天理全體之大，而偏引交通生育之一說以為主，則既不得其要領矣。而徒欲以戎狄之醜號加之，其於吾徒又未嘗教之以內修之實，而徒驕之以中華列聖之可以為重，則吾恐其不唯無以坐收摧陷廓清之功，或乃往遺之禽，而反為吾黨之詬

在〈讀大紀〉中，朱熹論述了理充於天地人倫，而又周流不已。並勉學者應「因其自然之理」，「而成自然之功」，如此才能「參贊天地化育」，其言曰：

> 宇宙之間一理而已，天得之而爲天，地得之而爲地。而凡生於天地之間者，又各得之以爲性。其張之爲三綱，其紀之爲五常，蓋皆此理之流行，無所適而不在。若其消息盈虛，循環不已，則自未始有物之前，以至人消物盡之後，終則復始，始復有終，又未嘗有頃刻之或停也。儒者於此，即有以得於心之本然矣。則其內外精粗，自不容有纖毫之間，而其所以修己治人垂世立教者，亦不容其有纖毫造作輕重之私焉。是以因其自然之理而成自然之功，則有以參天地贊化育，而幽明巨細無一物之遺也。

朱熹認爲不僅此「理」（節奏），是人存在的本質，而且是宇宙的根本，在《朱子語錄》中，朱熹說：

> 太極只是天地萬物之理。在天地言，則天地中有太極；在萬物言，則萬物中各有太極。未有天地之先，畢竟是先有此理。動而生陽，亦只是理；靜而生陰，亦只是理。〔註80〕

理之消息終始之「節奏」，「未有頃刻之或停」。

〈讀大紀〉中，朱熹說「釋氏自因地之初」，便和「理」背道而馳，儒者之實，便是得此理；而佛教之虛，便是無此理。朱熹說：

> 若夫釋氏則自其因地之初，而與此理已背馳矣。乃欲其所見之不差、所行不繆，則可得哉。蓋其所以爲學之本心，正爲惡此理之充塞無間，而使己不得一席無理之地以自安。厭此理之流行不息，而使己不得一息無理之時以自肆也。是以叛君親，棄妻子，入山林，捐軀命，以求其所謂空無寂滅之地而逃焉。其量亦已隘，而其勢亦已逆矣。〔註81〕

引文中對佛教的批評，和前述朱熹評陸九淵的儒釋之辨，可說完全相同。朱熹認爲陸九淵分辨儒釋，並未點中儒釋的節奏（理）不同。朱熹所強調的節奏，和儒佛的時間觀，亦有所不同。佛經常由「如是我聞，一時佛在」來開題，但佛經絕不提何時，在《大智度論》中，花了大篇文字，來解釋「一時」，而其結

也。」
〔註80〕《朱子語類》，卷一，頁1。
〔註81〕《朱文公文集》，卷七十，〈讀大紀〉，頁5b。

論爲：「無未來時，現在時亦如是。」〔註82〕儒家的《春秋》，即使一年無「大事」，仍須書其年、四時。朱熹〈資治通鑑綱目序〉於「表年歲以首年」下注謂：「雖無事依舉要，以備歲年。」〔註83〕正是《公羊春秋》的書法。因此，儒、佛的時間觀，確有所不同。前述朱熹對佛教的批評，若粗看可能會認爲，朱熹完全不瞭解佛教，而他對佛教的批評，和一般儒者，並無多大的不同。然而若由朱熹體認儒家的節奏，及時間觀來看，朱熹確指出儒釋之不同處。如謂佛教未得此理之節奏，故「不得一席無理之地以自安」，未得此節奏之「不息」，故「不得一息無理之時以自肆」。因而朱熹認爲佛「虛」，儒得此理之「實」。

朱熹於〈讀大紀〉中，亦評佛教「殄滅彝倫，墮於禽獸之域」。〔註84〕初見此評，或許會認爲是儒者的門戶之見，而朱熹對佛教的批評，幾乎是種漫罵。學界對此，往往以爲是儒家的偏見，而不去深究，爲何儒者會如此。〈樂記〉認爲，樂是人類所特有的，且是儒家治道的基礎，其文曰：

> 凡音者，生於人心者也；樂者，通倫理者也。是故知聲，而不知音者，禽獸是也；知音而不知樂者，眾庶是也。是故審聲以知音，審音以知樂，審樂以知政，而治道備矣。（略）知樂則幾於禮矣，禮樂皆得，謂之有德。

〈樂記〉認爲和諧的「倫理」，即樂之「理」，爲聖人所得，而不知音、樂，則爲禽獸。宋儒排佛，多有過激之言論，一般儒者，可能僅是口說漫罵。但碩儒如朱熹者，其治學多有所據，且對佛教亦有肯定之處，但仍以「殄滅彝倫，墮於禽獸之域」，苛責佛教。其儒家典籍的基礎，疑即前述〈樂記〉節奏之理。

〈感興詩〉謂：「誰哉繼三聖，爲我焚其書。」三聖指伯夷、伊尹、柳下

〔註82〕鳩摩羅什譯，《大智度論》（臺北，新文豐出版公司），卷一，頁13，謂：「有人言，一切天地好醜，皆以時爲因，如《時經》中偈說：時來眾生熟，時去則催促，時能覺悟人，是故時爲因。世界如車輪，時變如輪轉，人亦如車輪，或上而或下。更有人言：雖天地好醜，一切物非時所作，然時是不變，因是實有，時法細故，不可見、不可知，以華實等果故，可知有時。往年今年，久近遲疾，見此相，雖不見時，可知有時。何以故？見果知有因故，以是故有時法，時法不壞故常。」答曰：「無未來時，現在時亦如是。」
〔註83〕《朱文公文集》，卷七五，頁23b。
〔註84〕《朱文公文集》，卷七十，〈讀大紀〉，頁6，謂：「雖自以爲直指人心，而實不識心。雖自以爲見性成佛，而實不識性。是以殄滅彝倫，墮於禽獸之域，而猶不自知其有罪。蓋其實見之差，有以陷之，非其心之不然，而故欲爲是以惑世而罔人也。」

惠，而孔子之集大成，聖之「時」，即在其「金聲玉振」，爲儒者探得禮樂之
理，如實地說，應是樂（節奏）之和。朱熹是企望能紹續聖人，重顯此「理」，
以對抗佛教。

（七）〈感興詩〉論學之要

〈感興詩〉中，第十七首至二十首，則論爲學之下功夫處。其大原則，
即在平常日用間作功夫，其詩曰：

> 聖人司教化，橫序育群材。因心有明訓，善端得深培。天敘既昭陳，
> 人文亦裹開。云何百代下，學絕教養乖。群居競葩藻，爭先冠倫魁。
> 淳風反淪喪，擾擾胡爲哉。

此首詩朱熹強調教化的目的，是擴充「善端」，而非競於詞藻之文，他所謂的
「文」，即在天敘之中。

〈感興詩〉第十八首，則勸人及時進學，而學須有次第，當由小學下功
夫，舉止合宜，勿貪高蹟等，其詩曰：

> 童蒙貴養正，遜弟乃其方。雞鳴咸盥櫛，問訊謹喧涼。奉水勤播灑，
> 擁篲周室堂。進趨極虔恭，退息常端莊。劬書劇耆炙，見惡逾探湯。
> 庸言戒麤誕，時行必安詳。聖途雖云遠，發軔且勿忙。十五志于學，
> 及時起高翔。

灑掃應對是最基礎的節奏訓諫，而且在此從容的節奏中，體驗恭遜，由整容
事父兄始，一個人的「聖化」由此爲基。

〈感興詩〉第十九首，則論述人心之危，及長養之爲功夫，否則此心終
將爲物所牽，而天所降之秉彝，將被人欲化去，其詩曰：

> 哀哉牛山木，斤斧日相尋。豈無萌蘗在，牛羊復來侵。恭惟皇上帝，
> 降此仁義心。物欲互攻奪，孤根孰能任。反躬艮其背，肅容正冠襟。
> 保養方自此，何年秀穹林。

朱熹的天理、人欲間有緊張關係，他對人心大致只承認四端（惻隱、羞惡、
辭讓、是非）之心，因此詩中謂「物欲互攻奪」，「孤根孰能任」。詩中「反躬」，
蓋引自〈樂記〉「不能反躬，則天理滅矣」。〈樂記〉認爲「性靜情動」，若心
徒感於外物，則節奏亂，以至於窮於人欲。〈樂記〉曰：

> 人生而靜，天之性也。感於物而動，性之欲也。物至知知，然後好
> 惡形焉。好惡無節於內，知誘於外，不能反躬，天理滅矣。夫物之
> 感人無窮，而人之惡無節，則是物至，而人化物也。人化物也者，

滅天理，而窮人欲者也。

〈樂記〉此段文字中之「節」，即在「節奏」中之「節制」。朱熹詩中引此，以明人心之危，故須節制，以合天理之節奏。詩中「艮其背」，則引自《易經》艮卦。朱熹訪張栻後，與張栻相約，以〈艮齋銘〉作功夫，但日後朱熹又改以「敬」作功夫。〔註85〕此詩「艮其背」，當指「敬」之意，何北山謂此首詩，是「爲時之已過而不及小學者發，即文公所謂持敬以補小學之缺者是也。」〔註86〕朱熹此首詩，未必是僅爲求學已過時之人而發，但北山先生謂這首詩的核心爲「敬」，則頗得朱熹之意。

〈感興詩〉第二十首，則謂孔子體天理，而欲無言。因此，一般誇誕、諛附之學者，以其私智，徒爲無益之說，而不自內省，實無所得，其詩曰：

玄天幽且默，仲尼欲無言。動植各生遂，德容自清溫。彼哉誇毗子，咕嗶徒啾喧。但逞言辭好，豈知神鑒昏。曰余昧前語，坐此枝葉繁。

發憤永刊落，奇功收一原。

何北山謂奇功收一原，引自《陰符經》「絕利一原，用師十倍」。朱熹極喜此句，常以此告學者，朱熹曾解釋說：「絕利者，絕其二三。一原者，一其元本。」也就是說愈用功，則其功力亦加倍，希望學者能「專一」用功，則有奇功可收。〔註87〕

六、朱熹經、史書的編纂

在〈感興詩〉中，朱熹將其思想體系，作了完整的陳述。我們若採蔡模對此二十首詩的科判，則此詩可分爲五大部份，但各部份所包含的詩，及其實質內容，則與蔡模所述不同，茲以下表示之：

蔡模對〈感興詩〉的科判		〈感興詩〉的實質內容	
1. 第一至四	探造化之原	第一至四	論天道、人心
2. 第五至七	探治化之原	第五至七	論歷史發展
3. 第八至十三	探陰陽淑慝之原	第八至十四	論道統、經
4. 第十四至十七	探道德性命之原	第十五至十六	論異端之非
5. 第十八至二十	探學問用功之原	第十七至二十	論學用功之方

〔註85〕〈朱熹排佛與參悟中和的經過〉，頁97～98。

〔註86〕《何北山遺集》，卷三，頁22。

〔註87〕同前註。

　　若由本文所述，〈感興詩〉是朱熹將自己的思想，作完整的表述。朱熹首先敘述天道、人心，再論述歷史的發展，及道統的延續，並以經史排佛。由〈感興詩〉中，朱熹認爲一部可以正人心，合於「天道」、「人統」的史書，並未完成，甚至司馬光的《資治通鑑》，亦未能達成此目標。經書亦多有殘缺，儒家的節奏（理），久已「絃絕」。因此，朱熹花了相當多的時間，去研究、注釋經書。在史書方面，朱熹改變對《資治通鑑》的看法，認爲此書並不能明道著統，因而有意撰述史書，以補《通鑑》之不足。

　　朱熹在四十三至四十四歲時，著述甚多，如著有《論孟精義》、〈資治通鑑綱目序〉、《名臣言行錄》、《西銘解義》、《太極圖說解》、《通書解》、《伊洛淵源錄》、《程氏外書》等。四十五歲時，又著《古今家祭禮》。凡此，均是有感於現存之經解、史書，不足以明道統而作。

　　朱熹的經史合參體系，在他四十六歲時（淳熙二年，公元 1175），與陸九淵鵝湖之會上，便被批評爲「支離」。二年後，又完成《論孟集註》、《論語或問》、《詩集傳》、《周易本義》等書。

　　至於朱熹在經學上的成就，錢賓四先生認爲，朱熹治《易》，定經文本爲卜筮之書；治《詩經》，破棄大、小序；治《書經》，則分辨今文、古文之異。凡此三者，當爲朱熹於經學上之重要成就。〔註88〕朱熹對四書的研究、注解，實際上改變了經學傳統，宋元而後，四書取代了五經的地位。〔註89〕

　　《尚書集傳》爲朱熹弟子奉師命完成，賓四先生亦指出，朱熹之研究《尚書》，有史學的眼光。〔註90〕在五經中，朱熹獨對《春秋》無撰述，而且勸誡弟子，不要花費心神於《春秋》之微言大意。在朱熹六十一歲時，〈書臨漳所刊四經後〉一文中，《春秋》經後特別附史學濃厚的《左傳》，而不附《公羊》、《穀梁》。而且朱熹常勉學者讀《春秋》，當如讀史。〔註91〕乾道三年，朱熹與袁樞，分別讀《通鑑》。至乾道八年左右，朱熹對司馬光的態度轉變，《通鑑》中對正統的看法，爲其關鍵之一。《通鑑綱目》的編纂，朱熹投入甚多的心力，並常與朋友弟子討論，如呂祖謙、張栻、劉子澄、李濱老、黃直卿、尤延之、蔡季通等。而通行本《綱目》，爲朱熹命其弟子趙師淵續成。〔註92〕

〔註88〕　《朱子新學案》，第四冊，頁 81。

〔註89〕　《朱子新學案》，第四冊，〈朱子之四書學〉。

〔註90〕　《朱子新學案》，第四冊，頁 82。

〔註91〕　《朱子新學案》，第四冊，〈朱子之春秋學〉。

〔註92〕　《朱子新學案》，第五冊，頁 143。

朱熹對《綱目》的編纂用力至多，在病中有時亦讀《通鑑》。〔註93〕

朱熹於乾道八年的編纂計畫中，尚有《名臣言行錄》，《朱文公文集》中有序，說明此書的編輯重點，謂：

> 予讀近代文集及記事之書，觀其所載國朝名臣言行之迹，多有補於世教，然以其散出而無統也。既莫究見始終表裡之全，而又汩於虛浮詭誕之說，予常病之。於是掇取其要，聚爲此錄以便記覽，尚恨書籍不備，多所遺闕，嗣有所得當續書之。〔註94〕

則知此書，朱熹賦予有益於世教的期待。但此書的編纂，事出倉促，在當時即頗受批評，如呂祖謙曾致書朱熹謂：

> 近麻沙印一書，《四五朝名臣言行錄》，板樣頗與《精義》相似，或傳吾丈所編定，果否？蓋其間頗多合考訂商量處。若信然，則續次往求教；或出於他人，則雜錄行於世者，固多有所不暇辨也。〔註95〕

而朱熹亦覆書承認此書之草率。四庫本《宋名臣言行錄》，有前集、後集、續集、別集、外集。其中前集、後集，爲朱熹所編之《八朝名臣言行錄》；其他諸集，則爲李幼武所編。《四庫提要》謂：

> 今觀後集一卷有李綱，二卷有呂頤浩，三卷有張浚，皆另在卷前，不在目錄中。又缺殘脫板甚多，頗疑其非朱子手筆，爲後人所增損必多。〔註96〕

則今本之《名臣言行錄》，已有後人增入之處。朱熹與弟子間論學，提及此書之處不多，則此書誠如朱熹序中所說，是爲「便記覽」而作。

朱熹於乾道九年撰《伊洛淵源錄》，朱熹曾與呂祖謙書謂：「欲作《淵源錄》一書，盡載周、程以來諸君子行實、文字。」〔註97〕此書之編纂，朱熹曾與呂祖謙相與討論，朱子文集中，有〈答呂伯恭論淵源錄〉一文，〔註98〕朱熹對此書內容，下筆務求謹慎。此書之意，在明道統之傳承，有續《論語》、

〔註93〕《朱文公文集》，卷二九，〈答趙尚書〉第二書，頁3b，謂：「病中信手亂抽得《通鑑》一兩卷看，正值難處置處，不覺骨寒毛聳，心膽墮地。向來只作文字郤全不自覺，眞是枉讀了他古人書也。」

〔註94〕《朱文公文集》，卷七五，〈八朝名臣言行錄〉，頁24。

〔註95〕呂祖謙，《呂東萊文集》（臺北，臺灣商務印書館，《國學基本叢書》本），卷四，〈答朱侍講書〉，頁74。

〔註96〕見《四庫全書》本《宋名臣言行錄》，〈提要〉。

〔註97〕《朱文公文集》，卷三三，〈答呂伯恭〉第十八書，頁13b。

〔註98〕《朱文公文集》，卷三五，頁8～11。

《孟子》之意，亦即〈感興詩〉中「絃絕」，而「龍門」（伊洛之學）承「餘韻」之意。但在此書中，朱熹增入周敦頤，則是朱熹的新道統觀。原先列入六先生之中的司馬光，在《伊洛淵源錄》中，則已不入道統傳承之列。

七、朱熹的經先史次觀

朱熹返儒後，先與張栻論學，及其「自得」之新體系完成後，又常與呂祖謙論學。呂祖謙是朱熹四十歲左右，講學切磋的主要對象，前述《綱目》、《名臣言行錄》、《伊洛淵源錄》等書，均與呂祖謙講論。朱熹與陸九淵兄弟，及浙東陳亮之論學，亦多由呂祖謙從中引介、調停。呂祖謙爲朱熹之重要講友，於此不難想見。

朱熹與呂祖謙之間，亦有分歧之處，而其中最主要者，即對「史」看法之不同。呂祖謙講學，恐學者徒務空言，故不由諸經、《論》、《孟》下手。反對空言、務虛，是朱熹的一貫態度，他亦由虛、實來分辨儒、佛。但當朱熹聽說呂祖謙不以經教導學生，則提出異議：

> 熹昨見奇卿，敬扣之以比日講授次第，聞只今諸生讀《左氏》，及諸賢奏疏。至於諸經、《論》、《孟》，則恐學者徒務空言，而不以告也。不知果否？若果如此，則恐未安。蓋爲學之序爲己而後可以及人，達理然後可以制事。故程夫子教人先讀《論》、《孟》，次及諸經，然後看史，其序不可亂也。若恐其徒務空言，但當就《論》、《孟》、經書中，教以躬行之意，庶不相遠。至於《左氏》、奏疏之言，則皆時事利害，而非學者切身之急務也。其爲空言，亦益甚矣。而欲使之從事其間，而得躬行之實，不亦背馳之甚乎。〔註99〕

朱熹信中對讀經，易有落空之見，提出猛烈的批評。朱熹認爲若只讀《左傳》等史書，反因無《論語》、《孟子》之根基，而致有落空之慮。況且史書中，不少是「時事利害」，非學者之切身急務。其文集中有〈答呂子約書〉第二十四書，對專務讀史之學者，提出批評，其言曰：

> 此學，以尊德性求放心爲本，而講於聖賢親切之訓，以開明之，此爲要切之務。若通古今考世變，則亦隨力所至，推廣增益，以爲補助耳。不當以彼爲重，而反輕凝定收斂之實，少聖賢之訓也。若如

〔註99〕《朱文公文集》，卷三五，頁 11～12。

此說則是學問之道，不在於己，而在於書；不在於經，而在於史。爲子思、孟子則孤陋狹劣，而不足觀，必爲司馬遷、班固、范曄、陳壽之徒，然後可以造於高明正大簡易明白之域也。

夫學者既學聖人，則當以聖人之教爲主。今六經、《語》、《孟》、《中庸》、《大學》具在，彼以了悟爲高者，既病其障礙，而以爲不可讀此（經）；以記覽爲重者，又病其狹小，爲不足觀。如是則是聖人所以立言垂訓者，徒足以誤人，而不足以開人。孔子不賢於堯舜，達磨、遷、固賢於仲尼矣，無乃悖之甚邪！

前書所示，《中庸》、詩頌、〈西銘〉等說，皆極精密。後書所謂，不能下心細意於孔孟，乃能下心細意於遷、固。何邪？此則尤非區區所素望於賢者，不敢不盡所懷也。禮樂之云，前此只恐未必史遷有此意耳。正使有之，乃是挾禮樂動化之權，以爲智力把持之用。學者所以謹於毫釐之差，而懼其有千里之繆者，正爲此也。今而遂指人欲爲天理，吾恐其不止於議論之小失，而且爲心術之大害也。〔註100〕

朱熹認爲儒者之學，在「尊德性」，修己以體「天理」。道不在史書，而在經中。前述〈感興詩〉中，朱熹認爲五經亦多殘缺。因此，若要體聖人之意，便須由《論語》、《孟子》下手。亦即〈答呂祖謙書〉中說，應按《論語》、《孟子》、諸經而後及史書的次序之意。

世之學者，多以爲朱熹主「道問學」，陸九淵主「尊德性」，並以此分判二家之學術宗旨。事實上，朱熹根本即認爲爲學之目的在「尊德性」。朱熹與陸、王之根本差異，在對心性看法的不同。〔註101〕朱熹在「情」方面，僅承認孟子所說的四端（惻隱、羞惡、辭讓、是非）。朱熹有自警詩，對「人心」之危，有深切的體會，其詩曰：

十年湖海一身輕，歸對黎渦卻有情。世路無如人欲險，幾人到此誤平生。〔註102〕

朱熹論學，甚強調天理、人欲之辨，而人心惟危，稍一不愼，便落入人欲。

前引〈答呂子約書〉中，朱熹在討論經史關係時，亦由天理人欲下手。

〔註100〕《朱文公文集》，卷四七，〈答呂子約〉第二四書，頁26。
〔註101〕這種看法，錢新祖教授早已提出，唯先生似尚未寫成專論，謹附誌於此。
〔註102〕《朱文公文集》，卷五，〈宿梅溪胡氏客館觀壁間題詩自警二絕〉，頁10a。

朱熹認爲由司馬遷、班固所著之史書，以瞭解道，等於否認堯、舜、孔子的聖人地位。朱熹認爲司馬遷「不可謂不知孔子，然亦知孔子之粗耳」。〔註103〕以史書爲可造於高明之境，等於是以人欲爲天理，「爲心術之大害」。〈答呂子約書〉中，謂司馬遷「乃是挾禮樂動化之權」，未能眞得儒者所得之「禮樂」節奏之實。朱熹是由「尊德性」的角度，來讀經史，以期於天理人欲之際，能有個正確的把握。如他在讀《春秋》，便強調有益於身心，若無益於身心，即使是聖人的筆削，亦不必枉費心力，其言曰：

> 春秋無理會處，不須枉費心力。吾人晚年只合愛養精神，做有益身心工夫，如此等事便可勾斷，不須起念。儻教它是魯史舊文聖人筆削，又干我何事耶。〔註104〕

朱熹在論經史關係時，亦由「尊德性」的角度發論，如謂：

> 看經書與看史書不同，「史」是皮外物事沒緊要，可以箚記問人。若是經書，有疑這箇是切己痛，如人負痛在身，欲斯須忘去而不可得。豈可比之看史，遇有疑則記之紙邪！〔註105〕

朱熹強調讀書，是爲己，而非爲人。讀經有如負痛在身，一刻也不離。而「史」則有大段札記，有如皮外物事。

朱熹由天理人欲之分際，來談經史之分，他曾讀《資治通鑑》之論郭解，慨然有感於天理人欲之間，毫釐之差，便有禍福之不同，其言謂：

> 昨日讀《通鑑》，至班固論郭解有溫良泛愛絕異之資，而不入於道德，以至於殺身亡宗處，方爲之掩卷太息。以爲天理人欲之間，毫釐一差，其爲禍福之不同，乃至於此。〔註106〕

在朱熹的窮理致知的架構中，主張靜坐便能有助於省察此心。如朱熹與蔡季通書中謂：「近覺讀書損耗心目，不如靜坐省察自己有功，幸試爲之，當覺其效也。」〔註107〕

朱熹與佛學對立的架構，即由儒者對事物存在的節奏出發，此節奏爲禮樂之本質。此節奏即「天理」，同時又是時間的節奏。經史合參，本是朱熹格物致知的具體內容，在〈感興詩〉中，朱熹已說明，此節奏久已絕，因此，

〔註103〕《朱文公文集》，卷四四，〈答蔡季通〉第七書，頁10b。
〔註104〕《朱文公文集》，續集卷二，〈答蔡季通〉，頁6b。
〔註105〕《朱子語類》，卷十，頁11。
〔註106〕《朱文公文集》，續集卷二，〈答蔡季通〉，頁1b。
〔註107〕《朱文公文集》，續集卷二，〈答蔡季通〉，頁14a。

有「瑤琴空寶匣，絃絕將如何」之嘆。他甚至認爲無法只由五經，來理出此節奏。在其心性論中，朱熹僅能承認四端之情，在天理人欲的緊張關係，又必須由聖人處，體驗此節奏。因此，他主張讀書須由四書、五經、史的次序。並非朱熹不再以經史合參的態度，與佛學相對抗，而是朱熹認爲現有的經史著述，均有不足，因而朱熹投其心力於注釋經、編纂《綱目》等史書。以四書爲入學之門，是朱熹的讀書次第，而他對四書的注解，及以四書入門的主張，實開創了經學的新局面。

朱熹的經史觀，導致他與呂祖謙，及陳亮等學者間的論辯，其中尤以與陳亮的論辯，最爲激烈。

八、朱熹與陳亮的論辯

呂祖謙卒於淳熙八年（1181），次年朱熹至永康哭呂祖謙之墓，並與陳亮相見。呂祖謙非常欣賞陳亮，曾爲朱、陳二人引薦。呂祖謙長於史學，朱熹編《綱目》、《名臣言行錄》、《伊洛淵源錄》等書時，與呂祖謙多所商量，已述於前。呂祖謙死後，朱熹對浙東學術，深感不滿，前引〈答呂子約書〉，即表明其反對由史見道之說，此書王懋竑《朱子年譜》繫於淳熙十一年（1184）。此年朱熹辨浙學之非，《朱子年譜》謂：

> 先生還自浙東，見其士習馳騖外。每語學者，且觀《孟子》道性善、求放心兩章，務收斂凝定，以致克己求仁之功，而深斥其所學之誤。以爲舍六經、《論》、《孟》，而尊史遷；舍窮理盡性，而談世變；舍治心修身，而喜事功。大爲學者，心術之害。〔註108〕

《朱文公文集》〈答呂子約〉第二十三書，則曰：

> 暇日自力觀書，惟覺聖賢之言，意味深長，儘有向來見不到處。若於子約所謂經史貫通之妙，則未有得也。（略）且如《史記》〈禮書〉篇首四言，恐只是大概說道理如此，豈爲秦漢把持天下而設。（略）舍欲聖賢經指，而求理於史傳，故只見得他底高遠，便一向隨他腳跟轉，極力贊歎他。若看得聖賢說禮樂處有味，決定不作此見。（略）所謂秦漢把持天下，有不由智力者，乃是明招堂上陳同甫（亮）說底，平日正疑渠此論未安，不謂子約亦作此見、

〔註108〕《朱子年譜》，頁121。

為此論也。〔註 109〕

於此書中，朱熹已將呂子約與陳亮同列，朱熹反對浙東學者「求理於史傳」的態度。〈答劉子澄〉第十一書，朱熹甚至責怪呂祖謙，為學有不是之處。因此，他對「道學」的發展，亦有深切的憂患意識，其書曰：

> 近年道學外面被俗人攻擊，裡面被吾黨作壞。婺州自伯恭死後，百怪都出。至如子約別說一般差異底話，全然不是孔孟規模，郤做管、商見識，令人駭歎。然亦是伯恭自有些拖泥帶水，致得如此，又令人追恨也。子靜一昧是禪，郤無許多功利術數。〔註 110〕

另外，〈答劉子澄〉第十二書則謂：

> 伯恭無恙時，愛說史學。身後，為後生輩糊塗說出一般惡口小家議論，賤王尊霸，謀利計功，更不可聽。子約立腳不住，亦曰：「吾兄蓋嘗言之」云爾。中間不免極力排之，今幸少定。然其彊不可令者，猶未肯豎降幡也。（略）子靜寄得對語來，語意圓轉渾浩，無凝滯處，亦是渠所得效驗，但不免些禪底意思。昨答書戲之云：「這些子恐是蔥嶺帶來。」渠定不服，然實是如此，諱不得也。〔註 111〕

朱熹在論浙東史學時，往往亦批評陸九淵之近禪。浙東學者，對朱熹的攻擊，並不服氣，朱熹自己亦知，故在〈答劉子澄書〉中，亦謂陳亮等人「猶未豎降幡」。

朱熹為學，始終以佛學為其對手。在前引〈答呂子約〉第二四書中，朱熹亦指責以史求道的態度，他認為此立場是主張「孔子不賢於堯舜」，並以「達摩、遷、固」，「賢於仲尼矣」。在此，朱熹將達摩、司馬遷、班固等同列，朱熹認為只有孔子才體驗得此理，以後的學者，多不能免於有人欲之私。因此，「理」不可能在史學中求。

朱熹與浙東重史學者的論辯，在淳熙十一年（1184）朱熹五十五歲時，日趨激烈。次年朱熹論陸九淵學術之非，並與陳亮的論辯，達到高潮。提爾門（Hoyt Cleveland Tillman）已有專書，來討論這場大論辯。這場論辯包括的範圍甚廣，舉凡政治、學術、時局等均有涉及，但其基本的差異，則在兩者間，對經史的

〔註 109〕《朱文公文集》，卷四七，〈答呂子約〉第二三書，頁 25a。
〔註 110〕《朱文公文集》，卷三五，頁 23b～24a。錢賓四先生考訂此書信，作於淳熙十二年（1185），見《朱子新學案》，第三冊，頁 336。
〔註 111〕《朱文公文集》，卷三五，頁 26b。

看法，有甚大的差異。提爾門氏指出，兩人均承認人類社會、意識、知識的連續性，但兩人對此連續的本質、意義，有不同的見解。〔註112〕

淳熙九年（1182）陳亮來訪朱熹，以後兩人經常有書信往來。朱熹將《戰國策》、《論衡》，寄給陳亮，並請陳亮將其所定之《文中子》攜來。〔註113〕朱熹與陳亮論學，常感到壓力，如朱熹曾覆書謂：「新論奇偉不常，眞所創見，驚魂未定，未敢遽下語。」〔註114〕此書爲淳熙九年之作，當時尚未完全掌握陳亮之學術要旨，故在「驚魂未定」之餘，仍「未敢遽下（斷）語」。

在淳熙十一年，朱熹與浙東諸儒論辯，已對陳亮提出批評。朱熹曾寫信給陳亮，對他提出勸告，其第六書謂：

> 老兄之高明，俊傑世間。（略）細讀來書，似未免有不平之氣。（略）此殆平日才太高、氣太銳、論太危險、跡太露之過。（略）嘗謂天理、人欲二字，不必求之於古今王霸之迹，但反之於吾心。義利、邪正之間，察之愈密，則其見之愈明；持之愈嚴，則其發之愈勇。（略）老兄視漢高帝、唐太宗之所爲，而察其心，果出於義耶？出於利耶？出於邪耶？正耶？〔註115〕

朱熹認爲陳亮是俊傑之士，但因爲作學問，走上由史求道的錯誤，而未能深究天理人欲之際，故有銳、險、太露之過。朱熹認爲漢高祖、唐太宗之行事爲人，多有人欲之私，其第六書中又謂：

> 若高帝則私意分數，猶未甚熾，然已不可謂之無。太宗之心，則吾恐其無一念之不出於人欲也。直以其能假仁借義，以行其私。（略）若以其能建立國傳世久遠，便謂其得天理之正，此正是以成敗論是非，但取其獲禽之多，而不羞其詭遇。（略）千五百年之間正坐如此，所以只是架漏牽補，過了時日，其間雖或不無小康，而堯、舜、三王、周公、孔子所傳之道，未嘗一日得行於天地之間也。若論道之常存，卻又初非人所能預，只是此箇，自是亙古亙今常在不滅之物，雖千五百年被人作壞，終殄滅他不得耳。〔註116〕

〔註112〕 Hoyt Cleveland Tillman, *Utilitarian Confucianism-Chen Liang's Challenge to Chu Hsi,*（Harvard University, 1982），P.162.

〔註113〕《朱文公文集》，卷三六，〈答陳同甫〉第一書，頁18a。

〔註114〕《朱文公文集》，卷三六，〈答陳同甫〉第一書，頁18b。

〔註115〕《朱文公文集》，卷三六，〈答陳同甫〉第六書，頁22a。

〔註116〕 同前註引書，頁22b。

朱熹認爲「理」是絕對的存在，而三王、周、孔得此道「理」之傳，故欲究天理人欲之際，當按四書、五經、諸史之序求之。秦漢以後，雖有小康之局，但往後的歷史發展，只是「架漏牽補，過了時日」。這和前述〈感興詩〉的見解，完全一樣。朱熹認爲孔子以後，儒家的理念，從未實行過，他不以「成敗論是非」，對英雄皇帝，亦直言批評無所妥協。因此，在〈答陳同甫〉第四書中，建議陳亮，「絀去義利雙行，王霸並用之說」，而「從事於懲忿窒慾，遷善改過之事」，「粹然以醇儒之道自律」。〔註117〕

陳亮對朱熹的批評，加以反駁，並對朱熹以三代爲天理流行，而漢唐則專以智力、人欲治國，提出嚴厲的反駁，其言曰：

> 然謂三代以道治天下，漢唐以智力把持天下，其說固已不能使人心服；而近世諸儒遂謂三代專以天理行，漢唐專以人欲行，其間有與天理暗合者，是以亦能久長。信斯言也，千五百年之間，天地亦是架漏過時，而人心亦是牽補度日，萬物何以阜蕃，而道何以常存乎！故亮以爲漢唐之君，本領非不洪大、開廓，故能以其國與天地並立，而人物賴以生息。惟其時有轉移，故其間不無滲漏。（略）諸儒之論，爲曹孟德以下諸人設可也，以斷漢唐，豈不冤哉！高祖、太宗豈能心服於冥冥乎！天地鬼神亦不肯受此架漏。〔註118〕

陳亮也承認漢唐有所不足，但將三代與天理等同，秦漢以後則與人欲等同，其論證顯有不足。陳亮則由朱熹自己的論證中，予以批駁。朱熹亦認爲，天理無所不在，甚至天地都毀滅了，此「理」猶存。陳亮認爲，三代與天理等同，漢唐與人欲等同，必無法說明，常存的道，爲何不存於漢唐？如此則豈非「天地亦架漏過時」，而「萬物何以阜蕃」，道又何以常存？

陳亮認爲「典禮刑賞同出於天」，〔註119〕儒者以禮樂爲王道之本，是大家的同見。陳亮亦謂：「禮節民心，樂和民聲，政以行之，刑以防之，四達而不悖，則王道成矣。」〔註120〕陳亮也是由禮樂之節奏，來論述道的發展，但他對此節奏的想法，和朱熹有所不同。他說：「孔子之作《春秋》，其於三代之

〔註117〕《朱文公文集》，卷三六，〈答陳同甫〉第四書，頁20b。
〔註118〕陳亮，《陳亮集》（臺北，漢京文化事業有限公司，1983年），卷二十，〈又甲辰秋書〉，頁281。
〔註119〕《陳亮集》，卷四，〈問答下〉，頁41。
〔註120〕同前註引書，頁42。

道，或增或損、或從或違，必取其與世宜者，舉而措之。」〔註121〕道是不斷
發展的，因此，「天生一世之人，必有出於一世之上者，以主之」。〔註122〕由
是之故，陳亮在〈問答上〉一文中，對三代才有道後世無道的看法，懷著無
比沉痛的心情，說若此論不破，則「聖人之道，無時而明」。〔註123〕

　　淳熙十二年（1185），朱熹、陳亮二人間的書信，往返益密，二人仍堅持
各自對天理節奏的見解。其間的差異，亦再擴及對人地位的看法歧異，並再觸
及儒佛之辨。朱熹原本即以經史與佛學對抗，但因其天理的設計，而有四書、
五經、諸史的次第。朱熹在〈答呂子約〉二十四書中，已說明由史求道的路數，
有視達摩、司馬遷、班固為聖人的危險。陳亮在淳熙十二年春天致朱熹的書信
中則說：

> 夫人心之用有不盡而無常泯；法之文有不備而無常廢。人之所以與
> 天地並立而為三者，非天地常獨運，而人為有息也。人不立則天地
> 不能以獨運，捨天地則無以為道矣。夫「不為堯存，不為桀亡」者，
> 非謂其捨人而為道也。若謂道之存亡，非人所能與，則捨人可以為
> 道，而釋氏之言不誣矣。（略）蓋天地賴以常運而不息，人紀賴以接
> 續而不墜，而謂道之存亡非人之所能預，則過矣。漢唐之賢君果無
> 一毫氣力，則所謂卓然不泯滅者，果何物邪？道（若）非賴人以存，
> 則釋氏所謂千劫萬劫者，是真有之矣。〔註124〕

陳亮強調，天、地、人，三者是互動關係，而非朱熹所說的「理」之獨存。
佛教的神聖，並不是設在「身」上，而儒家的神聖，是設在此身，聖化即由
「修身」開始。佛教有高遠的理念，但此身很難罷脫臭皮囊的地位。因此，
陳亮認為，若不肯定人亦能創道，則佛教的說法，亦「不誣」。若完全否認漢
唐賢君，而強說有「卓然不泯滅」的理，則佛教所說「千劫萬劫」，反而是真
的。陳亮除由儒家的禮樂節奏，來談儒釋之辨外，他也由儒者的時間節奏，
來突顯儒者的特色。他當然也知道，朱熹的排佛立場，但他對儒者時間節奏
的體會，和朱熹不同。由他的角度，朱熹的見解，正是證實了佛教的時間觀。

〔註121〕《陳亮集》，卷四，〈問答上〉，頁 38。
〔註122〕同前註引書，頁 32。
〔註123〕同前註引書，頁 33，謂：「使漢唐之義，不足以接三代之統緒，而謂三四百
　　　　　年之基業，可以智力而扶持者，皆後世儒者之論也。世儒之論不破，則聖人
　　　　　之道無時而明，天下之亂無時而息矣。」
〔註124〕《陳亮集》，卷二十，〈又乙巳春書之一〉，頁 285～287。

陳亮未必瞭解佛教的時間觀，但他的論證，不過是想突顯出儒者的一些特色，作為朱熹的參考。

此信中，陳亮認為「學者，所以學為人也」，「豈必其儒哉」！管仲固然有許多可議之處，但「畢竟總其大體，卻是個人」。陳亮亦不是要為管仲強辯，更不是要學管仲或效法漢唐之君臣，而是說明道並不是只在三代，後世之賢人，亦有其可取之處。因此，陳亮說：「欲攬金銀銅鐵作一器，要以適用為主。」〔註125〕陳亮的見解，被朱熹批評為功利，其實陳亮此語，經朱熹點明後，陳亮自己有所修正，並承認是一時措辭之失。

朱熹對陳亮亦回信答覆，對自己的論點，有所補充，但基本上，仍維持原有的見解。朱熹就陳亮攬金銀銅鐵作一器，而以「適用為主」的態度，批評謂：

> 觀其所謂「學成人而不必於儒，攬金銀銅鐵為一器，而主於適用」，則亦可見其立心之本，在於功利。（略）夫成人之道，以儒者之學求之，則夫子所謂成人也，不以儒者之學求之，則吾恐其畔棄繩墨，脫略規矩，進不得為君子，退不得為小人。正如攬金銀銅鐵為一器，不唯壞卻金銀，而銅鐵亦不得盡其銅鐵之用也。〔註126〕

金銀銅鐵的比喻，雖非陳亮論的重點，而且陳亮對此「措辭之失」，後來亦有所修正，〔註127〕但日後仍常為朱熹引用攻擊陳亮。

以朱熹的識見，當然也看出，陳亮和他的分歧點，是在「心無常泯，法無常廢」，因此朱熹在回信時特別指明這點：

> 來書「心無常泯，法無常廢」一段，乃一書之關鍵。鄙意所同，未有多於此段也，而其所異亦未有甚於此段者也。（略）蓋天理人欲之並行，其或斷或續，固宜如此。至若論其本然之妙，則惟有天理而無人欲。是以聖人之教人，必欲其盡去人欲，而復全天理也。若心則欲其常不泯，而不恃其不常泯也；法則欲其常不廢，而不恃其不常廢也。所謂「人心惟危，道心惟微，惟精惟一，允執厥中」者，堯舜禹相傳之密旨也。〔註128〕

〔註125〕同前註引書，頁287。

〔註126〕《朱文公文集》，卷三六，〈答陳同甫〉第八書，頁28a。

〔註127〕《陳亮集》，卷二十，〈又乙巳春書之二〉，頁290，謂：「前書所謂攬金銀銅鐵鎔作一器者，蓋措辭之失耳。新婦急欲為其父遣人，一夕伸紙引筆而書，夜未半而書成，不能一一盡較語言，亦望秘書察其大意耳。」

〔註128〕《朱文公文集》，卷三六，〈答陳同甫〉第八書，頁25b。

〈感興詩〉中，朱熹即強調人欲之必除，朱熹基本上，對人情只承認四端，只有由經中才能體驗出天理。他強調三代天理流行，而漢唐則多為人欲。

陳亮接著回信，說「某大概以為三代做得盡者，漢唐做不到盡者也」，因此，漢唐仍有可取之處，並謂朱熹「待漢唐之君太淺狹」，若「一生辛勤於堯舜相傳之心法」，不能「點鐵成金」，反「使千五百年之間，成一大空闕」。〔註129〕

朱熹答覆說，若不守住天理人欲之分際，是指金為鐵，認賊為子，「欲追點功利之鐵，以成道義之金」，不但是白費心力，且有害將來。因此，朱熹勸陳亮不要「棄舍自家光明寶藏」，反而「向鐵爐邊渣礦中，撥取零金」。〔註130〕

陳亮在本年（淳熙十二年）的秋天，再回信給朱熹，信中他指出，自家「光明寶藏」出自佛學，他也明白朱熹所體會的「光明寶藏」，與佛教不同，他說：

> 天地之間，何物非道，赫日當空，處處光明。閉眼之人開眼即是，豈舉世皆盲，便不可與共此光明乎！眼盲者摸索得著，故謂之暗合，不應二千之間有眼皆盲也。（略）盡絕一世之人於門外，而謂二千年之君子皆盲眼不可點洗，二千年之天地日月若有若無，世界皆是利欲。（略）秘書（朱熹）以為三代以前都無利欲，（略）秘書亦何忍見二千年間世界塗泒，而光明寶藏獨數儒者自得之。（略）點鐵成金，正欲秘書諸人相與洗淨二千年世界，使光明寶藏長長發見，不是只靠這些子，以幸其不絕，又詎其如縷也。最可惜許多眼光抹漆者，盡指之為盲人，而一世之自號開眼者正使眼無瞖，眼光亦三平二滿，元靠不得，亦何力使得天地清明，赫日長在乎！〔註131〕

在此，陳亮批評朱熹及伊洛學者的道統之說。而伊洛之學，自謂獨得聖人不傳之密，將後世學者、歷史，一筆抹煞，這種態度，如何能使「光明寶藏」常照耀人間。

朱熹與陳亮的論辯，大致到淳熙十二年便結束。雖然二人日後仍有書信往來，但幾乎不再進行以上的討論。〔註132〕這場激烈的論辯，並未有個雙方均認同的答案，但其意義則十分重大。儒家有濃厚的歷史意識，是眾所知，但儒家的經史關係，至少有朱熹與陳亮兩種不同的形態。葉適曾對朱熹與陳

〔註129〕《陳亮集》，卷二十，〈又乙巳春書之二〉，頁290。
〔註130〕《朱文公文集》，卷三六，〈答陳同甫〉第九書，頁30a。
〔註131〕《陳亮集》，卷二十，〈又乙巳秋書〉，頁292～293。
〔註132〕Hoyt Cleveland Tillman, *op.cit.*, pp.128-131.

亮間的論辯，有所評論，而這場論辯，亦是陳亮一生中的大事，葉適謂：

> 同甫既修皇帝王霸之學，上下二千餘年，考其合散，發其祕藏，見
> 聖賢之精微，常流行於事物。儒者失其指，故不足以開物成務。其
> 說皆今人所未講，朱公元晦意有不與，而不能奪也。〔註133〕

「見聖賢之精微，常流行於事物」，是陳亮爲學的重點。蓋陳亮認爲，道在平
常的事物中，無須設想一個不隨「器」而存在的「理」，也就是說，陳亮是「道」
在「器」中的思惟模式，「道」是可由史中，直接觀察到的。而三代以後的歷
史，亦有可取之處。只有透通歷史，才能「開物成務」。

朱熹則因其與佛學對立的架構，必須貞定此心，不爲大化牽去，又恐人欲
之亂天理，故天理與人欲間，是對立的緊張。因此，朱熹雖然經史合參，以排
佛學之空「虛」，但在體認此理時，必須按四書、五經、諸史的次第漸進。正因
爲一般史書，並不能發揮存天理、去人欲的功效，故朱熹有長遠的計畫，來好
好地編寫《通鑑綱目》。雖然《綱目》最後由其學生趙師淵，按其所訂凡例編寫，
但朱熹仍關心該書之編撰，趙師淵亦時時進呈《綱目》的稿本。〔註134〕

九、結　語

聖之「時」的孔子，由禮樂中建立儒學的體系。儒家一直是禮、樂合論，
而且禮樂二者不可分離，禮樂合論才是儒家的特殊處。集大「成」的孔子，
亦因此而聖之「時」。禮樂合論，是孔子對中國古文明，所作的「突破」。儒
家認爲人的存在，是節奏的存在，儒家亦由此建立其思想體系，陰陽二氣的
激盪是節奏，天時人事的消長亦是節奏。儒家的六經，均與古中國文明、史
官的職掌有關。儒家亦由禮樂，建立「禮樂統紀」、「政教合一」的思惟方式。
葉適謂：「孔子沒，統紀之學廢。漢以來，經、史、文詞裂而爲三。」〔註135〕

葉適的話，並不完全正確，因爲漢代經有獨特的地位，而史不過是經的
附庸。東漢末史才漸有「一代大典」的觀念。荀悅《漢紀》的成功典範，不
但改良編年體史書的編寫，史亦可成爲「典經」。而四部分類法的成立，史部
才正式在魏晉時獨立。〔註136〕

〔註133〕葉適，《葉適集》（臺北，河洛圖書出版社，1974年），卷十二，〈龍川集序〉，
　　　　頁207～208。
〔註134〕《朱子新學案》，第五冊，頁145。
〔註135〕《葉適集》，卷十二，〈紀年備遺序〉，頁209。
〔註136〕〈荀悅家學與漢末晉初史學〉，頁23～25。

宋代學者的經史學，均有重要的成績，而經史關係，亦至爲複雜。范仲淹反對以「典」稱史書，范仲淹認爲「吾儒之職，去先王之經，則茫乎無所從矣」。〔註137〕此外，亦有如司馬光、鄭樵等學者之重史，鄭樵甚至認爲，「史」爲天下學術之大總匯。〔註138〕

錢賓四先生《朱子新學案》，爲研究朱熹最重要之參考書籍。在該書中，賓四先生謂：「朱子之史學，精深博大，殊難以一端盡。」〔註139〕先生推崇朱熹史學，有其獨到之見地，而朱熹讀史、著史，確有實據。然而，朱熹亦明白說，「史」是皮外物事。則朱熹之經史觀，有待進一步考察。

二程雖因謝上蔡讀史，斥上蔡「玩物喪志」，此一典故，雖爲伊洛學者熟知，但二程自己亦讀史。在伊洛學統中，胡氏家族，一直以擅長史學著稱。而由本文所述，朱熹之父亦讀史。因此，伊洛學者重史、讀史，並不自朱熹始。

朱熹由佛教返儒之初，即以經史合參來排佛。儒家的時間觀，與佛教不同，朱熹由此建立其思想體系，是觸及儒佛之辨的核心問題。朱熹所體會的節奏、時間觀，導出其天理、人欲的緊張關係，因而有四書、五經、諸史的次第。誠如賓四先生所說，朱熹在史學用心頗多，但亦有經先史後的主張。其矛盾當由其人性論及時間觀中，得到理解。再者，朱熹之研史、考史，雖均有成績，但因有經先史後的次第，導致他與陳亮等學者的激辯。

朱熹與陳亮的論辯、緊張，在清代學術，猶有章學誠與戴震的翻版。宋明理學家的經史關係，至少有二種不同的看法。這種現象，套用章學誠的話，是「千古不可合之同異，亦千古可無之同異」。〔註140〕陳亮以道「常流行於事物」的態度，正是章學誠「道不離器」的路數。陸王系統，在王陽明時，已有「五經皆史」之論，〔註141〕因此，章學誠在論述其「六經皆史」論之餘，

〔註137〕范仲淹，《范文正公集》（臺北，臺灣商務印書館，《四部叢刊》），〈尺牘〉，卷上，〈謝安定屯田〉，頁 237。另外，卷九，〈上時相議制舉書〉謂：「勸學之要，莫尚宗經」，「命試之際，先之以六經，次之以正史」。並請參見〈山水與范仲淹的宗教情操〉，第五節。

〔註138〕參蔣義斌，〈鄭樵的史學思想〉，《史學通訊》，第二十二期。

〔註139〕《朱子新學案》，第五冊，頁 1。

〔註140〕引自章學誠，《文史通義》（臺北，國史研究室，1973 年），卷二，〈陸朱〉，頁 53。

〔註141〕王陽明《傳習錄》，謂：「以事言謂之史，以道言謂之經。事即道，道即事。《春秋》亦經，五經亦史」，「五經亦只是史」。以上引自陳榮捷，《王陽明傳習錄

要談「浙東學術」，並歸源於陸王。然而，在事、器上求道的路數，並不一定會抑經。章學誠的「六經皆史」論，亦絕無抑經之意。〔註142〕

朱熹以經史合參排佛，「史」也成為排佛的利器之一。在章學誠的「六經皆史」論中，則試圖將佛學納入其官師合一的體系中。他說：「佛氏之學，來自西域，毋論彼非世官典守之遺」，但佛學「持之有故」，而「言之成理」，實因「其本原出於易教」。佛教所說的「心性理道」，「名目」與儒家「有殊」，但若推其義旨，則「初不異於聖人之言」。佛教與聖人不同之處，僅在佛教「舍事物而別有所謂道」一點，其言曰：

> 其（佛教）異於聖人者，惟舍事物而別見有所謂道爾。至於丈六金身，莊嚴色相，以至天堂清明，地獄陰慘，天女散花，夜叉披髮，種種詭幻，非人所見，儒者斥之為妄。不知彼以象教，不啻《易》之龍血玄黃，張弧載鬼；是以閻摩變相，皆即人心營構之象而言，非彼造誑誣以惑世也。至於末流失傳，鑿而實之，夫婦之愚，偶見形於形憑於聲者，而附會出之，遂謂光天之下，別有境焉。儒者又不察其本末，攘臂以爭，憤若不共戴天，而不知非其實也。今彼所學，與夫文字之所指擬，但切於人倫之所日用，即聖人之道也。以象為教，非無本也。〔註143〕

章學誠對佛教的寬容態度，是由「道在平時日用人倫」，「道在器中」而發。佛教「切於人倫之所日用」，即聖人之道。他說佛教之不同於聖人，僅在其「舍事物」，而別有道。這和陳亮與朱熹論辯時，謂「捨人可以為道，而釋氏之言不誣」，陳、章二人言論，何其相似。David S. Nivison 認為，章學誠對「我」的看法，受到佛教的影響。〔註144〕但章學誠對佛教器、事外之「道」，是不相信的，他也無法接受佛教的輪迴觀。〔註145〕

詳註集評》（臺北，臺灣學生書局，1983年），頁51～53。

〔註142〕蔣義斌，〈章學誠六經皆史的意旨〉，《華岡學報》，第十六期，頁183。

〔註143〕《文史通義》，〈易教下〉，頁6。

〔註144〕David S. Nivison, *The Life and Thought of Chang Hsueh-cheng*（臺北，虹橋書店翻印），p.177.

〔註145〕如章學誠的好友羅有高，善《說文》，且信仰佛教，「持齋不肉食」，章學誠曾為此規勸他，問羅：「佛氏言人死為羊，羊死為人，信乎？君所食者，來生則反報乎？」羅回答：「然。」章再問：「然則貧欲求富，但當殺掠豪賈，賤欲求貴，但須劫刺尊官來生反報，必得富貴矣。」以上見章學誠，《章氏遺書》（臺北，漢聲出版社，影嘉業堂本），卷十九，〈羅有高傳〉，頁18a。章學誠

　　龔自珍（1792～1841）嘗謂：「仲尼未生，先有六經」，「仲尼曷嘗率弟子，使筆其言以自制一經哉？亂聖人之例，淆聖人之名實，以爲尊聖，怪哉！」〔註146〕他和章學誠同樣認爲，六經並不創於孔子。他也認爲「欲知大道，必先爲史」。〔註147〕在〈古史鈎沉論〉中，龔自珍說：「史之外無有語言，史之外無有文字焉，史之外無有人倫品目焉」，「六經者，周史之宗子也」，「五經者，周史之大宗也」，「諸子也者，周史之小宗也」。〔註148〕龔自珍又說：「予幼信轉輪，長窺大乘。」〔註149〕他也研究過天臺、華嚴、禪、淨土等佛教宗派。〔註150〕在這點上，龔自珍較章學誠更爲開放，章學誠只能對佛教寬容，而龔自珍則幾乎是個佛教徒。

　　魏源（1794～1857）是龔自珍的好友，也是位變法思想家，他除了發揮公羊的變法思想，也是位佛教信仰者，而且也刊行《淨土四經》。魏源變法思想，建立在其三世進化論。他同時也寫了不少史書，如《聖武記》、《道光洋艘征撫記》、《海國圖志》、《元史新編》等。〔註151〕

　　由龔、魏的經史觀，經史不再是對立的，而且也不以經史與佛教對立，不止改變了經史關係，也使得儒佛關係有了新發展。

　　湯志鈞〈近代史學和儒家經學〉一文，認爲近世史學擺脫不了儒家經學的羈絆，而儒家經學牽制了近代史學的發展。直到五四運動以後，經學才退出歷史舞臺。〔註152〕湯氏的結論，也許很多人會想當然耳，但這並非歷史實情，宋代陳亮的經史觀，即很難用經學牽制史學的字眼來說明。

　　甚至朱熹的經史觀，都很難適用經學牽制史學的看法。朱熹至少認爲五經已「絃絕」，不可以五經爲教。朱熹編《綱目》等史書，並非簡單地以經制

　　　　對羅有高，不能反駁其論證，頗爲自得，章學誠顯然是無法接受佛教的輪迴觀。
〔註146〕龔自珍，《龔自珍全集》（臺北，河洛圖書出版社，1975 年），〈六經正名〉，頁 38。
〔註147〕《龔自珍全集》，〈尊史〉，頁 81。
〔註148〕《龔自珍全集》，〈古史鈎沉論〉，頁 21。
〔註149〕《龔自珍全集》，〈齊天樂〉，頁 575。
〔註150〕陳新璋、鍾賢培、管林，《龔自珍研究》（北京，新華書店，1984 年），第六章，對龔自珍的佛教信仰，作了初步研究。但本書對佛教的瞭解不足，故無法理解「末世」思想，對社會改革者的影響，因而產生許多誤解。
〔註151〕吳澤，〈魏源的歷史變易思想研究〉，收於氏主編，《中國近代史學史論集》（上）（華東師範大學出版社，1984 年）。
〔註152〕湯志鈞，〈近代史學和儒家經學〉，收入《中國近代史學史論集》，頁 65。

史，雖然朱熹的經史觀中，會有經先史後的結論，但經先史後，與以經制史之間，並不能輕易的劃下等號。朱熹的經史觀，說是經先史後，不如說是「理」先史（器）後。

朱熹與陳亮的論辯，可說是儒家的兩種不同的時間、節奏模式。清中葉以後，中國學術的發展，和陳亮的路數較近。朱熹的路數，雖是個高貴的「夢」，但並不切實際，他也始終在經學方面的成就，較爲人知。世人甚至不知道，他的格物致知，原本也包括了史學。他原本希望，以經史合參完成排佛的心願，而後世學術發展又證明了，儒者的節奏、時間，和佛教間不一定要對立。

本文原刊於《史學彙刊》第十六期